DESARROLLE
el
LÍDER
QUE ESTÁ EN
USTED 2.0

DESARROLLE

el

LÍDER

QUE ESTÁ EN

USTED 2.0

JOHN C.
MAXWELL

GRUPO NELSON
Una división de Thomas Nelson Publishers
Desde 1798

NASHVILLE   MÉXICO DF.   RÍO DE JANEIRO

Editora en Jefe: *Graciela Lelli*
Traducción: *Belmonte traductores*
Adaptación del diseño al español: *Grupo Nivel Uno, Inc.*

ISBN: 978-1-4185-98051

Impreso en Estados Unidos de América

18 19 20 21 LSCC 9 8 7 6 5 4 3 2 1

Este libro está dedicado a Mark Cole, el CEO de mis empresas.
Nadie me ha servido mejor.
Nadie me ha ayudado más.
Él comparte mi visión con claridad.
Dirige mi misión con coherencia.
Maneja mis asuntos con integridad.
¡Él me aprecia!

Contenido

Prefacio a la edición 2.0

Me resulta difícil creer que hayan pasado veinticinco años desde que escribí el manuscrito original de *Desarrolle el líder que está en usted 2.0*. Cuando me dispuse por primera vez a tomar mi pluma de cuatro colores, pensaba que estaba escribiendo mi *único* libro sobre el liderazgo. A los cuarenta y cinco años de edad había recorrido un gran trecho en el liderazgo ya. Cuando comencé mi carrera profesional como ministro en la Indiana rural en 1969 no pensaba en el liderazgo. Tan solo trabajaba duro. No fue hasta que estuve en mi segunda iglesia a principios de la década de 1970 que entendí que todo se levanta y se viene abajo a causa del liderazgo. Comencé mi viaje de crecimiento intencional en aquella época y me enfoqué en el liderazgo como una de las áreas en las que quería crecer. Mientras lideraba aquella segunda iglesia en Ohio comencé a enseñarles sobre el liderazgo a otras personas. A principios de los años ochenta me hice cargo del liderazgo de una iglesia en San Diego, la cual finalmente llegó a ser reconocida como una de las diez iglesias más influyentes de Estados Unidos. Cuando estaba allí, escribí *Desarrolle el líder que está en usted*. En aquel tiempo también comencé a recibir muchas más peticiones para dar conferencias; y puse en marcha una empresa para ayudarme a formar líderes y distribuir recursos de aprendizaje. Las demandas en mi calendario y las oportunidades para formar líderes en el ámbito nacional e internacional me impulsaron a dejar de liderar mi iglesia en 1995. Desde entonces, he empleado mi tiempo en escribir, dar conferencias y formar líderes.

No obstante, regresando al momento en que escribí la primera edición de este libro, mientras me preparaba para escribirlo pensé mucho en el descubrimiento más grande que había hecho al liderar aquellas tres organizaciones: que el liderazgo puede desarrollarse. Yo había desarrollado al líder que estaba en mí. Y mi mayor deseo era compartir con otros mi viaje de liderazgo y enseñar lo que había aprendido para que otras personas pudieran desarrollar también a los líderes que estaban en ellos.

Pensaba que tenía mucho que compartir sobre los primeros veinticinco años de mi vida de liderazgo, pero al mirar atrás ahora, me asombra lo mucho más que he aprendido en los veinticinco años que han transcurrido desde entonces. Eso no debería sorprenderme, ya que he escrito bastantes otros libros sobre liderazgo. Sin embargo, a veces uno no entiende lo lejos que ha viajado hasta que vuelve la vista atrás y observa dónde estaba. Es como regresar a la casa en que crecimos veinticinco años después: ¡es mucho más pequeña de lo que recordábamos!

No puedo expresar con palabras cuán emocionado estoy por poder hablar con usted de las cosas que he aprendido desde que escribí este libro por primera vez. Hay tanto que decir que casi no puedo contenerme... o contenerlo todo en tan solo diez capítulos.

He reescrito ampliamente este libro completo. Por eso los estoy titulando la edición 2.0. Aún contiene las lecciones fundamentales para llegar a ser un buen líder. Todavía es el primer libro que les recomiendo a las personas que lean para comenzar su viaje de desarrollo del liderazgo. Y sigue siendo el libro que recomiendo a los líderes a fin de que lo utilicen para ser mentores de otros en el liderazgo. No obstante, me he esforzado mucho para darle una mayor profundidad, para enfocarlo más concretamente en el líder y sus necesidades. Por ejemplo, en lugar de dar una enseñanza general sobre la integridad y la actitud, como hice en la versión original, me enfoco de manera más específica en cómo influencian esas características el liderazgo de la persona y cómo pueden hacer que alguien sea un mejor líder.

Además, también he eliminado dos capítulos que se centraban en desarrollar al equipo del personal (de lo cual hablo en profundidad en otros libros) y los he sustituido por dos capítulos nuevos sobre temas vitales para desarrollarlo a usted como líder: servicio, el corazón del líder;

y crecimiento personal, la expansión del liderazgo. Ahora miro atrás y pienso: *¿Cómo es posible que pasara esto por alto la primera vez?*

Si leyó la versión original del libro, le agradará encontrar todo el material nuevo y las perspectivas que he incluido en esta nueva edición 2.0 celebrando el veinticinco aniversario del libro. No puedo imaginarme ofreciendo una mejor actualización sobre liderazgo que esta.

Si este libro es nuevo para usted, se llevará una agradable sorpresa, porque va a recibir todo lo que necesita para dar un paso significativo en su viaje de liderazgo. Y si hace todo lo que sugiero en la sección de aplicación que hay al final de cada capítulo, se sorprenderá por lo mucho que su influencia, eficacia e impacto aumentarán en un período de tiempo muy corto.

Por lo tanto, vamos a comenzar. Pase la página, y comience a desarrollar al líder que está en usted.

Gracias a:
Charlie Wetzel, mi escritor
Stephanie Wetzel, editora del primer borrador
Carolyn Kokinda, quien tecleó mi manuscrito
Linda Eggers, mi asistente ejecutiva

LA DEFINICIÓN DEL LIDERAZGO:

INFLUENCIA

Todos hablan acerca de él; pocos lo entienden. La mayoría de las personas desean cultivar una elevada capacidad para el mismo; pocas realmente lo hacen. Puedo buscar más de cincuenta definiciones y descripciones que tengo en mis archivos personales. Si usted hace una búsqueda en Google, obtendrá más de 760 millones de resultados. ¿De qué estoy hablando? Del *liderazgo*.

Cuando escribí la primera edición de este libro en 1992, las personas que querían tener éxito en los negocios y otras organizaciones enfocaban su atención en la gerencia. Cada año, otra moda de gerencia y dirección parecía ser tendencia, pero pocos le prestaban atención alguna al liderazgo. Este no estaba en el radar de la mayoría de las personas.

He obtenido tres títulos: una licenciatura, una maestría y un doctorado. Sin embargo, no había tomado ni un solo curso sobre liderazgo durante mis estudios antes de la publicación en 1993 de *Desarrolle el líder que está en usted*. ¿Por qué? Porque ninguna de las universidades donde estudié ofrecía curso alguno sobre el tema.

No obstante, en la actualidad, *el liderazgo* es una palabra que está de moda. Y escuelas y universidades la han integrado. Si usted quisiera, podría alcanzar una licenciatura en el tema en más de cien universidades acreditadas. Las tres universidades donde estudié ofrecen ahora cursos de liderazgo.

¿Por qué se ha vuelto tan importante el liderazgo? Porque las personas están reconociendo que llegar a ser un mejor líder cambia las vidas. Todo se levanta y se viene abajo a causa del liderazgo. El mundo se convierte en un lugar mejor cuando las personas se convierten en mejores líderes. Desarrollarse a sí mismo para llegar a ser el líder que tiene el potencial de ser lo cambiará *todo* para usted. Sumará a su eficacia, restará a sus debilidades, dividirá su carga de trabajo y multiplicará su impacto.

POR QUÉ MUCHAS PERSONAS NO SE DESARROLLAN COMO LÍDERES

Cada vez hay más personas que reconocen el valor del buen liderazgo, pero aun así no hay muchas que trabajen para llegar a ser mejores líderes. ¿A qué se debe eso? A pesar del predominio generalizado de libros y clases sobre el liderazgo, muchas personas piensan que el liderazgo no es para ellas. Quizá se deba a que hacen una de las siguientes suposiciones:

NO HE «NACIDO LÍDER», DE MODO QUE NO PUEDO LIDERAR

Los líderes no nacen. Bueno, está bien, sí *nacen*. Nunca he conocido a un líder no nacido (y no querría hacerlo). Lo que quiero decir en realidad es que su capacidad para liderar no queda establecida en el nacimiento. Aunque es cierto que algunas personas nacen con más dones naturales que las ayudarán a liderar a un nivel más elevado, todo el mundo tiene el potencial de llegar a ser un líder. Y cualquiera que esté dispuesto a hacer el esfuerzo puede desarrollar y mejorar el liderazgo.

UN TÍTULO Y LA VETERANÍA ME HARÁN SER UN LÍDER AUTOMÁTICAMENTE

Creo que este tipo de pensamiento era más común en mi generación y la de mis padres, pero aún puede observarse en la actualidad. Hay personas que creen que tienen que ser designadas para una posición de liderazgo, cuando la realidad es que se requiere deseo y algunas herramientas básicas para llegar a ser un buen líder. Se puede tener un título y veteranía y ser incapaz de liderar. Y también se puede ser un buen líder sin tener ni un título ni veteranía.

La experiencia laboral automáticamente me hará un buen líder

El liderazgo es como la madurez: no llega automáticamente con la edad. Algunas veces la edad llega en solitario. La veteranía no crea capacidad de liderazgo. En realidad, es más probable que engendre el sentimiento de sentirse con derechos que capacidad de liderazgo.

Estoy esperando hasta que consiga una posición para comenzar a desarrollarme como líder

Esta última suposición ha sido la más frustrante para mí como maestro de liderazgo. Cuando comencé por primera vez a realizar conferencias sobre el liderazgo, las personas decían: «Si alguna vez llego a ser un líder», refiriéndose a que si alguna vez eran nombradas para puestos de liderazgo, «entonces iré a uno de sus seminarios». ¿Cuál es el problema? Como John Wooden, el legendario entrenador de baloncesto de la UCLA, decía: «Cuando llega la oportunidad, es demasiado tarde para prepararse». Si comienza a aprender sobre liderazgo ahora, no solo aumentará sus oportunidades, sino que también las aprovechará al máximo cuando lleguen.

¿CÓMO DESARROLLARÁ AL LÍDER QUE ESTÁ EN USTED?

Lo fundamental es que si usted nunca ha hecho nada para desarrollarse como líder, puede comenzar hoy mismo. Y si ha comenzado ya su viaje de liderazgo, puede llegar a ser un mejor líder de lo que ya es al desarrollar intencionalmente al líder que está en usted.

¿Qué requerirá eso? Ese es el tema de este libro. Estos diez capítulos contienen lo que considero que son los diez puntos *esenciales* para desarrollarse a usted mismo como líder. También he preparado material gratuito al que puede acceder en MaxwellLeader.com. Este incluye una evaluación personal que lo ayudará a medir su capacidad de liderazgo actual. Lo animo a someterse a ella antes de seguir leyendo.

Comencemos con el concepto más importante de los diez: *la influencia*. Tras más de diez décadas de observar a líderes por todo el mundo y muchos años de desarrollar mi propio potencial de liderazgo, he llegado a esta conclusión: *El liderazgo es influencia*. Eso es... nada más y nada menos. Por eso mi proverbio favorito sobre liderazgo es: «Aquel que cree que lidera y no tiene a nadie que lo siga solamente está dando un paseo». Para que usted sea un líder, debe haber alguien que lo siga. Me encanta lo que James C. Georges, fundador y presidente de PAR Group, dijo en una entrevista que leí hace algunos años: «¿Qué es liderazgo? Apartemos por un momento los asuntos morales que hay detrás, y encontraremos solo una definición: *El liderazgo es la capacidad de conseguir seguidores*».[1]

Cualquiera, para bien o para mal, que consiga que otros lo sigan es un líder. Eso significa que Hitler era un líder. (¿Sabía que la revista *Time* nombró Hombre del Año a Hitler en 1938 porque él tenía mayor influencia en el mundo que ninguna otra persona?). Osama bin Laden era un líder. Jesús de Nazaret era un líder. También lo fue Juana de Arco. Abraham Lincoln, Winston Churchill, Martin Luther King Jr. y John F. Kennedy fueron líderes. Aunque los sistemas de valores, capacidades y metas de todas estas personas eran inmensamente distintos, cada uno de ellos atrajo seguidores. Todos ellos tuvieron influencia.

> «El liderazgo es la capacidad de conseguir seguidores».
>
> —JAMES C. GEORGES

La influencia es el comienzo del verdadero liderazgo. Si definimos erróneamente al liderazgo como la capacidad de alcanzar una posición en lugar de la capacidad de atraer seguidores, entonces buscaremos posiciones, rangos o títulos para llegar a ser líderes. Sin embargo, este tipo de pensamiento da como resultado dos problemas comunes. En primer lugar, ¿qué hará usted si alcanza el estatus de una posición de liderazgo, pero experimenta la frustración de no tener a nadie que lo siga? En segundo lugar, ¿y si nunca logra el título «adecuado»? ¿Seguirá esperando para intentar impactar al mundo de forma positiva?

Mi meta con este libro es ayudarlo a entender cómo opera la influencia y utilizarla como el punto de partida para aprender a liderar con mayor eficacia. Cada capítulo está pensado para ayudarlo a adquirir habilidades y destrezas que lo desarrollen más como líder. Con la adición de cada conjunto de destrezas, usted llegará a ser un mejor líder.

PERSPECTIVAS SOBRE LA INFLUENCIA

Antes de adentrarnos en los detalles de la forma en que opera la influencia con otras personas y cómo desarrollarla, vamos a establecer algunas perspectivas importantes sobre la influencia:

1. TODO EL MUNDO INFLUENCIA A ALGUIEN

Mi amigo Tim Elmore, fundador de Growing Leaders [Líderes que crecen], me dijo una vez que los sociólogos calculan que incluso el individuo más introvertido influenciará a otras diez mil personas durante toda su vida. ¿No es asombroso? Cada día, usted influencia a otros. Y es influenciado *por* otros. Eso significa que nadie está excluido de ser un líder y también un seguidor.

En cualquier situación dada con cualquier grupo de personas, siempre está en juego la dinámica de la influencia. Permítame ilustrar esto. Digamos que un niño se está preparando para la escuela. Durante ese proceso, su madre es por lo general la influencia dominante. Puede que ella decida lo que él comerá y la ropa que vestirá. Cuando el niño llega a la escuela, tal vez se convierta en la persona influyente en su grupo de amigos. Cuando comienza la clase, su maestro se convierte entonces en la influencia dominante. Después de la escuela, cuando el muchacho sale a jugar, el abusador del barrio puede que tenga la mayor influencia. Y en la cena, mamá o papá son los más influyentes en la mesa mientras todos comen.

Si usted es observador, puede descubrir al líder destacado de cualquier grupo. Los títulos y las posiciones no importan. Tan solo observe a las personas cuando se reúnen. Mientras trabajan para resolver un problema o tomar una decisión, ¿de quiénes son las opiniones que parecen más valiosas? ¿Quién es la persona a la que más observan los demás cuando se está discutiendo el asunto? ¿Quién es aquel con el que las personas están de acuerdo rápidamente? ¿A quién se adhieren y siguen los demás? Las respuestas a estas preguntas le indican quién es el verdadero líder de un grupo en particular.

Usted tiene influencia en este mundo, pero *darse cuenta de su potencial* como líder es su responsabilidad. Si se esfuerza en desarrollarse como líder, tiene el potencial de influenciar a más personas y hacerlo de maneras más significativas.

2. No siempre sabemos a quién o cuánto influenciamos

Una de las maneras más eficaces de entender el poder de la influencia es pensando en las veces en que usted ha sido tocado en su vida por una persona o un suceso. Los acontecimientos significativos dejan marcas en nuestras vidas y nuestros recuerdos. Por ejemplo, si les preguntamos a las personas nacidas antes de 1930 lo que estaban haciendo el día 7 de diciembre de 1941, cuando se enteraron de que Pearl Harbor fue bombardeado, describirán con detalle sus sentimientos y su entorno en el momento en que escucharon la terrible noticia. Pidámosle a alguien nacido antes de 1955 que describa lo que estaba haciendo el día 22 de noviembre de 1963, cuando se retransmitió la noticia de que John F. Kennedy había recibido un disparo. De nuevo, escucharemos muchas palabras. Cada generación recuerda los acontecimientos que la marcaron: el día en que explotó el transbordador espacial *Challenger*. La tragedia del 11 de septiembre. La lista continúa. ¿Qué acontecimiento importante se destaca para usted? ¿Cómo sigue influenciando ese acontecimiento sus pensamientos y actos?

Piense ahora en las personas que lo han influenciado de manera importante, o en las pequeñas cosas que significaron mucho para usted. Por mi parte, puedo destacar la influencia de un campamento al que asistí en mi juventud y cómo este ayudó a decidir la carrera profesional que seguiría. Mi maestro de séptimo grado, Glen Leatherwood, comenzó a avivar en mi vida un sentimiento de llamado que hoy día sigo experimentando con más de setenta años. Cuando mi madre compró luces parpadeantes para nuestro árbol de Navidad familiar, no había modo de que ella supiera que evocarían en mí el sentimiento de la Navidad cada año. La nota de afirmación que recibí de un profesor en la universidad me hizo seguir adelante en un momento en que dudaba de mí mismo. Mi lista es interminable. Y también lo es la de usted.

Cada día recibimos la influencia de muchas personas. A veces, las cosas pequeñas causan grandes impresiones. Hemos sido moldeados por esas influencias para ser las personas que somos. Y nosotros también moldeamos a otras personas, con frecuencia cuando menos lo esperamos. El autor y educador J. R. Miller lo expresó bien: «Ha habido encuentros de solo un momento que han dejado impresiones para toda la vida, para la eternidad. Nadie puede entender esa cosa misteriosa que llamamos influencia [...] sin embargo, cada uno de nosotros ejerce influencia continuamente, ya sea para sanar, bendecir, dejar marcas de belleza; o para lastimar, herir, envenenar o manchar otras vidas».[2]

3. LA MEJOR INVERSIÓN PARA EL MAÑANA ES DESARROLLAR SU INFLUENCIA EN EL PRESENTE

¿Cuál es su mejor posibilidad de inversión para el futuro? ¿La bolsa de valores? ¿Los bienes raíces? ¿Más estudios? Todas esas cosas son importantes, pero yo argumentaría que una de las mejores inversiones que puede hacer en usted mismo es desarrollar su influencia. ¿Por qué? Porque si tiene el deseo de lograr algo, estará en un mejor lugar para hacerlo si otras personas están dispuestas a ayudar.

En el libro *Líderes*, Warren G. Bennis y Burt Nanus dicen: «La verdad es que las oportunidades de liderazgo son abundantes y están al alcance de la mayoría de las personas».[3] Eso es cierto en los negocios, organizaciones de voluntariado y grupos sociales. Si usted es un emprendedor, esas oportunidades se multiplican exponencialmente. La pregunta es: ¿estará preparado para ellas cuando lleguen? A fin de aprovecharlas al máximo, debe prepararse hoy para el liderazgo y aprender a cultivar la influencia y utilizarla positivamente con el objetivo de producir un cambio positivo.

Robert Dilenschneider, fundador y director del Grupo Dilenschneider y antiguo presidente ejecutivo de la firma de relaciones públicas Hill and Knowlton Strategies, ha sido uno de los agentes más influyentes del país durante muchos años. En su libro titulado *Poder e influencia*, comparte la idea del «triángulo de poder» para ayudar a los lectores a llegar a ser más eficaces. Los tres componentes de este triángulo son: *comunicación*, *reconocimiento* e *influencia*. Dilenschneider señala: «Si usted se está comunicando eficazmente, obtendrá un reconocimiento positivo por su comunicación de parte de las audiencias a las que intenta influenciar, lo cual significa que la gente pensará que lo que usted está haciendo es correcto y lo está haciendo de la manera correcta. Cuando obtiene un reconocimiento positivo, su influencia aumenta. Es visto como alguien competente, eficaz, digno de respeto: *poderoso*. El poder proviene de recordar y utilizar la conexión entre comunicación, reconocimiento e influencia».[4]

Cuando yo era un joven líder, seguí ese camino hacia un mejor liderazgo, porque la comunicación es uno de mis talentos. A medida que llegué a ser un mejor comunicador, sí recibí reconocimiento. Poco después, me pedían que enseñara sobre el tema del liderazgo. Sin embargo, también sentí que el liderazgo era más complejo que solo comunicación, reconocimiento e influencia. Comencé a pensar sobre cómo podría desarrollar un modelo que ayudara a otros a entender cómo opera la influencia, y más importante aún, cómo desarrollar la influencia en sus propias vidas. Sabía que si las personas a las que yo ayudaba invertían en su influencia, serían capaces de producir un impacto positivo en su mundo, dondequiera que eso resultara ser.

LOS CINCO NIVELES DEL LIDERAZGO

Comencé a estudiar con más detalle la influencia, y también hice uso de mi propia experiencia de liderazgo y lo que observaba en líderes a los que respetaba y admiraba. Lo que descubrí es que la influencia puede desarrollarse en cinco etapas. Convertí esas etapas en una herramienta que llamo los 5 Niveles del Liderazgo. Esta proporciona un modelo de influencia que puede ayudarlo a entender mejor las dinámicas del liderazgo, y también crea un mapa de ruta que usted puede seguir para desarrollar su influencia en otros. He estado enseñando este modelo de liderazgo por más de treinta años y no puedo contar el número de personas a las que ha ayudado. Espero que también lo ayude a usted del mismo modo que a otros.

Los 5 Niveles del Liderazgo

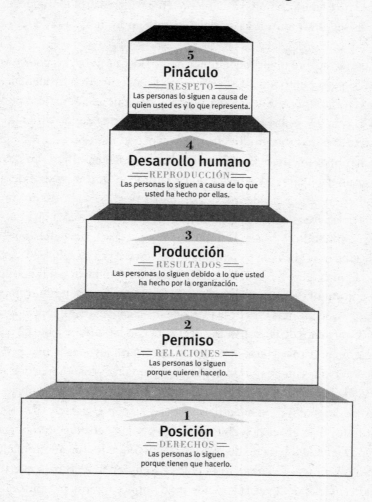

5
Pináculo
RESPETO
Las personas lo siguen a causa de
quien usted es y lo que representa.

4
Desarrollo humano
REPRODUCCIÓN
Las personas lo siguen a causa de lo que
usted ha hecho por ellas.

3
Producción
RESULTADOS
Las personas lo siguen debido a lo que usted
ha hecho por la organización.

2
Permiso
RELACIONES
Las personas lo siguen
porque quieren hacerlo.

1
Posición
DERECHOS
Las personas lo siguen
porque tienen que hacerlo.

Examinemos cada uno de los niveles. Rápidamente podrá comprender cómo operan.

NIVEL 1: POSICIÓN

El nivel más básico del liderazgo es el nivel de la Posición. ¿Por qué este es el nivel más bajo? Porque la Posición representa el liderazgo *antes* de que un líder haya desarrollado ninguna influencia real en las personas que son lideradas. En generaciones anteriores, las personas seguían a los líderes simplemente porque poseían un título o una posición de autoridad, pero eso no es muy común actualmente en la cultura estadounidense. Las personas seguirán a un líder posicional solo en la medida en que *tengan que* hacerlo.

Cuando acepté mi primer empleo como líder en 1969, las personas me tenían respeto y eran amables, pero yo no poseía ninguna influencia real. Tenía veintidós años. Ellos podían ver lo poco que sabía, incluso aunque yo no lo veía. Descubrí la poca influencia que tenía cuando dirigí mi primera reunión de la junta directiva. Comencé la reunión con mi agenda en la mano, pero entonces comenzó a hablar Claude. Él era tan solo un viejo granjero, pero todos en la sala lo miraban en busca de liderazgo. Cualquier cosa que él dijera tenía el mayor peso. Claude no era prepotente o irrespetuoso, ni usaba estrategias agresivas. No tenía que hacerlo, pues ya tenía todo el poder. Tan solo quería que las cosas se hicieran bien.

Resulta muy evidente para mí ahora que en ese primer empleo yo era un líder que vivía en el Nivel 1. Lo único que tenía a mi favor era mi posición, junto con una buena ética de trabajo y un deseo de producir un impacto positivo. Aprendí más en el Nivel 1 que en cualquier otra época durante mis primeros años de liderazgo. Me di cuenta con bastante rapidez de que en el liderazgo un título y una posición no llevarían muy lejos a una persona.

Las personas que han sido designadas para una posición pueden tener autoridad, pero esa autoridad no sobrepasa su descripción de trabajo. Los líderes posicionales tienen ciertos *derechos*. Tienen el derecho de ejecutar las normas. Tienen el derecho de decirles a las personas que hagan su trabajo. Tienen el derecho de utilizar el poder que les hayan otorgado.

No obstante, el verdadero liderazgo comprende algo más que haber recibido autoridad. El verdadero liderazgo implica ser una persona a la que otros seguirán con alegría y confianza. Los verdaderos líderes conocen la diferencia entre posición e influencia. Esa es la diferencia entre ser un jefe y ser un líder:

Un jefe maneja a los trabajadores; un líder los guía y aconseja.
Un jefe depende de la autoridad; un líder depende de la buena voluntad.
Un jefe inspira temor; un líder inspira entusiasmo.

Un jefe dice: «Yo»; un líder dice: «Nosotros».

Un jefe busca quien culpar por cualquier error; un líder arregla el error.

Un jefe sabe cómo se hacen las cosas; un líder muestra cómo se hacen.

Un jefe dice: «Vayan»; un líder dice: «¡Vamos!».

La posición es un buen lugar por el que comenzar en el liderazgo, pero es un lugar terrible donde quedarse. Cualquiera que nunca lidere más allá de la Posición depende de derechos territoriales, protocolo, tradición y esquemas organizacionales. Estas cosas no son inherentemente negativas... a menos que se conviertan en la base para la autoridad. Ellas son malos sustitutos de las habilidades de liderazgo.

> La posición es un buen lugar por el que comenzar en el liderazgo, pero es un lugar terrible donde quedarse.

Si ha ocupado una posición de liderazgo durante cualquier período de tiempo, ¿cómo usted sabe si se está apoyando demasiado en su posición para liderar? A continuación tenemos tres características comunes de los líderes posicionales:

Los líderes posicionales buscan seguridad basándose en los títulos más que en el talento

Hay una historia sobre un soldado raso durante la Primera Guerra Mundial que vio una luz en su trinchera en el campo de batalla y gritó: «¡Apaguen ese fósforo!». Con gran disgusto, descubrió que el infractor era el General «Black Jack» Pershing. Por temor a recibir un severo castigo, el soldado intentó disculparse tartamudeando, pero el General Pershing le dio unas palmadas en la espalda y dijo: «No te preocupes, hijo. Tan solo alégrate de que yo no sea un subteniente».

Mientras más alto es el nivel de capacidad y la influencia resultante de la persona, más segura y confiada se muestra. Un subteniente recién nombrado podría verse tentado a apoyarse en su rango y utilizarlo como arma. Un general no necesita hacer eso.

*Los líderes posicionales se apoyan en la influencia de
su líder en lugar de apoyarse en la propia*

Leo Durocher, que ha sido incluido en el Salón de la Fama del Béisbol y
dirigió a los Gigantes desde 1948 hasta 1955, en una ocasión estaba dando
indicaciones en primera base en un partido de exhibición celebrado en la
Academia Militar de Estados Unidos en West Point. Durante el partido,
un bullicioso cadete no dejaba de gritarle a Durocher, intentando irritarlo.

—Oye, Durocher —vociferaba—, ¿cómo llegó a las grandes ligas un
tipo insignificante como usted?

—¡Mi congresista me nombró! —gritó Durocher.[5]

Tan solo porque una persona haya sido nombrada para ocupar una
posición de autoridad no significa automáticamente que pueda desarrollar
influencia. Debido a que algunos líderes posicionales no pueden tener y
no tienen ninguna influencia o autoridad propia, se apoyan en la autoridad de su jefe o de la persona que los nombró. Siempre que temen que los
miembros de su equipo no los sigan, se apresuran a decir: «Necesitamos
hacer esto porque lo dice el jefe». Ese tipo de autoridad prestada puede
desgastarse después de un tiempo.

*Los líderes posicionales no pueden conseguir que la gente
los siga más allá de su autoridad definida*

Una reacción común de los seguidores de los líderes posicionales es hacer
solamente lo que se requiere y nada más. Si ha observado a los líderes
pidiéndole a su gente que hagan algo extra, se queden hasta más tarde o se
esfuercen más, solo para que esas personas se nieguen o digan «Eso no es
mi tarea», entonces podría estar viendo los resultados del liderazgo posicional. Aquellos que definen su liderazgo por su posición se encontrarán
en un lugar donde las personas harán solamente lo requerido basándose
en los *derechos* que esa posición otorga. Las personas no llegan a compro-
meterse con la visión o la causa dirigida por líderes posicionales.

Si alguna de estas tres características lo describe a usted, entonces es
posible que se esté apoyando demasiado en su posición, lo cual significa
que tiene que trabajar más duro en cultivar su influencia. Hasta que lo

haga, el equipo que lidera tendrá poca energía, y usted tendrá la sensación de que cada tarea es un gran suplicio. Para cambiar eso, tendrá que comenzar a enfocarse en el siguiente nivel del liderazgo.

NIVEL 2: PERMISO

Mi amigo y mentor Fred Smith dice: «El liderazgo implica conseguir que la gente trabaje para usted cuando no está obligada a hacerlo».[6] Esa es la esencia del segundo nivel de liderazgo: Permiso.

Los líderes que se quedan en el nivel de la Posición y nunca desarrollan su influencia lideran con frecuencia mediante la intimidación. Son como las gallinas que el psicólogo noruego Thorleif Schjelderup-Ebbe estudió al desarrollar el principio de la «jerarquía» que se utiliza comúnmente para describir a todo tipo de grupos. Schjelderup-Ebbe descubrió que en cualquier gallinero hay una gallina que por lo general domina a todas las demás. Esta gallina dominante puede picotear a cualquier otra sin ser picoteada por ella. La segunda en el orden de jerarquía puede picotear a todas las demás excepto a la dominante. El resto se organiza en una jerarquía descendente, terminando finalmente con una desventurada gallina a la que todas pueden picotear, pero que no puede picotear a ninguna.

Como contraste, el Permiso se caracteriza por las buenas *relaciones*. El lema en este nivel podría escribirse como: «A las personas no les importa cuánto sabemos hasta que saben lo mucho que nos importan». La verdadera influencia comienza con el corazón, no con la cabeza. Se desarrolla mediante conexiones personales, y no mediante normas y regulaciones. La agenda en este nivel no es la jerarquía; es la conexión entre las personas. Los líderes que tienen éxito en este nivel enfocan su tiempo y energía en las necesidades y los deseos de los individuos de su equipo. Y se conectan con ellos.

La clásica ilustración de alguien que no hacía eso es Henry Ford en los primeros tiempos de la empresa Ford Motor Company. Él quería que sus obreros trabajaran como máquinas, e intentaba controlar sus relaciones fuera del trabajo con normas y regulaciones. Y su enfoque estaba por completo en su producto, el Modelo T, que él consideraba un auto perfecto y que nunca quería cambiar. Cuando hubo personas que comenzaron a pedirlo en colores distintos al negro, señaló: «Pueden pedir cualquier color que quieran mientras sea negro».

Las personas que no están dispuestas a construir relaciones sólidas y duraderas, o no son capaces de hacerlo, pronto descubren que también son incapaces de sostener un liderazgo duradero y eficaz. No es necesario decir que podemos interesarnos por las personas sin liderarlas, pero no podemos liderar a las personas sin interesarnos por ellas. La gente no le seguirá si no puede llevarse bien con usted. Así son las cosas.

En el Nivel 2, a medida que usted se conecta con las personas, edifica relaciones con ellas y se gana su confianza, comienza a desarrollar una verdadera influencia en ellas. Eso hace que quieran trabajar más conjuntamente. Hace que sean más cooperativos unos con otros. Hace que el ambiente resulte más positivo. Mejora la energía de todos. Y en los ambientes laborales, las personas se quedan más tiempo y trabajan más duro.

> Las personas que no están dispuestas a construir relaciones sólidas y duraderas, o no son capaces de hacerlo, pronto descubren que también son incapaces de sostener un liderazgo duradero y eficaz.

Si a usted se le ha asignado una posición de liderazgo, entonces ha recibido el permiso de su jefe para liderar. Si ha ganado influencia en el Nivel 2, entonces ha adquirido el permiso de su gente para liderar. Eso es poderoso. Sin embargo, tengo que hacerle una advertencia. Quedarse demasiado tiempo en este nivel sin pasar al Nivel 3 hará que las personas muy motivadas se inquieten y se impacienten. Por lo tanto, hablemos sobre la Producción.

NIVEL 3: PRODUCCIÓN

Casi cualquier persona puede tener éxito en los dos primeros niveles del liderazgo. Las personas pueden recibir una *posición* y desarrollar el *permiso* teniendo poca o ninguna capacidad de liderazgo innata. Es un hecho que si usted se interesa por las personas y está dispuesto a aprender a trabajar con ellas, puede comenzar a obtener influencia. No obstante, esa influencia solo llegará hasta cierto punto. Para hacer que las cosas avancen realmente, necesita ganar el nivel de Producción.

En el Nivel 3, las personas logran cosas. Y también ayudan a los miembros de su equipo a lograr cosas. Juntos, producen *resultados*. Es entonces cuando comienzan a suceder realmente cosas buenas para la organización. La productividad aumenta. La gente alcanza metas. Los beneficios se incrementan. Los ánimos se elevan. Los despidos se reducen. La lealtad del equipo aumenta.

Las organizaciones con líderes que son eficaces al liderar en los tres primeros niveles del liderazgo se vuelven muy exitosas. Comienzan a ganar. Y cuando lo hacen, comienzan a beneficiarse de lo que yo denomino «el Gran Im»: impulso. Crecen. Resuelven problemas con mayor facilidad. Ganar se convierte en lo normal. Liderar se vuelve más fácil. Seguir se vuelve más divertido. El ambiente laboral se carga de energía.

Sea consciente de que la mayoría de las personas gravitan de modo natural hacia el nivel del Permiso o de la Producción del liderazgo, basándose en si tienen tendencia a ser personas de *relaciones* o personas de *resultados*. Si las personas construyen relaciones de manera natural, puede que disfruten al reunirse, pero lo hacen con el único objetivo de estar juntos y disfrutar los unos de los otros. Si ha trabajado alguna vez en un ambiente donde las reuniones son agradables y todos se llevan bien, pero no se logra nada, entonces puede que haya trabajado con alguien que está en el Nivel 2, pero no en el Nivel 3. (Y si ha trabajado en un lugar donde las reuniones son productivas, pero miserables relacionalmente, es posible que haya trabajado con alguien que está en el Nivel 3, pero no en el Nivel 2.) Sin embargo, si como líder puede añadir *resultados* a las *relaciones* y desarrollar un equipo de personas que se caen bien mutuamente y logran hacer cosas, habrá creado una potente combinación.

Las organizaciones en todo el mundo buscan personas que puedan producir resultados, porque entienden el impacto que estas pueden lograr. Una de mis historias favoritas de todos los tiempos es sobre un vendedor ambulante recién contratado llamado Gooch y la reacción que obtuvo de los líderes de su empresa cuando envió su primer reporte de ventas a la oficina con graves faltas de ortografía. Esto asombró al jefe del departamento de ventas. Gooch escribió: «Bisité ese lugar donde nunca nos an conprado nada y les bendí algunos produstos. Haora me voy a Chicago».

Antes de que el gerente de ventas pudiera darle al hombre el pasaporte de despedida, llegó el siguiente mensaje de Chicago: «Estube allí y les bendí medio millón».

Por temor a despedir al vendedor ignorante, y temeroso también si no lo hacía, el gerente de ventas lanzó el problema a la cancha del presidente.

A la mañana siguiente, los miembros del departamento de ventas quedaron sorprendidos en su torre de marfil al ver en el tablero de los anuncios encima de las dos cartas escritas por el vendedor ignorante la siguiente nota del presidente, también con pésima ortografía:

Emos empleado demasiado tienpo intentando explicar en lugar de bender. Estemos atentos a las bentas. Quiero que todos lean estas cartas de Gooch que está en la carretera aciendo un vuen trabajo para nosotros, y deverían salir y acer lo mismo que él.

Me gusta tanto esa historia que la he laminado y la llevo conmigo junto con algunos otros elementos «esenciales» cuando doy conferencias. Bueno, obviamente si lideráramos a vendedores, preferiríamos a los que sepan vender y también escribir. Sin embargo, ya entiende el punto. Los resultados hablan más alto, para nuestros jefes y para aquellos a quienes lideramos.

Cuando lideramos a un equipo productivo de personas a quienes les gusta trabajar juntas, les damos a otros una razón para querer trabajar con nosotros, para seguirnos. Por ejemplo, si usted y un amigo estuvieran escogiendo jugadores para un partido de baloncesto, y pudieran escoger entre LeBron James y yo, está claro a quién escogerían: ¡al hombre que gana campeonatos, no al tipo que jugó al baloncesto en la secundaria hace más de cincuenta años! Querrán escoger al que pueda producir e inspirar a sus compañeros de equipo a producir juntamente con él.

NIVEL 4: DESARROLLO HUMANO

Si obtiene influencia con su equipo en los Niveles 1, 2 y 3, las personas lo considerarán un líder fantástico. Logrará que se hagan muchas cosas, y será considerado exitoso. No obstante, hay niveles más elevados de liderazgo, porque los mejores líderes hacen algo más que lograr que se hagan las cosas.

Hay muchos tipos diferentes de líderes, tanto hombres como mujeres. Vienen en toda forma y tamaño, en todas las edades y grados de experiencia, razas y nacionalidades, desde genios hasta aquellos con una inteligencia promedio. ¿Qué separa a los buenos de los sobresalientes?

Los líderes llegan a ser sobresalientes no por su poder, sino por su habilidad para empoderar a otros. El éxito sin un sucesor es en definitiva el fracaso. Para crear algo duradero, para desarrollar a un equipo u organización que pueda crecer y mejorar, para construir algo para el futuro, la principal responsabilidad de un líder es desarrollar a otras personas: ayudarlas a alcanzar su potencial personal, ayudarlas a hacer sus trabajos con mayor eficacia, y ayudarlas a aprender a llegar a ser mejores líderes ellas mismas. Este tipo de desarrollo humano conduce a la *reproducción*.

> Los líderes llegan a ser sobresalientes no por su poder, sino por su habilidad para empoderar a otros.

El desarrollo humano tiene un efecto multiplicador. Equipos y organizaciones pasan a un nivel totalmente nuevo cuando los líderes comienzan a desarrollar a otros. Un equipo desarrolla suficientes líderes para crear equipos adicionales. Una división, operación o ubicación desarrolla suficientes líderes para crear otros adicionales. Debido a que todo se levanta y se viene abajo a causa del liderazgo, tener más y mejores líderes siempre conduce a tener una organización mejor.

El nivel del desarrollo humano posee otro efecto secundario positivo: la lealtad al líder. Las personas tienden a ser leales al mentor que las ayuda a mejorar sus vidas. Si observamos a un líder desarrollar su influencia mediante los niveles, podremos ver cómo progresa la relación. En el Nivel 1, el miembro del equipo *tiene que seguir* al líder. En el Nivel 2, el miembro del equipo *quiere seguir* al líder. En el Nivel 3, el miembro del equipo *aprecia* y *admira* al líder debido a lo que él o ella han hecho por el equipo. En el Nivel 4, el miembro del equipo *se vuelve leal* al líder debido a lo que el líder ha hecho por él o ella en lo personal. Nos ganamos los corazones y las mentes de las personas ayudándolas a crecer personalmente.

> «Si usted no cree en el mensajero, no creerá en el mensaje».
>
> —JAMES M. KOUZES Y BARRY Z. POSNER

No todo buen líder trabaja para desarrollar su influencia en el Nivel 4. En realidad, la mayoría de los líderes ni siquiera son conscientes de que existe el Nivel 4. Están tan centrados en su propia productividad y la de su equipo que no se dan cuenta de que deberían estar desarrollando a las personas. Si eso lo describe a usted, quiero ayudarle. He ideado algunas preguntas que debería hacerse a sí mismo sobre desarrollar a las personas, las cuales pueden ayudarlo a posicionarse para el éxito en el Nivel 4:

1. ¿Me apasiona mi crecimiento personal?

Solamente las personas que crecen son eficaces a la hora de hacer crecer a otros. Si sigue teniendo ese fuego en su interior, las personas lo sentirán cuando estén cerca de usted. Yo tengo setenta años y continúo teniendo fijación con el crecimiento.

2. ¿Tiene credibilidad mi viaje de crecimiento?

Lo primero que las personas se preguntan cuando se ofrece a ayudarlas a crecer es si usted tiene algo que ofrecerles que pueda ayudarlas. La clave para esa respuesta es su credibilidad. En su libro *El desafío del liderazgo*, James M. Kouzes y Barry Z. Posner explican lo que ellos denominan la Primera Ley del Liderazgo Kouzes-Posner: si usted no cree en el mensajero, no creerá en el mensaje. Ellos dicen de la credibilidad: «La lealtad, el compromiso, la energía y la productividad dependen de ella».[7]

3. ¿Las personas se sienten atraídas a mí debido a mi crecimiento?

Las personas quieren aprender de líderes a los que vean crecer y aprender. Un año en el Leadership Open [Abierto de Liderazgo], realizado por mi organización sin fines de lucro EQUIP en Pebble Beach, muchas personas comentaron sobre el increíble crecimiento que estaban viendo en Mark Cole, mi director general. Ese tipo de crecimiento radical y a la vez humilde resulta muy atractivo para la gente.

4. ¿Soy exitoso en las áreas donde quiero desarrollar a otros?

No podemos dar lo que no tenemos. Cuando desarrollo a las personas, intento ayudarlas principalmente en áreas en las que yo soy exitoso: hablar, escribir y liderar. ¿Sabe en qué áreas nunca doy consejos? Cantar. Tecnología. Golf. Nadie quiere escuchar lo que tengo que decir sobre esos temas. Estaría desperdiciando su tiempo y el mío.

5. ¿He traspasado la línea de pasar tiempo / invertir tiempo?

La mayoría de las personas pasan tiempo *con* otros. Pocas invierten tiempo *en* ellos. Si quiere tener éxito en el Nivel 4, necesita convertirse en alguien que *invierte* en la gente. Esto significa añadir valor, pero también esperar ver un beneficio de su inversión; no en ganancia personal, sino en impacto. El beneficio que busca está en el crecimiento personal de los otros, la mejora de su liderazgo, el impacto de su trabajo, el valor que ellos añaden al equipo y la organización. Aprendí esta lección a los cuarenta años de edad cuando entendí que mi tiempo era limitado y que no podía trabajar más duro o por más tiempo de lo que ya lo estaba haciendo. (Hablaré más sobre esto en el capítulo 2). La única solución fue reproducirme al invertir en otros. A medida que ellos mejoraron, el equipo mejoró. Y también yo mejoré.

6. ¿Tengo un estilo de vida educable?

Las personas educables son los mejores maestros. Para desarrollar a las personas, necesito mantenerme educable. Eso significa querer aprender, prestar atención a lo que aprendo, desear compartir lo que he aprendido, y saber con quién lo comparto.

7. ¿Estoy dispuesto a ser un modelo a seguir y un entrenador vulnerable?

Desarrollar a las personas invirtiendo en ellas no quiere decir fingir que tenemos todas las respuestas. Significa ser auténticos, admitir lo que no sabemos tanto como lo que sabemos, y aprender todo lo posible de las personas a las que estamos desarrollando. Aprender es una calle de doble dirección. Continuar desarrollándome a mí mismo a la vez que desarrollo a otros me produce una gran alegría.

8. ¿Tienen éxito las personas a las que desarrollo?

La meta suprema en el desarrollo humano es ayudarles a transformar sus vidas. La enseñanza puede ayudar a que la vida de alguien *mejore*. El verdadero desarrollo ayuda a *cambiar* la vida de un individuo. ¿Cómo se puede saber si eso ha sucedido? La persona en la que usted ha invertido tiene éxito. Esa no es solamente la mayor señal de transformación; es también la mayor recompensa para un líder que desarrolla a personas.

¿Cómo le fue? Mientras más respuestas afirmativas pueda dar sinceramente a las ocho preguntas, mejor posicionado estará para el desarrollo humano. Si sus respuestas negativas superan a las positivas, no se desanime. Haga que el crecimiento sea su meta a fin de prepararse para el éxito futuro en el Nivel 4. No lo lamentará, porque es ahí donde se produce el éxito a largo plazo. Su compromiso a desarrollar líderes asegurará el crecimiento continuado en la organización, en las personas a las que lidera, y en el impacto de su liderazgo. Haga todo lo posible para alcanzar este nivel y mantenerse en él.

NIVEL 5: PINÁCULO

El último nivel de liderazgo es el Pináculo. Si leyó la versión original de este libro, es posible que recuerde que le llamé a este nivel *Personalidad*. No obstante, creo que *Pináculo* es un nombre más descriptivo. Este nivel, el más alto, está basado en la *reputación*. Aquí el aire está depurado. Solamente algunas personas llegan a este nivel. Son aquellas que han liderado bien y demostrado su liderazgo durante toda la vida, han invertido en otros líderes y los han levantado hasta el Nivel 4, y han desarrollado su influencia no solo en sus propias organizaciones, sino también más allá de ellas.

Las personas en el nivel Pináculo son conocidas no solo fuera de sus propias organizaciones, sino también fuera de sus campos de trabajo, de sus países, e incluso trascienden generaciones. Por ejemplo, Jack Welch es un líder de Nivel 5 en los negocios. Nelson Mandela fue un líder de Nivel 5 en el gobierno. Martin Luther King Jr. fue un líder de Nivel 5 entre los activistas sociales. Leonardo da Vinci fue un líder de Nivel 5 en las artes y la ingeniería. Aristóteles fue un líder de Nivel 5 en la educación y la filosofía.

¿Puede todo el mundo llegar a este nivel de liderazgo? No. ¿Deberíamos esforzarnos por lograrlo? Sin ninguna duda. Sin embargo, no deberíamos enfocarnos en ello. ¿Por qué? Porque no podemos fabricar el respeto en otros, ni tampoco podemos demandarlo. El respeto nos lo deben dar los demás libremente, de modo que no está dentro de nuestro control. Por esa razón, deberíamos enfocarnos en cambio en desarrollar la influencia en los Niveles 2, 3 y 4, trabajando duro para mantenerla día tras día, año tras año, década tras década. Si hacemos eso, habremos hecho todo lo que podemos hacer.

ASCENDER POR LOS NIVELES DEL LIDERAZGO

Espero que usted pueda utilizar los 5 Niveles del Liderazgo como un claro recordatorio visual de cómo opera la influencia. Esto es un paradigma *para* el liderazgo y un camino *hacia* el liderazgo. Ahora que puede entender el modelo, quiero darle algunas perspectivas que lo ayudarán no solo a abrazarlo, sino también a recorrerlo utilizándolo como una escalera:

- Los 5 Niveles del Liderazgo pueden aplicarse a cada área de su vida, tanto personal como profesional.
- Usted se encuentra en un nivel diferente con cada persona individual que forma parte su vida.
- Cada vez que añade un nivel en su relación con otra persona, su nivel de influencia aumenta.
- Nunca deja atrás un nivel anterior hasta que alcanza uno nuevo. Los niveles se construyen y se añaden unos sobre otros. No se sustituyen.
- Si se salta un nivel para intentar acelerar el proceso, tendrá que regresar y ganar ese nivel de todos modos para la longevidad de la relación.

- Mientras más alto suba en los niveles, más tiempo se necesita.
- Cada vez que cambia de empleo o se une a un nuevo círculo de personas, comienza en el nivel más bajo y tiene que volver a subir.
- Cuando se alcanza un nivel, debe mantenerse. Nadie «llega» nunca como líder. Nada es permanente en el liderazgo.
- Al igual que puede añadir influencia en un nivel, también puede perder influencia en un nivel.
- Se necesita menos tiempo para perder un nivel que el que se necesita para ganarlo.

En este punto de mi vida y mi carrera, los 5 Niveles del Liderazgo se han convertido en una segunda naturaleza para mí. En cuanto conozco a las personas, comienzo a trabajar en la relación. En cuanto he desarrollado una conexión, intento añadir Producción y que logremos algo juntos. Y comienzo a buscar maneras de darles valor a las personas e invertir en ellas. Creo que usted también puede desarrollar su influencia del mismo modo que yo lo hago. Lo único que se necesita es voluntad e intencionalidad.

Una vez leí un poema titulado «Mi influencia». No sé quién es el autor, pero su mensaje causó en mí un impacto:

> Mi vida tocará decenas de vidas
> Antes de que acabe este día,
> Dejará incontables marcas para bien o para mal,
> Hasta que se ponga el sol;
> Este es el deseo que siempre tengo,
> La oración que siempre hago:
> Señor, que mi vida ayude a otras vidas
> Que toque por el camino.[8]

Si es usted como yo, seguro que tiene metas. Querrá no solo alcanzar el éxito, sino también experimentar la trascendencia. Querrá que su liderazgo produzca un cambio positivo. El nivel que logre depende más de su influencia que de ningún otro factor. Por eso la influencia resulta tan importante. Usted no sabe cuántas vidas tocará. Lo único que puede hacer es desarrollar su influencia a fin de que cuando lleguen sus oportunidades, pueda aprovecharlas al máximo. Nunca dude del poder de una persona influyente. Piense en Aristóteles. Él fue mentor de Alejandro Magno, y Alejandro conquistó el mundo.

DESARROLLE AL INFLUYENTE QUE ESTÁ EN USTED

Uno de los grandes retos al aplicar los 5 Niveles del Liderazgo es que debe ganar cada nivel de influencia con cada persona que forma parte de su vida. Aunque es cierto que su nivel de influencia en otros aumenta o disminuye cada día, descubrirá que al principio es beneficioso enfocar su atención en aumentar intencionadamente su influencia solo en un número limitado de personas.

Por esa razón, le sugiero que escoja a un par de personas que formen parte de su vida en este momento para edificar intencionadamente su influencia. Escoja a una persona importante de su vida profesional, quizá su jefe, un miembro clave del equipo, un colega o un cliente. Y escoja a una persona importante de su vida personal, quizá su cónyuge, un hijo, un padre o un vecino. (Sí, es posible estar solo en el nivel de Posición con su cónyuge o su hijo, y sí, tiene que ganarse, o volver a ganarse, la influencia en los niveles más altos). Si usted es un individuo de gran capacidad con mucha ambición y energía, puede que quiera escoger a *tres* personas.

En primer lugar, determine en qué nivel de liderazgo se encuentra actualmente con cada persona, y después utilice las pautas siguientes para comenzar a ganarse el nivel que está por encima del actual y fortalecer su influencia en los niveles más bajos.

Nivel 1: Posición — Influencia basada en los derechos

- Conozca detalladamente su papel o descripción de trabajo.
- Haga su trabajo regularmente con excelencia.

- Haga más de lo que se espera.
- Acepte la responsabilidad por usted mismo y su liderazgo.
- Aprenda de cada oportunidad de liderazgo.
- Sea consciente de la historia que influye en las dinámicas personales.
- No se apoye en que su posición o título lo ayuden a liderar.

Nivel 2: Permiso — Influencia basada en la relación

- Valore a la otra persona.
- Aprenda a ver a través de los ojos de la otra persona haciendo preguntas.
- Tenga más interés en la persona que en las normas.
- Incluya a la otra persona en su viaje cambiando su enfoque del *yo* al *nosotros*.
- Haga que el éxito de la otra persona sea su meta.
- Practique el liderazgo de servicio.

Nivel 3: Producción — Influencia basada en los resultados

- Inicie y acepte el compromiso con su propio crecimiento personal.
- Desarrolle la responsabilidad por los resultados, comenzando con usted mismo.
- Lidere mediante el ejemplo y produzca resultados.
- Ayude a la otra persona a descubrir y hacer su mejor aportación.

Nivel 4: Desarrollo humano — Influencia basada en la reproducción

- Acepte la idea de que las personas son su bien más valioso.
- Muéstrese dispuesto y sea honesto sobre su viaje de crecimiento.
- Exponga a la otra persona al crecimiento y a oportunidades de liderazgo.
- Sitúe a la persona en el mejor lugar para que sea exitosa.

Nivel 5: Pináculo — Influencia basada en el respeto

- Enfoque su influencia en el veinte por ciento más prometedor de las personas a las que lidera.
- Enséñelos y aliéntelos a desarrollar a otros líderes de alto nivel.
- Aproveche su influencia para hacer avanzar a la organización.
- Utilice su influencia fuera de la organización para producir un cambio positivo.

Si le gustaría obtener ayuda adicional en el proceso de desarrollar su liderazgo, por favor, visite MaxwellLeader.com para recibir material gratuito que he creado para ayudarle. Y asegúrese de utilizar la herramienta de evaluación personal en cuanto al liderazgo.

LA CLAVE DEL LIDERAZGO:

PRIORIDADES

¿Usted cuenta con tiempo de sobra para hacer todo lo que quiere y tiene que hacer en un día? Imagino que la respuesta es no. Aún no he conocido a ningún líder ocupado que piense que tiene tiempo más que suficiente para hacer todo lo que quiere. En el capítulo 1 mencioné que a los cuarenta años me di cuenta de que yo solo no podía trabajar más duro ni más tiempo, así que comencé a invertir en las personas. Sin embargo, también me percaté de que necesitaba mejorar mi manera de administrarme a mí mismo y administrar mi tiempo.

La gente solía hablar mucho sobre la administración del tiempo, pero la realidad es que usted no puede administrar el tiempo. Administrar algo significa controlarlo, cambiarlo. Cuando se trata de tiempo, no hay nada que gestionar. Todos tenemos veinticuatro horas al día. No podemos añadir ni restar ni una sola hora. No podemos ralentizar el tiempo o acelerarlo. El tiempo es lo que es.

El entrenador y orador Jamie Cornell escribió: «El tiempo no se puede administrar ni se administrará nunca, y nunca conseguiremos más. El problema está arraigado en las decisiones que tomamos con los demás y en nuestras propias decisiones. Nosotros decidimos cómo usarlo cada momento del día, al margen de que creamos o no que lo hacemos».[1]

Para cualquiera que lidere, la pregunta no es: «¿Estará llena mi agenda?», sino: «¿Quién y qué llenará mi agenda?». Cuando siento que no tengo tiempo suficiente, necesito examinarme: mis decisiones, mi agenda, mis *prioridades*. Estas son las cosas que podemos controlar, no el tiempo. Es necesario decidir cómo emplearemos las veinticuatro horas que tenemos cada día. Eso requiere que prioricemos nuestro tiempo para sacar el máximo provecho de esas horas. Tal cosa es especialmente cierta en el caso de los líderes, porque nuestras acciones influencian a otras muchas personas.

En una conferencia, una vez escuché decir a un orador: «Hay dos cosas muy difíciles de conseguir que la gente haga: pensar y hacer cosas según el orden de importancia». Estaba hablando de las prioridades. Los buenos líderes siempre piensan con antelación y priorizan sus responsabilidades. Se ha dicho que...

- Las personas prácticas saben cómo conseguir lo que quieren.
- Los filósofos saben lo que debieran querer.
- Los líderes saben cómo conseguir lo que debieran querer.

Por eso quiero ayudarlo a identificar lo que debiera querer como líder, no según mis prioridades, sino de acuerdo a las suyas. Y quiero ayudarlo a ceñirse a esas prioridades de manera eficaz para mejorar su vida y realzar su liderazgo.

PRESIONES DE LA PRIORIDAD

Nadie se escapa a las presiones de la vida moderna, y como todos tratamos con demandas, fechas tope y dificultades, podemos confundirnos cuando se trata de nuestras prioridades. Estas son algunas cosas que he visto que son ciertas:

LA MAYORÍA DE LA GENTE SOBRESTIMA LA IMPORTANCIA DE LA MAYORÍA DE LAS COSAS

Cada día usted podría hacer una larga lista de las cosas que quiere hacer, debiera hacer y tiene que hacer. No todas esas cosas son importantes. El psicólogo William James dijo que «el arte de ser sabio reside en saber qué cosas pasar por alto».[2] Las cosas insignificantes y tediosas amenazan con robarnos gran cantidad de nuestro tiempo. Si no tenemos cuidado, podemos comenzar a vivir para las cosas erróneas.

TENER DEMASIADAS PRIORIDADES PARALIZA A LAS PERSONAS

Uno de los números más populares en los circos durante muchos años fue el del domador de leones. El hombre o la mujer entraban en una jaula llena de peligrosos leones y los obligaban a hacer lo que él o ella quería. Una vez leí que había una razón por la que muchos de ellos llevaban consigo un taburete o una silla al entrar en la jaula. Evidentemente, si el domador sostenía la silla por el asiento, con las patas mirando hacia los leones, el animal intentaría enfocarse en las cuatro patas a la vez. Este enfoque dividido del animal lo abrumaba, haciendo que se paralizara por la indecisión y apaciguara su agresión.

Eso mismo nos puede ocurrir a nosotros. Casi todos hemos experimentado días en los que nuestras listas de tareas son largas, nuestros escritorios acumulan montones de papeles, nuestros teléfonos celulares no dejan de sonar, y la gente llega a nuestra oficina queriendo algo. Si usted es como la mayoría de las personas, esto puede paralizarlo.

Hace años, una de nuestras miembros de personal más eficientes, Sheryl, vino a verme. Parecía agotada. Tras charlar un rato, supe que se sentía totalmente abrumada por una lista enorme de responsabilidades. Le pedí que escribiera todas sus tareas y proyectos. Después los repasé con ella y los priorizamos. El efecto resultó inmediato: fue como si le hubieran quitado de encima un peso gigante. Aún recuerdo la mirada de alivio en su rostro cuando se dio cuenta de que podía enfocarse en lo que más importaba y dejar las otras cosas para más adelante.

> «El arte de ser sabio reside en saber qué cosas pasar por alto».
>
> —WILLIAM JAMES

CUANDO LES PRESTAMOS DEMASIADA ATENCIÓN A LAS DEMANDAS PEQUEÑAS, SURGEN PROBLEMAS GRANDES

A menudo, las cosas pequeñas de la vida nos hacen tropezar. Un trágico ejemplo fue el accidente que se produjo en el vuelo 401 de Eastern

Airlines la noche del 29 de diciembre de 1971. El avión, que llevaba 163 pasajeros y 13 tripulantes, procedente de Nueva York, experimentó un problema al acercarse a su destino en Miami. La luz que indicaba el correcto despliegue del tren de aterrizaje no se encendió. El piloto puso la aeronave en espera mientras los miembros de la tripulación intentaban averiguar si se había desplegado el tren de aterrizaje.

El avión voló dando un gran círculo sobre los pantanos de los Everglades mientras la tripulación de la cabina comprobaba si el tren en verdad no se había desplegado o si el fallo provenía de la bombilla que iluminaba el indicador. Tras un poco de esfuerzo, quitaron la bombilla, pero aún no estaban seguros de si el tren de aterrizaje se había desplegado. El piloto envió al segundo oficial al compartimento de abajo del avión para intentar verificar si la rueda delantera se había desplegado o no.

Mientras los tres expertos tripulantes intentaban descubrir el problema, dejaron de prestarle atención a algo mucho más importante: su altitud. Mientras hacían círculos con el piloto automático encendido, el avión fue perdiendo altura gradualmente. Diez segundos después de que notaran el problema, el avión chocó contra los Everglades. Tristemente, murieron más de cien personas. Y al final, los investigadores descubrieron que el único problema fue realmente un fallo en la bombilla.

Se dice que Robert J. McKain observó: «La razón por la cual las grandes metas no se consiguen es porque nos pasamos el tiempo haciendo primero las cosas secundarias».[3] O de tercer grado. O de cuarto. Siempre que las pequeñas demandas o las tareas insignificantes desplazan a las tareas importantes, podemos enfrentar problemas.

HACER QUE TODO SEA PRIORITARIO SIGNIFICA QUE NADA ES PRIORITARIO

Una familia que se había cansado del ruido y el tráfico de la ciudad ahorró un dinero y finalmente cumplió su sueño. Vendieron su atiborrado apartamento, compraron un rancho y se mudaron al oeste. Su deseo era mudarse al campo para disfrutar de una vida en los espacios abiertos y criando ganado.

Algunos amigos de la ciudad fueron a visitarlos un mes después y preguntaron cómo le habían llamado al rancho.

—Bueno —dijo el nuevo ranchero—, quería llamarlo el Flying W, pero mi esposa dijo que ella quería que se llamara Suzy-Q. Nuestro hijo mayor pensó que el nombre debería ser Bar-J, y nuestro hijo pequeño quería que lo llamáramos Lazy Y. Así que nos pusimos de acuerdo. Lo llamamos el Rancho Flying Lazy Y-W-Bar-J Suzy-Q.

—¡Vaya! —dijo el amigo—. ¿Puedo ver al ganado?

—No tenemos ganado —respondió el ranchero—. ¡Ningún animal sobrevivió cuando los marcamos con el nombre!

De acuerdo, lo admito: es un chiste muy malo, pero me encanta debido a que ilustra el hecho de que cuando uno dice que *todo* es una gran prioridad, entonces *nada* es una gran prioridad. Esto realmente indica que no estamos dispuestos o no somos capaces de tomar una decisión, lo cual significa que no conseguiremos hacer *nada*.

A VECES ES NECESARIA UNA EMERGENCIA PARA FORZAR A LA GENTE A PRIORIZAR

Solo una crisis puede hacer que algunas personas se replanteen sus prioridades. Eso es lo que ocurrió la noche del 14 de abril de 1912, cuando el gran transatlántico *Titanic* chocó contra un iceberg en el Atlántico. Una de las historias más curiosas acerca del desastre fue la de una mujer que encontró un lugar en uno de los botes salvavidas. En el último segundo, preguntó si podía regresar a su camarote para buscar algo. Le dijeron que solo tenía tres minutos. Mientras se apresuraba por los corredores, tropezaba con dinero y otros artículos de valor que se habían caído con las prisas. Una vez en su camarote, ignoró sus propias joyas y en su lugar tomó tres naranjas. Después regresó rápidamente a su lugar en el bote.

Tan solo unas horas antes no habría cambiado su joya menos valiosa por una caja llena de naranjas, pero las circunstancias habían cambiado sus prioridades, como nos puede ocurrir a muchos de nosotros.

> Cuando uno dice que *todo* es una gran prioridad, entonces *nada* es una gran prioridad.

PRINCIPIOS SOBRE LAS PRIORIDADES

Alguien dijo una vez: «Un bebé nace con el puño cerrado; un adulto muere con la mano abierta. La vida tiene una manera de liberar las cosas que pensamos que son muy importantes». Si quiere desarrollar el líder que está en usted, no espere a que una tragedia realinee sus prioridades. Sea proactivo al respecto comenzando el proceso hoy. Empiece reconociendo los siguientes principios:

1. TRABAJAR CON MÁS INTELIGENCIA TIENE UNA REMUNERACIÓN MÁS ALTA QUE TRABAJAR MÁS DURO

El novelista Franz Kafka dijo: «La productividad significa ser capaces de hacer cosas que nunca antes fuimos capaces de hacer». ¿Cómo se puede lograr eso? Hacer exactamente lo mismo con más intensidad raras veces funciona. Como destacó supuestamente Albert Einstein, la definición de locura es hacer lo mismo una y otra vez y esperar resultados distintos.

Entonces, ¿cómo usted consigue mejores resultados? Tiene que *repensar* cómo hace algo. Tiene que trabajar de forma más inteligente. Esto significa encontrar mejores formas de trabajar y sacarle el máximo rendimiento a los momentos que tiene. El experto en mercadeo Dan Kennedy afirma: «El uso disciplinado del tiempo que todos los demás malgastan puede darle ventaja».[4] ¿Qué líder no quiere eso?

2. NO SE PUEDE TENER TODO

Cuando mi hijo, Joel, era un niño, cada vez que entrábamos a una tienda tenía que decirle: «No puedes tenerlo todo». Como a muchas personas, a él le costaba bastante reducir la lista de las cosas que quería. Sin embargo, creo que noventa y cinco por ciento de lograr algo depende de saber lo que queremos. Eso es especialmente importante para alguien que está dirigiendo a otros.

> «El uso disciplinado del tiempo que todos los demás malgastan puede darle ventaja».
>
> —DAN KENNEDY

Hace años leí una historia acerca de un grupo de personas que se estaban preparando para una subida a la cima del Mont Blanc en los Alpes franceses. La noche antes de la escalada, su guía francés explicó cuál era el principal requisito previo para tener éxito. Dijo: «A fin de llegar a la cima, deben llevar solo lo imprescindible para la escalada. Deben dejar atrás todo lo demás. Es un ascenso muy difícil».

Un joven inglés menospreció el consejo del experto y a la mañana siguiente se apareció con un montón de artículos además de su equipo: una manta de colores vivos, unos buenos trozos de queso, una botella de vino, un par de cámaras con varias lentes y algunas chocolatinas.

«No lo conseguirá si lleva tantas cosas», le dijo el guía. «Solo puede llevar lo estrictamente necesario para realizar la escalada».

No obstante, el inglés era joven y terco. Se adelantó a todo el grupo para demostrar que podía hacerlo.

De camino a la cima del Mont Blanc, el resto del grupo, que llevaba solo lo necesario como había dicho el guía, comenzó a encontrarse cosas a lo largo del camino: primero, vieron una manta de colores vivos. Después, una botella de vino y algunos trozos de queso. Una cámara fotográfica. Y finalmente, algunas chocolatinas.

Cuando llegaron a la cúspide, allí estaba el inglés. Sabiamente, se había deshecho de todo lo que no era necesario durante el camino y había llegado a la cima.

Hace muchos años leí un poema de William H. Hinson que ofrece una gran lección sobre las prioridades:

> El que busca una cosa, y solo una,
> Quizá la consiga antes de que esta vida se acabe.
> Pero el que lo busca todo dondequiera que va
> Debe cosechar a su alrededor en todo lo que siembre
> Una cosecha de estéril lamento.

Si quiere tener éxito como persona y como líder, debe tomar decisiones. Debe priorizar. No puede tenerlo todo. Nadie puede.

3. LO BUENO ES SIEMPRE EL ENEMIGO DE LO MEJOR

La mayoría de las personas pueden priorizar entre lo bueno y lo malo, o entre lo correcto y lo equivocado. El verdadero reto surge cuando se encuentran ante dos decisiones buenas. ¿Cuál de las dos deberían escoger?

Podemos encontrar una excelente ilustración de esto en una parábola de un farero que trabajaba en un trecho costero rocoso antes de que se inventara la electricidad. Una vez al mes, él recibía el suministro de aceite para mantener el fuego encendido.

Como no estaba muy lejos de la ciudad, a menudo tenía visitantes. Una noche, una anciana de la aldea le rogó pidiéndole algo de aceite para calentar a su familia. Él se apiadó de ella, así que le dio el aceite. En otra ocasión, un padre le pidió algo de aceite para su lámpara a fin de poder buscar a un hijo que se le había perdido. Otra persona necesitaba algo de aceite para mantener la maquinaria funcionando para que él y sus empleados pudieran seguir trabajando. Cada petición era buena, y en cada ocasión el farero les dio aceite para sus causas nobles.

Cerca del final de mes, él observó que el suministro de aceite era muy escaso. Durante la última noche del mes, el aceite se acabó y el faro se apagó. Esa noche hubo una tormenta, y un barco chocó contra las rocas y algunas personas murieron.

Cuando las autoridades investigaron, el hombre se mostró muy arrepentido. No obstante, solo obtuvo una respuesta: «¡A usted se le dio el aceite solo para un propósito: mantener el faro encendido!».

A medida que usted tiene más éxito y está más ocupado, debe aprender a navegar por la decisión entre dos cosas buenas. No siempre podrá tener ambas. ¿Cómo escoger? Recuerde que a veces tendrá que sacrificar lo bueno para tener lo mejor.

4. SER PROACTIVO VENCE A SER REACTIVO

Cada persona es un iniciador o un reactor cuando se trata de planificación. En mi opinión, usted puede escoger o puede perder. Ser proactivo significa escoger. Ser reactivo significa perder. La pregunta no es: «¿Tendré cosas que hacer?», sino: «¿Haré cosas que sean determinantes?». Para ser un líder eficaz, necesita ser proactivo. Considere las diferencias entre los iniciadores y los reactores:

Iniciadores	Reactores
Preparan	Reparan
Planifican con antelación	Viven en el momento
Toman el teléfono y contactan	Esperan a que suene el teléfono
Anticipan los problemas	Reaccionan ante los problemas
Aprovechan el momento	Esperan a que llegue el momento oportuno
Colocan sus prioridades en su agenda	Colocan las peticiones de otros en su agenda
Invierten tiempo en la gente	Pasan tiempo con la gente

Si tiene alguna duda sobre el impacto que iniciar o reaccionar produce en su productividad, tan solo piense en la semana antes de irse de vacaciones. Probablemente este sea su tiempo más productivo y eficiente en el trabajo. ¿Por qué? Porque tiene unas prioridades claras y una fecha tope. Antes de dejar la oficina para irnos de vacaciones, tenemos que tomar decisiones, terminar proyectos, ordenar la mesa, devolver llamadas y ultimarlo todo con los colegas.

¿Por qué no podemos vivir nuestra vida siempre así? En realidad, podemos hacerlo, pero esto requiere un cambio de mentalidad. En lugar de enfocarnos en la eficacia, que implica una mentalidad de supervivencia, tenemos que pensar en la efectividad, que implica una mentalidad de éxito. En vez de enfocarnos en hacer bien las cosas, tenemos que enfocarnos en hacer solo las cosas correctas. Tenemos que comenzar a ser proactivos de manera ferviente y continua.

5. LO IMPORTANTE DEBE PRECEDER A LO URGENTE

Mientras más responsabilidad tenga como líder, más tareas deberá realizar. La capacidad de manejar con éxito varios proyectos de alta prioridad a la vez es algo que todo líder exitoso debe aprender a alcanzar. A medida que la lista de tareas se amontona, usted puede agonizar u organizar. Yo prefiero organizar.

Usted puede escoger o puede perder. Ser proactivo significa escoger. Ser reactivo significa perder.

La siguiente es una forma sencilla, pero eficaz, de clasificar las tareas que puede ayudarlo a priorizarlas rápidamente en un momento dado. La meta es decidir cuán importante y urgente es la tarea. Los líderes ineficaces van a las tareas más urgentes sin pensarlo. Los líderes eficaces sopesan ambos factores para cada tarea y actúan en consecuencia. Así es cómo:

- *Suma importancia / Suma urgencia:* Hacer primero este tipo de tareas.
- *Suma importancia / Poca urgencia:* Establecer fechas límites para terminarlas e incorporar estas tareas a su rutina diaria.
- *Poca importancia / Suma urgencia:* Encontrar formas rápidas y eficientes de hacer estas tareas con la mínima cantidad de tiempo y personal. Si es posible, delegarlas.
- *Poca importancia/Poca urgencia:* Si estas tareas se pueden eliminar, hay que deshacerse de ellas. Si se pueden delegar, encuentre a alguien que las haga. Si debe hacerlas usted, entonces programe una hora semanal para irlas realizando, pero nunca las programe durante su horario principal.

No se necesita mucho tiempo o esfuerzo para revisar su lista de tareas cada mañana y evaluar cada una de ellas usando el criterio de importancia / urgencia. Y esto constituye una manera eficaz de ayudarlo a priorizar, poner las cosas en orden rápidamente y planificar su día.

Tener una estrategia para evaluar su lista diaria de quehaceres según la prioridad es algo que no tiene precio. A fin de cuentas, una vida en la que *todo vale* finalmente será una vida en la que *nada sale bien*. No obstante, si no busca soluciones para decidir las prioridades, entonces seguirá siendo demasiado reactivo en vez de proactivo como líder. Así que quiero darle algunas herramientas que lo ayuden con las prioridades en el cuadro general.

SOLUCIÓN PROACTIVA DE PRIORIDADES # 1: EL PRINCIPIO DE PARETO

Un veterano de muchos años en lo que respecta a tomar decisiones me dio este consejo sencillo y directo: decida lo que va a hacer y hágalo; decida lo que no va a hacer y no lo haga. Me encanta eso, pero la evaluación de prioridades no es a veces así de sencilla. En muchas ocasiones, saber qué hacer no es cuestión de blanco o negro, sino que tiene muchos tonos de gris.

Hace muchos años, mientras estaba tomando cursos de negocios, me enseñaron el principio de Pareto, llamado así por el economista italiano Vilfredo Pareto. El mismo se conoce comúnmente como el principio 80/20. Rápidamente vi el valor del concepto y comencé a aplicarlo a mi vida. Cuarenta y cinco años después, me sigue pareciendo una de las herramientas más útiles a fin de determinar las prioridades para mí mismo, para cualquier persona a la que entreno, y para cualquier organización. El principio de Pareto, cuando se aplica a las empresas, dice:

El 20% de sus prioridades le dará el 80% de su producción SI emplea su tiempo, energía, dinero y personal en el 20% principal de sus prioridades.

He aquí algunos ejemplos de cómo se evidencia el principio de Pareto en la vida. Algunos son chistosos, pero todos ellos son ciertos:

Tiempo: El 20% de nuestro tiempo produce el 80% de nuestros resultados.
Consejería: El 20% de la gente se lleva el 80% de nuestro tiempo.
Productos: El 20% de los productos produce el 80% de las ganancias.
Libros: El 20% del libro contiene el 80% del contenido.
Empleos: El 20% de nuestro trabajo nos da el 80% de la satisfacción.
Discursos: El 20% de la presentación crea el 80% del impacto.
Donantes: El 20% de los donantes da el 80% del dinero.

Impuestos: El 20% de la gente paga el 80% de los impuestos.
Liderazgo: El 20% de la gente toma el 80% de las decisiones.
Picnics: El 20% de la gente consume el 80% de la comida.

Considere cualquier situación dada y comprobará que el principio 80/20 se aplica. ¿Por qué? No lo sé. Pero así es.

Como líder, tiene que entender este principio, porque se presenta en todo lo que usted hace cuando lidera. Visualmente, así es como se ve la regla del 80/20 si tiene diez prioridades:

════ El Principio de Pareto ════

PRIORIDADES   **PRODUCCIÓN**

2

8

80%

20%

Las líneas sólidas del gráfico representan sus dos prioridades principales. Emplear tiempo, energía, dinero, personal y demás en esos dos elementos dará como resultado una ganancia cuádruple de productividad. Sin embargo, las ocho cosas restantes darán una ganancia mínima.

Las conclusiones son claras: como el principal 20% de las cosas de su lista de quehaceres le da un 80% de ganancia, debería enfocarse en ellas. El principal 20% de su personal le ofrece un 80% de beneficio: enfoque su tiempo y energías en ellos. El principal 20% de sus clientes le proporciona el 80% de sus beneficios: enfóquese en ellos. El principal 20% de sus ofertas producen el 80% de sus ganancias: enfóquese en vender esas cosas.

Este principio afecta más a los líderes en lo que respecta a las personas a las cuales lideran. Los empleados no impactan una organización del mismo modo. El principal 20% lleva la mayor carga y marca la mayor diferencia. Por desgracia, las personas que demandan más tiempo y atención son las que están en el 20% de abajo. En contraste, las personas de arriba demandan la menor atención de sus líderes, porque están motivadas y se dirigen solas. Sin embargo, ¿en quién debería usted invertir su tiempo? En el principal 20%.

Así es como se aplica el principio de Pareto a las personas de su equipo:

- Decida qué personas conforman el principal 20% cuando se trata de la producción.
- Pase el 80% del tiempo que tiene con la gente que integra este 20%.
- Emplee el 80% de su dinero para el desarrollo del personal en este 20% principal.
- Ayude al 20% principal a decidir cuál es el 20% principal de beneficio *para ellos*, y permítales dedicar el 80% de su tiempo a eso.
- Permítales delegar el otro 80% de las tareas que tienen a otros para liberarlos a fin de que hagan lo que mejor saben hacer.
- Pídale al 20% principal que lleve a cabo el entrenamiento práctico del siguiente 20%.

¿Cómo usted identifica al 20% principal en su equipo, su departamento o su empresa? He incluido una hoja de trabajo al final del capítulo para ayudarle a hacer esto. Le sugiero encarecidamente que dedique un tiempo a completarla, porque es vital que invierta en su 20% principal. Si hay cinco personas en su equipo, su persona número uno es su 20% principal. Si hay diez, entonces la primera y la segunda persona de la lista lo conformarán. Si hay veinte, entonces los cuatro primeros. Ya entiende la idea. Su 20% principal son las personas en las que debería estar invirtiendo, dándoles recursos y también oportunidades de liderazgo. Ellos formarán o romperán el equipo.

SOLUCIÓN PROACTIVA DE PRIORIDADES # 2: LAS TRES R

Si usted es de mi generación, recordará a los maestros hablar sobre tres cosas esenciales: lectura, escritura y aritmética. Quiero ofrecerle una variación de este concepto para ayudarlo a ser muy proactivo a la hora de identificar y vivir sus prioridades. Para hacerlo, tiene que darle un vistazo a su vida desde una perspectiva general. Piense en ello como si se tratara de una perspectiva desde unos diez kilómetros. En nuestro caso, el concepto está compuesto de tres R: *Requisito, Retorno y Recompensa*. Puede descubrir sus principales prioridades haciéndose tres preguntas basadas en estas tres R:

¿QUÉ SE REQUIERE DE MÍ?

Toda función tiene responsabilidades que son innegociables. Hay cosas que usted debe hacer que no puede delegar a nadie más. ¿Sabe cuáles son? Cuando me convertí en el líder de la iglesia Skyline en San Diego, le pregunté a la junta directiva que me estaba contratando: «¿Qué tengo que hacer que solo yo puedo hacer y que no puedo delegárselo a nadie más?». Hablamos del tema durante un par de horas. Ellos decidieron que había unas cuantas cosas que solo yo podía hacer, como ser el principal comunicador la mayoría de los domingos, trasmitir la visión de la iglesia y mantener mi integridad personal.

Estas cosas eran mis responsabilidades no negociables y solo yo podía cumplirlas.

Al final, un líder puede entregar todo menos su responsabilidad final. Si usted trabaja para un jefe o una junta, ellos pueden ayudarlo a responder la pregunta de lo que se requiere. Si trabaja para usted mismo o posee su propio negocio, la pregunta quizá sea más difícil de responder. No obstante, resulta vital, o de lo contrario terminará enfocándose en las cosas erróneas, lo cual podría hacerle malgastar su tiempo, talento y energía.

¿Qué me aporta mayor retorno?

¿Qué se le da bien? Quiero decir, ¿qué hace realmente bien? Esta es la esencia de la pregunta relacionada con el retorno. ¿Qué produce el mayor retorno o beneficio para la organización a partir de su inversión de tiempo y energía? Esta es una pregunta que me hago continuamente. Entiendo que actividad no es logro; productividad sí. Soy más productivo cuando hago uso de mis mejores talentos, dones y experiencia al hacer tres cosas: hablar, escribir y dirigir. Estas cosas me producen el mayor retorno tanto a mí como a mis organizaciones. Son mi punto óptimo. Todo lo demás que hago resulta secundario... o peor.

Conocer qué actividades le aportan el mayor retorno es vital para usted. ¿Por qué cosas la gente lo elogia continuamente? ¿Qué tareas o responsabilidades le piden continuamente sus colegas que lleve a cabo? ¿Qué hace usted que produce el impacto más positivo o consigue los mayores ingresos? Estas son sugerencias que lo ayudan a responder a la pregunta del retorno.

> Actividad no es logro; productividad sí.

¿Qué me aporta la mayor recompensa?

La vida es demasiado corta como para no ser divertida. Realizamos nuestro mejor trabajo cuando lo disfrutamos. Esto nos da grandes recompensas interiores, las cuales pueden ser mentales, emocionales o espirituales. Y este es el estándar que enseño a menudo para ayudar a la gente a responder a la pregunta de la recompensa. Encuentre algo que le guste tanto hacer, que podría hacerlo gratis. Luego aprenda a hacerlo tan bien que la gente esté contenta de pagarle por ello. Esta es una pista para saber qué es lo que le aporta la mayor recompensa. Cuando usted hace algo y piensa para sí: *Yo nací para hacer esto*, está en el buen camino.

La meta de su carrera profesional a largo plazo debería ser alinear las tareas que respondan a sus preguntas sobre el requisito, el retorno y la recompensa. Si lo que tiene que hacer, lo que hace bien y lo que disfruta hacer es todo una misma cosa, las prioridades de su carrera están sincronizadas, y vivirá una vida productiva y gratificante. Es necesario tiempo y trabajo arduo para poder reunir esas cosas. Al final de este capítulo he incluido un mapa de ruta para ayudarlo a evaluar cómo le va actualmente con respecto a sus tres R, de modo que pueda empezar a trabajar para conseguir que estén sincronizadas.

SOLUCIÓN PROACTIVA DE PRIORIDADES # 3: DEJE ESPACIO PARA EL MARGEN

Durante años he practicado la disciplina de pasar unas horas durante la última semana del mes planificando mi calendario para el mes siguiente. Programaba literalmente mis prioridades y requisitos en bloques de tiempo de cada hora, día a día, y solía enorgullecerme de cómo valoraba y priorizaba mi tiempo. Me había convencido erróneamente de que si podía ceñirme al horario y trabajar rápido y lo suficiente, llegaría a un punto en el que estaría al día en todo. Y eso crearía margen en mi vida.

Tras años de este ejercicio infructuoso, descubrí que me estaba engañando a mí mismo. Me di cuenta de que la ley de Parkinson era cierta: el trabajo se expande de tal forma que llena el tiempo disponible hasta el final. A menos que hiciera algo intencional para crear margen, nunca lo tendría en mi vida.

El médico y autor Richard Swenson ha escrito mucho sobre la idea del margen. En su libro *Margin: Restoring Emotional, Physical, Financial and Time Reserves to Overloaded Lives* [Margen: Cómo devolver las reservas emocionales, físicas, financieras y de tiempo a las vidas sobrecargadas], señaló: «El margen es el espacio que existe entre nuestra carga y nuestros límites. Es la cantidad separada más allá de lo que se necesita. Es algo que se tiene en reserva para contingencias o situaciones inesperadas. El margen es la distancia entre el descanso y el agotamiento, el espacio entre respirar normalmente o jadeando. El margen es lo opuesto a la sobrecarga».[5]

En lugar de llenar todos los huecos de mi calendario, lo que tenía que hacer era crear algún espacio vacío. Si no lo hacía, nadie más lo haría por mí. Las personas que siguen encendiendo la vela por los dos extremos no son tan inteligentes como se creen. Yo tuve que cambiar creando margen en mi vida.

En *Las 21 leyes irrefutables del liderazgo*, escribí acerca de la Ley de las Prioridades, que dice: «Los líderes comprenden que la actividad no es necesariamente logro».[6] Aunque escribí acerca de esa ley, debo confesar que vivirla ha sido un reto continuo para mí por más de veinte años. Crear margen no es fácil para una persona a la que le encanta el trabajo, que cobra vida con las fechas límites y siente continuamente la presión de hacer que las cosas sucedan. Sin embargo, también reconozco que mientras más responsabilidades tengamos como líderes, más responsables somos de crear margen en nuestra vida.

De ningún modo cumplo esto de manera perfecta, pero *sí* trabajo persistentemente para crear margen en mi vida. Si desea ser un líder que viva según sus prioridades y alcance su potencial, entonces tiene que aprender también a crear margen por las siguientes razones:

> «El margen es el espacio que existe entre nuestra carga y nuestros límites».
>
> —RICHARD SWENSON

1. El margen mejora la conciencia de uno mismo

La inteligencia emocional (IE) es la habilidad de reconocer y entender las emociones en usted mismo y otros, y de aplicar esta conciencia de tal forma que dirija su conducta y sus relaciones con los demás. Hay pocas habilidades más importantes que la IE cuando se trata del liderazgo. La organización TalentSmart, dedicada al entrenamiento y la consultoría, ha evaluado a más de un millón de personas para determinar su IE y ha descubierto que el 90% de los que mejor rinden tuvieron una IE alta.[7]

Una de las cosas fantásticas de la IE es que, como el liderazgo, se puede desarrollar. Una característica fundamental de la IE es la conciencia de uno mismo. Un fuerte reconocimiento y entendimiento de sus propias emociones se puede desarrollar mediante tiempos de reflexión, a menudo cuando está solo. Esos intervalos de tiempo no llegan si está sobrecargado y nunca tiene un espacio para la reflexión. El margen crea esos tiempos, lo cual le concede la oportunidad de crecer en su IE.

2. EL MARGEN NOS OFRECE EL TIEMPO TAN NECESARIO PARA PENSAR

La mayoría de los líderes que he conocido tienen una gran tendencia a la acción. Sé que en mi caso sucede así también, pero si paso todo el tiempo haciendo cosas y nunca pienso en lo que estoy haciendo, no seré un líder muy eficaz. Cuando dirijo a otros, tengo la responsabilidad de intentar ver más y antes que los demás. Tengo que pensar más y antes que la gente a la que dirijo. Truett Cathy, el fundador de Chick-fil-A, me dijo: «Tenemos que ser líderes que piensan antes de poder ser hacedores del mercado». Crear margen nos permite lograr eso.

Es cierto que hoy estamos donde nos han llevado nuestros pensamientos, e iremos mañana a donde nos lleven nuestros pensamientos. Por eso estoy dedicado a pensar de manera reflexiva y he escrito al respecto en muchos de mis libros. Si quiere convertirse en un buen pensador, tiene que crear espacio en blanco en su calendario para ello, no solo apartar un minuto aquí y unos segundos allá. Tiene que programar bloques importantes de tiempo para ello. Si está constantemente corriendo de una actividad o cita a la siguiente desde el alba hasta el anochecer, nunca se convertirá en un mejor pensador.

> Si está constantemente corriendo de una actividad o cita a la siguiente desde el alba hasta el anochecer, nunca se convertirá en un mejor pensador.

3. EL MARGEN NOS PROVEE UNA RENOVACIÓN DE LA ENERGÍA

Vivimos en una cultura de actividad, y los líderes a menudo son las personas más ocupadas de todos. Tony Schwartz, el fundador y director ejecutivo de Energy Project, ha estudiado y escrito mucho sobre la energía y el desempeño. En un artículo del *New York Times*, él escribió: «Somos cada vez más los que nos vemos incapaces de hacer malabares con demandas abrumadoras y de mantener un ritmo aparentemente insostenible». ¿Su solución? «Paradójicamente», dijo él, «la mejor forma de conseguir hacer más sería pasando más tiempo haciendo menos. Un equipo nuevo y cada vez mayor de investigadores multidisciplinarios nos enseña que la renovación estratégica —incluyendo el ejercicio físico del día, pequeñas siestas después de comer, más horas de sueño, más tiempo lejos de la oficina y vacaciones más frecuentes— mejora la productividad, el desempeño laboral y, por supuesto, la salud».[8]

Todo lo que describió Schwartz como beneficioso requiere margen. Y él dijo que los seres humanos están diseñados no para gastar mucha energía continuamente, sino para alternar entre gastar energía y recuperar energía. Por lo tanto, si quiere estar en su mejor nivel, tiene que encontrar formas de recargarse. Puede hacerlo creando espacio para las relaciones, el ejercicio, el recreo, los viajes, la música y cosas parecidas. Todo lo que recargue sus pilas personales es bueno, pero tiene que encontrar margen para ello.

CÓMO CREAR MARGEN

Como ya he dicho, crear margen es un reto para mí. No obstante, sigo luchando para conseguirlo, porque sé que me ayuda a poner en práctica mis prioridades y a ser un mejor líder. A continuación hay dos cosas que hago que creo que también lo pueden ayudar a usted.

EVALUAR Y ELIMINAR DE CONTINUO

Constantemente busco formas de simplificar mi vida. Intento no pasar tiempo en cosas que están fuera de mi punto óptimo. Delego o me deshago de todo aquello que no encaje en las tres R. Y uso el principio 80/20 siempre que es posible para reducir. Usted también puede hacerlo. Comience por formularse algunas de las siguientes preguntas:

- ¿Cuál es el 20% de mis posesiones del que consigo más valor?
- ¿Cuál es el 20% de la ropa que visto el 80% del tiempo?
- ¿En qué empleo el 20% de mi tiempo libre que me da el 80% de mi felicidad?
- ¿Quiénes son el 20% de las personas más cercanas a mí que me hacen más feliz?

Es probable que respondiera a todas estas preguntas con bastante facilidad. Solo que nunca ha considerado ver estas áreas de esta forma anteriormente. Enfóquese en las áreas en las que consigue más ganancia. En las restantes, cree margen. Deshágase de alguna ropa o posesiones. Reduzca la complejidad de su vida.

Luche por mantener el 20% de su calendario como espacio en blanco

Mis días de llenar automáticamente de tareas mi calendario se han terminado. En su lugar, programo espacios en blanco en él. Para honrar a Pareto, mi meta es siempre dejar libre el 20% de mi tiempo. Sugeriría que usted luchara por ese mismo porcentaje.

¿Cómo sería esto? Podría decidir crear margen cada día. Si pasa un promedio de dieciséis horas al día despierto, significa dejar tres horas y doce minutos sin actividad cada día. Si prefiere pensar en términos semanales, tendría que dejar entre veintidós y veinticuatro horas sin actividad cada semana. Creando un margen en base al mes, deje seis días totalmente libres. En el año, setenta y dos días sin actividades.

Quizá está pensando: *No puedo hacer eso. No puedo apartar tres horas al día o seis días al mes. ¡Y definitivamente no voy a apartar más de setenta y dos días!*. Yo pienso igual, por eso el margen es tan difícil de mantener. Tony Schwartz coincide: «Tomar más tiempo libre es contradictorio para la mayoría de nosotros. La idea es también rara para la ética laboral prevaleciente en la mayoría de las empresas, donde el tiempo de descanso por lo general se considera tiempo perdido. Más de un tercio de los empleados, por ejemplo, almuerza en sus escritorios de forma regular. Más del 50% asume que trabajará durante sus vacaciones».[9]

No obstante, para crear margen, dejar libre tiempo esencial es exactamente lo que tenemos que aprender a hacer. No puede mantener sus prioridades si llena su vida de actividad.

Si usted es un hacedor con mucha energía, quizá le resulte difícil detenerse, hacer inventario de sus actividades, pensar en sus prioridades, y reevaluar lo que hace y cómo lo hace. Sin embargo, tiene que hacerlo, no solo una vez, sino cada día, cada año. Las prioridades nunca se mantienen fijas. Sin embargo, si puede aprender a dominar los principios de las prioridades y desarrolla la disciplina de aplicarlas continuamente, verá que su eficacia personal y profesional alcanzará niveles excepcionales. Pocas cosas le dan a un líder tanto retorno como unas buenas prioridades. Por eso digo que son algo clave para el liderazgo.

> Las prioridades nunca se mantienen fijas.

DESARROLLE EL *PRIORIZADOR* QUE HAY EN USTED

La necesidad de dominar las prioridades puede parecer algo abrumador, especialmente en nuestra cultura, donde se espera la actividad y se aplaude la sobrecarga. Por esa razón, quizá quiera hacer la aplicación de este capítulo en etapas.

ACEPTE LOS PRINCIPIOS DE LAS PRIORIDADES

Comience determinando las áreas donde no ha vivido de acuerdo a unas buenas prioridades. Piense en cómo puede cambiar sus hábitos de trabajo cotidianos. Responda las siguientes cinco preguntas basándose en los principios de las prioridades del capítulo:

1. ¿Dónde tengo que trabajar de forma más inteligente en vez de más duro?
2. ¿Qué debo cambiar para dejar de intentar tenerlo todo?
3. ¿Qué cosas buenas puedo dejar de hacer para hacer las mejores?

4. ¿Qué debo hacer para ser más proactivo en vez de reactivo?

5. ¿Qué puedo hacer para dejar de hacer cosas urgentes, pero no importantes?

Hoja de trabajo sobre el principio de Pareto

El principio de Pareto se puede aplicar a casi todas las áreas de su vida personal y profesional. Para los líderes, la aplicación más crítica viene en su inversión en la gente. Usted necesita identificar el 20% principal de la gente a la que dirige.

1. Escriba los nombres de todas las personas de su equipo en los renglones provistos.

ABC	#	Nombre

2. En la columna más a la izquierda, junto a cada nombre, escriba una de las siguientes letras para completar esta frase: *Si esta persona tuviera que dejar el equipo o trabajar en contra mía, eso...*

   a. Formaría o destruiría al equipo, e impactaría en gran manera nuestra eficacia. (Mi amigo Bill Hybels dice que cuando pensamos en perder a una de estas personas, sentimos ganas de vomitar).

b. Afectaría negativamente nuestra eficacia, pero no destruiría al equipo.

c. No afectaría negativamente al equipo, e incluso podría mejorarlo.

Cada nombre debería tener en este momento una letra junto a él.

3. Ahora evalúe la importancia de sus A escribiendo un 1 junto al nombre de las persona que más impacto causaría, un 2 junto a la siguiente más impactante, y así sucesivamente. Después evalúe a sus B. Después a sus C.

4. Ponga un asterisco (*) junto a los nombres de su 20% principal (un nombre si tiene un total de cinco en su lista, dos nombres si tiene diez, etc.).

5. En otra hoja de papel, escriba entre dos y cinco formas en que podría darles valor a esas personas principales y desarrollarlas.

6. Busque a todos los que ha marcado con una C. Si tiene esa autoridad, intente ayudar a cada una de estas personas a encontrar un lugar en otro equipo donde pueda ser más eficaz.

Hoja de trabajo de las tres R

Escriba sus responsabilidades abajo. Después, use cada columna para evaluarlas. Comenzando por la columna «Requisito», evalúelas con un 3 (muy importante), 2 (moderadamente importante), o 1 (poco importante). Después haga lo mismo con las columnas «Retorno» y «Recompensa». Una vez que haya realizado las evaluaciones en cada una de estas columnas, sume los marcadores. Basándose en los marcadores, evalúe sus responsabilidades en orden usando la columna más a la izquierda.

#	Responsabilidades	Requisito	Retorno	Recompensa	Resultados
					=
					=
					=
					=
					=
					=
					=
					=
					=
					=
					=
					=
					=
					=
					=
					=
					=
					=

Cuando haya terminado, puede tener algo parecido a esto:

Responsabilidades	Requisito	Retorno	Recompensa	Resultados
Adquirir nuevos clientes	3	3	2	= 8
Cerrar tratos con clientes	3	3	3	= 9
Responder *emails*	1	1	1	= 3
Supervisión del personal	3	2	1	= 6
Desarrollo del liderazgo del personal	1	3	3	= 7
Supervisión de proyectos	2	2	2	= 6
Informes mensuales	3	1	1	= 5

Considere las responsabilidades con los mejores resultados. Después evalúe si sus actividades diarias están alineadas con ellas. No pase por alto esta pregunta. Medite un rato en ella. Y si no está seguro de la respuesta, pregúntele a un amigo, familiar o colega que esté dispuesto a ser sincero con usted. Cuando haya hecho la evaluación, escriba un plan de acción para alinear su vida con sus prioridades.

NECESIDAD DE MARGEN

Examine su calendario. ¿Cuántos espacios en blanco contiene? Si contiene menos del 20%, necesita empezar a hacer una reducción. (Si no usa un calendario de ningún tipo, comience a usar uno hoy. Usted tiene un problema distinto con las prioridades). Utilice el trabajo que ya ha realizado en este capítulo como su guía con respecto a qué eliminar y qué mantener.

EL FUNDAMENTO DEL LIDERAZGO:

CARÁCTER

El 12 de octubre de 2016 tuve el privilegio de reunirme con el papa Francisco y pasar unos minutos con él. Lo he admirado durante muchos años. Su humildad y carácter han causado una fuerte impresión en mí. Tradicionalmente, en el momento en que un cardenal es elegido como papa, cuando le preguntan si acepta su elección, él responde: «*Accepto*», lo cual significa: «Acepto». En lugar de eso, las primeras palabras de Francisco fueron: «Soy un gran pecador, pero confío en la misericordia y la paciencia infinitas de nuestro Señor Jesucristo, y acepto con un espíritu de penitencia».[1]

Este hombre ha guiado el camino hacia la defensa de la formación del carácter dentro del liderazgo de la iglesia. Y su deseo de conseguir la transformación me hizo pedirle que orara por la Fundación John Maxwell, la organización sin fines de lucro que creé a fin de que se convirtiera en un catalizador para una transformación positiva en países como Guatemala y Paraguay. Me sentí pequeño cuando dijo que sí.

EL CARÁCTER EN EL LIDERAZGO

En el período previo a mi reunión con el pontífice, leí mucho acerca de él. Uno de los artículos que encontré fue el de Gary Hamel, un consultor de dirección y fundador de Strategos, en el *Harvard Business Review*. Hamel escribió acerca de una reunión que tuvo el papa Francisco con un grupo de líderes de iglesias en las que bosquejó los problemas inherentes al liderazgo. Los llamó «enfermedades». Había quince, y la mayoría de ellas tenían que ver con el carácter:

1. ***Pensar que somos inmortales, inmunes o extremadamente indispensables***, lo cual es enemigo de la humildad y el servicio.
2. ***Ocupación excesiva***, la cual conduce al estrés y la agitación.
3. ***«Petrificación» mental y [emocional]***, que crea falta de humanidad.
4. ***Planificación y funcionalismo excesivos***, lo cual lleva a la inflexibilidad.
5. ***Mala coordinación***, que fomenta la independencia y la falta de cooperación.
6. ***«La enfermedad de Alzheimer del liderazgo»***, donde los líderes se olvidan de quién los nutre y mentorea a ellos.
7. ***Rivalidad y vanagloria***, donde los títulos y beneficios se convierten en el principal enfoque del líder.
8. ***Esquizofrenia existencial***, donde los líderes viven una doble vida hipócrita.
9. ***Chismear, quejarse y murmurar***, cuando los líderes cobardemente hablan mal de otros a sus espaldas.
10. ***Idolatrar a los superiores***, donde los líderes honran a sus superiores para ganar su favor y avanzar.
11. ***Indiferencia hacia otros***, cuando los líderes solo piensan en ellos mismos.
12. ***Rostros abatidos***, cuando los líderes tratan a sus «inferiores» con amarga severidad.
13. ***Acaparamiento***, que conlleva a acumular bienes materiales para buscar seguridad.
14. ***Círculos cerrados***, donde los líderes ponen a su camarilla por delante de la identidad y la cooperación compartida.
15. ***Extravagancia y exhibición***, donde los líderes buscan más poder y reconocimiento.[2]

Esta lista me pareció bastante reveladora. Está claro que el papa Francisco ha tratado con todo tipo de líderes durante una larga carrera de servicio. Y la misma me llevó a examinar mi propio carácter. *¿Soy un líder saludable?*, me pregunté. Leí una lista de interrogaciones incluida en el artículo que estaba diseñada para ayudar con el proceso de autoexamen, la cual preguntaba:

¿Me siento superior a los que trabajan para mí?

¿Demuestro una falta de equilibrio entre el trabajo y otras áreas de la vida?

¿Sustituyo la formalidad por la verdadera intimidad humana?

¿Confío demasiado en los planes y no lo suficiente en la intuición y la improvisación?

¿Empleo muy poco tiempo destruyendo silos y construyendo puentes?

¿Fallo en reconocer regularmente la deuda que tengo con mis mentores y otros?

¿Dejo que me satisfagan mucho mis privilegios y ventajas?

¿Me aíslo de los clientes y los empleados de primera línea?

¿Denigro los motivos y logros de otros?

¿Exhibo o animo la deferencia y el servilismo inapropiados?

¿Pongo mi éxito personal por delante del éxito de los demás?

¿Fallo en cultivar un entorno de trabajo divertido y lleno de alegría?

¿Muestro egoísmo cuando se trata de compartir las recompensas y alabanzas?

¿Fomento la estrechez mental en vez de la comunidad?

¿Me comporto de formas que les parecen egocéntricas a quienes me rodean?[3]

Preguntas como estas elevan mi conciencia de la necesidad de seguir mejorando mi carácter, especialmente en el contexto del liderazgo, porque la influencia elevada de los líderes magnifica el impacto que tienen sobre otros, tanto de forma positiva como negativa. La realidad es que dirigirnos a nosotros mismo suele ser la tarea más difícil que enfrentamos cada día. Es mucho más fácil decirles a otros lo que deben hacer que a nosotros mismos. Sé que al menos esto es cierto en mi caso.

Para no salirme de mi camino, debo recordarme continuamente por qué es tan importante el asunto del carácter. Como soy una persona de fe, he descubierto sabiduría en las Escrituras con respecto al carácter. Encontré la siguiente lista en el *Leader's Resource Kit*, de David Kadalie. Si no se identifica con estos pensamientos o le resultan ofensivos, por favor, tenga la libertad de saltárselos.

- Nuestro corazón puede ser engañoso (Jeremías 17.9; Salmos 139.23, 24).
- Podemos buscar fácilmente el oficio del liderazgo por los motivos incorrectos (Mateo 20.17-28).
- El carácter es el área que sufrirá el mayor ataque (Romanos 7; Gálatas 5.16-24).
- El carácter resulta fundamental para el liderazgo cristiano (1 Timoteo 3.1-13; Tito 1.6-9).
- Sin él luchamos con las tentaciones que vienen con las habilidades, los talentos y dones (Romanos 12.3-8).
- Es muy fácil caer en una vida de hipocresía y olvidar que un día tendremos que dar cuentas (Hebreos 4.13).
- De manera natural menospreciamos esta parte y nos enfocamos en otros desarrollos (1 Timoteo 4.7-8).
- Enseguida descubrimos que la fortaleza de carácter es lo que contará en los momentos difíciles (2 Corintios 4.176, 17).[4]

Trabajar en mi carácter es un esfuerzo que nunca termina, pero a la vez merece totalmente la pena. Mahatma Gandhi dijo: «Un hombre de carácter se hará a sí mismo digno de cualquier posición que le den». Yo quiero ser un líder digno, y a la vez sé que a veces no doy la talla. Quiero mejorar mi carácter, y lo animo a mejorar el suyo, no para conseguir lo que deseo, sino porque me ayuda a *ser* lo que deseo ser. Y veo que mientras más me enfoco en valorar a la

> La realidad es que dirigirnos a nosotros mismos suele ser la tarea más difícil que enfrentamos cada día.

gente, practicar el autoliderazgo y aceptar buenos valores, más se fortalece mi carácter.

FRASES SOBRE EL VALOR DEL CARÁCTER

Tener un buen carácter no le asegura que tendrá éxito en la vida o el liderazgo, pero puede estar seguro de que tener un carácter pobre finalmente lo hará descarrilar personal y profesionalmente. Sin embargo, hay buenas noticias: si su carácter no es como usted quiere que sea, puede cambiarlo. No importa lo que haya ocurrido en su pasado. Puede escoger un camino mejor avanzando hacia delante desde hoy mismo. Como dice uno de mis dichos favoritos: «Aunque no podemos regresar y comenzar de nuevo, amigo, cualquiera puede comenzar desde donde está y hacer que su final sea nuevo».

Estas son tres buenas razones por las que vale la pena perseguir un buen carácter:

1. UN BUEN CARÁCTER DESARROLLA UNA CONFIANZA FUERTE

Recientemente le pedí a un pequeño grupo de ejecutivos que escribieran los nombres de las tres primeras personas en las que confiaban. Familiares y amigos estaban en las listas de todos. Sorprendentemente, nadie nombró a un líder o un compañero de trabajo como una de sus tres principales personas de confianza.

Después les pedí que escribieran tres personas de las que dependían su bienestar y felicidad. Todos nombraron o bien a su jefe o a un compañero de trabajo en su lista.

Luego les hice una última pregunta: «Si yo estuviera haciendo este ejercicio con *sus* subordinados y les pidiera que hicieran su lista de las personas de "mayor confianza", ¿lo nombrarían a usted como una de sus tres personas más confiables?». Se produjo un murmullo. Eso captó la atención de todos. «¿Qué diferencia habría si usted fuera alguien que ellos incluyeran en su lista?».

El consenso fue que si las personas confiaran en sus compañeros de trabajo y líderes, el entorno laboral sería más positivo, la gente resultaría más productiva y se reducirían los reemplazos. Eso es coherente con mi propia observación de que la gente deja a las personas, no a las empresas. La mayor causa por la que existen reemplazos en las organizaciones es la falta de confianza.

Stephen M. R. Covey destaca en su libro *La velocidad de la confianza* que una baja confianza cuesta tiempo y dinero, y usa un ejemplo fantástico para ilustrarlo. Después de los ataques terroristas del 11 de septiembre, la confianza de la nación en la seguridad aérea descendió. Covey dijo que antes de los ataques, él podía llegar al aeropuerto de su ciudad con treinta minutos de antelación a su vuelo y no tenía problemas para pasar los controles de seguridad de forma rápida. Sin embargo, después de que la TSA reforzara la seguridad, tenía que llegar con dos horas de antelación para las salidas de vuelos domésticos y con tres horas de antelación para los vuelos internacionales. «A medida que decayó la confianza», dijo él, «descendió también la velocidad y aumentó el costo».[5]

Con demasiada frecuencia hablamos sobre la confianza como si fuera algo singular. No lo es. La confianza es una relación entre alguien que confía y alguien en quien se confía. Así como se necesitan dos personas para bailar un tango, lo mismo ocurre con la confianza. El papel del que confía es asumir el riesgo de confiar; el papel de aquel en quien se confía es ser fiable. Cuando ambas personas cumplen bien sus papeles, el resultado es una relación de confianza.

Y la confianza no va solo en una dirección. La gente intercambia papeles, aquel en quien se confía se convierte en el que confía, y viceversa. Se trata de una vía de doble sentido. No obstante, si alguna de las dos partes falla en su responsabilidad, la confianza desaparece.

Los escritores James M. Kouzes y Barry Z. Posner explican la importancia del desarrollo de la confianza en los líderes:

En última instancia, solo usted puede decidir si asume el riesgo de confiar en otros y si vale la pena asumir esos riesgos. Esto significa que para que otros confíen en usted, debe tomar de forma activa alguna iniciativa y no puede esperar a que ellos hagan el primer movimiento. Como explicaron muchos líderes: «La confianza es un juego de riesgo. Los líderes deben ser los primeros en hacer su parte». Los líderes siempre descubren que vale la pena actuar primero. Sembrar semillas de esperanza en la gente crea los campos de colaboración necesarios para que se hagan cosas extraordinarias en las organizaciones.[6]

Durante años les he enseñado a los líderes que en sus interacciones con otros crean «cuentas» de confianza. Cada interacción con otra persona hace un depósito en la cuenta de esa persona o hace una extracción. La mejor forma de hacer depósitos regulares continuos es modelando un buen carácter coherentemente. ¿Por qué? Porque las personas se convencen más por medio de lo que hace un líder que por lo que él dice. Yo mismo estoy de acuerdo con la idea expresada por el empresario industrial y filántropo Andrew Carnegie, quien señaló: «A medida que me hago mayor le presto menos atención a lo que dicen los hombres. Tan solo me limito a ver lo que hacen». Las palabras pueden ser baratas. El periodista Arthur Gordon tenía razón cuando indicó: «No hay nada más fácil que decir palabras. No hay nada más difícil que vivirlas, día a día. Lo que usted promete hoy debe renovarse y volver a decidirse mañana y cada día que tenga por delante». Por eso, en el liderazgo, un gramo de ejemplo es equiparable a kilos de consejos.

> «La confianza es un juego de riesgo. Los líderes deben ser los primeros en hacer su parte».
>
> —JAMES M. KOUZES Y BARRY Z. POSNER

Al comienzo de una relación, las palabras tienen más peso que las acciones. Como las personas no nos conocen, suponen que nuestras palabras representan lo que somos y que nuestro caminar es coherente con nuestras palabras. Sin embargo, a medida que la relación continúa, las acciones comienzan a pesar más que las palabras. La gente ve lo que usted hace. La confusión en el liderazgo se produce cuando sus palabras y su vida no coinciden. Si esa incongruencia persiste, no solo confundirá a su gente, sino que la perderá. Mark Twain tenía razón cuando dijo: «Hacer lo correcto es maravilloso. Enseñar a otros a hacer lo correcto es más maravilloso aún, y mucho más fácil». ¿Más fácil? Sí. ¿Más eficaz? No.

> En el liderazgo, un gramo de ejemplo es equiparable a kilos de consejos.

Al otro lado del espectro de la incoherencia y la ruptura de la confianza está la autoridad moral. Este es el nivel más alto de liderazgo. Se gana demostrando coherentemente un buen carácter y haciendo de continuo depósitos en la cuenta de confianza de los demás. El carisma puede hacer que los líderes tengan seguidores enseguida, pero solo la credibilidad hace que la gente continúe siguiéndolos. Cuando los líderes poseen verdadera autoridad moral, las únicas palabras que tienen que decir son: «Sígueme», y la gente lo hace. Saben que sus palabras se corresponden con su vida y que se dirigen en la dirección correcta. ¿Todos podemos conseguir autoridad moral como líderes? Quizá no, pero deberíamos esforzarnos por hacer todo lo que esté a nuestro alcance a fin de desarrollar y mostrar un buen carácter para que al menos seamos candidatos a desarrollarla.

Tengo que confesar que mi propia visión del carácter y la autoridad moral ha cambiado con el paso de los años. Antes solía ver la confianza como un asunto de blanco o negro. Ahora que soy mayor, he crecido. Y pienso que tengo más sabiduría acerca de cómo funciona la confianza y cómo el carácter entra en juego relacionándose con ella. Me gustaría compartir con usted algunos de los cambios que se han producido en mi pensamiento. Vea si está de acuerdo con ellos. Quizá sí, o quizá no. Pero no importa, está bien. Otra cosa buena de hacerse mayor es que me siento muy cómodo con que la gente no siempre está de acuerdo conmigo.

Pensaba que era «bonito» tener confianza

Al comienzo de mi viaje de liderazgo, no reconocía la importancia de la confianza. Pensaba que era bonito tenerla. ¿Quién no quiere que confíen en uno si nos dan la opción? No obstante, ahora entiendo que en el liderazgo la confianza es esencial. No es algo que pueda tomar o dejar. Si deja la confianza, dejará el liderazgo.

La confianza impacta drásticamente asuntos reales del liderazgo, como la participación del seguidor, la conexión, la aceptación y la eficacia. La confianza es el fundamento del liderazgo. Un fuerte fundamento no es un lujo. No es algo «bonito» para tener. Es algo vital.

Pensaba que la confianza dependía de otros

Algunos líderes, especialmente los que confían en su posición o título en lugar de en la influencia para dirigir, adoptan la postura de que las personas deberían confiar en ellos de forma implícita, pero que su gente debe demostrar que es fiable. Ponen toda la carga para el desarrollo de la confianza en los demás, no en ellos mismos. Sin embargo, desarrollar la confianza es una responsabilidad del liderazgo. Si quiero ser un buen líder, esto no depende de mis seguidores, sino de mí. Yo debo dar el primer paso en lo que respecta a confiar en la gente a la que dirijo. Y debo dar pasos para ganarme esa confianza. Los buenos líderes asumen el riesgo en ambas direcciones. Si mi gente aprende a confiar en mí, tendré su atención. No obstante, si yo inicio la confianza en mi gente, conseguiré su acción. Y la esencia del liderazgo eficaz es que se hagan las cosas.

> Si mi gente aprende a confiar en mí, tendré su atención. No obstante, si yo inicio la confianza en mi gente, conseguiré su acción.

Pensaba que la confianza solo podía crecer lentamente

Aunque es cierto que la confianza por lo general crece lentamente, no siempre tiene por qué ser así. Por ejemplo, cuando los individuos en quienes usted confía responden por alguien en quien ellos confían, es posible que le dé a esta nueva persona el beneficio de la duda y confíe en él o ella. ¿Por qué? Por la relación que tiene con su amigo de confianza. Usted transfiere su confianza, al menos hasta que descubre razones propias para retirarla.

Otro caso en que la confianza se puede ganar rápidamente es cuando alguien hace un acto desinteresado de importancia por otra persona. Yo experimenté eso siendo un líder joven cuando otro líder apostó por mí en un momento crucial. El elogio que hizo en cuanto a mi persona en una reunión me hizo ganar el favor de los otros. Yo se lo agradecí mucho, porque no había hecho nada para merecerlo, y él no ganaba nada para sí mismo al recomendarme. De inmediato se ganó mi confianza.

He aquí un pensamiento alentador. Podemos ser la persona que haga algo desinteresado por otros y les ayude en su camino. Hacerlo causa que el mundo sea un lugar mejor. Y si lo hacemos por las personas que lideramos y las ayudamos a tener más éxito sin motivos ocultos, podemos desarrollar una relación de confianza rápidamente.

Pensaba que un solo error automáticamente destruía la confianza

Aunque es cierto que un solo error puede destruir la confianza, no siempre es el caso. Cuando el nivel de confianza ya está bajo, entonces eso es por lo general lo único que se necesita. Sin embargo, si el nivel de confianza es alto, un error raras veces destruye lo que las personas han construido en la relación.

Si usted es tan mayor como yo, recordará los días del presidente Nixon y el Watergate. Inmediatamente después de que saliera a la luz el escándalo, el nivel de confianza era muy bajo hacia los líderes en Estados Unidos. En ese entonces, recuerdo haber escuchado a Billy Graham, a quien respeto enormemente, diciendo: «Todas las personas tienen un poco de Watergate en su interior». Eso niveló las cosas. Aportó una dosis de realidad al idealismo de todos con respecto a los líderes. Si alguien como Billy Graham tiene un poco de Watergate en él, entonces yo también. Y también usted.

Va contra nuestra naturaleza hacer siempre lo correcto al margen de la situación. No obstante, podemos luchar por hacer lo correcto la mayor parte del tiempo. Y podemos saber que mientras sigamos añadiendo depósitos a nuestras cuentas de confianza con otros, tenemos la oportunidad de superar los errores que cometamos. Saber esto me permite perdonar mi humanidad como líder. Y me ayuda a estar más comprometido a fin de ofrecerles gracia a otros líderes cuando cometen errores en su humanidad.

Ahora tengo una visión del carácter mucho más amplia que hace años. Reconozco que el desarrollo del carácter es un proceso de por vida. En su libro *Build Your Reputation* [Construya su reputación], el experto en conexiones Rob Brown describió este proceso continuado.

En el mundo del trabajo y la empresa, su estatus de «fiable» no llegará de la noche a la mañana. No llegará ni siquiera por casualidad. Usted está construyendo aquí una plataforma, una casa si lo prefiere, ladrillo a ladrillo, comentario a comentario, conversación a conversación. Incluso si pudiera construirla rápidamente, ¿cuán segura sería? [...]

Usted no quisiera ser una estrella efímera de un único éxito. Cualquier necio podría ser contratado una vez. Los mejores líderes, los más buscados a conciencia y los principales candidatos a ser ascendidos no comenzaron ayer. Requiere un duro trabajo. Significa haber levantado muchos kilos de peso. Se necesita tiempo. ¡Y merecerá mucho la pena! [...]

Pero no se deje engañar, pues construir una buena reputación exige un esfuerzo constante y enfocado. Es como la tortuga y la liebre, que despacio pero firme ganó la carrera. Es un maratón, y no una carrera de velocidad, con algún acelerón de vez en cuando.[7]

Una parte muy importante del liderazgo depende de un buen carácter. Este crea la confianza, protege el talento, fomenta la paz interior. Las personas no pueden llegar más allá de las limitaciones de su carácter. Los líderes no pueden ser exitosos más allá de la profundidad de su carácter. Los buenos líderes tienen el potencial de ser personas que producen un impacto positivo, y el carácter resulta determinante para ellos y los protege. Los buenos líderes a menudo son un regalo para el mundo. El carácter protege ese regalo.

2. Los líderes exitosos aceptan las cuatro dimensiones del carácter

En su libro *Derailed* [Descarrilado], Tim Irwin escribió que el carácter tiene cuatro dimensiones: *autenticidad, autogestión, humildad y valor*.[8] Estoy de acuerdo con su perspectiva, y quiero usar esas cuatro dimensiones como mi marco de referencia para describir el proceso de formación del carácter. Démosle un vistazo a cada una de ellas:

Autenticidad

He observado que a muchos líderes les cuesta el asunto de la autenticidad. Muchos no quieren bajar la guardia. Sienten que estarían en una posición sin opciones de ganar. Temen que si revelan sus faltas, perderán credibilidad. Sin embargo, si intentan ocultar sus faltas, dan la sensación de ser falsos. Si esconden sus éxitos, temen no tener mucha credibilidad, pero si destacan solo sus éxitos, dan la imagen de arrogantes y personas con las que nadie se puede identificar. ¿Cómo sortea un líder esta situación?

Mi consejo para los líderes es intentar vivir entre las líneas. Permítame explicarme. En mi viaje por el camino del liderazgo, a mi derecha está la línea del éxito. Cuando me encuentro cerca de esa línea, todo va bien, estoy logrando el éxito, y estoy ganando. A mi izquierda está la línea del fracaso. Cuando me encuentro cerca de esa línea, nada parece ir bien, y estoy viviendo según la ley de Murphy: si algo puede ir mal, irá mal y lo hará en el momento más inoportuno. Describo estos dos extremos de esta forma:

> El carácter tiene cuatro dimensiones: autenticidad, autogestión, humildad y valor.

La línea del fracaso	La línea del éxito
Debilidad	Fortaleza
Me deprime	Me impresiona
No quiero que nadie lo sepa	Quiero que todos lo sepan
No quiero esto nunca	Quiero esto siempre
Estoy en mi peor momento	Estoy en mi mejor momento

La mayor parte del tiempo vivimos entre estas dos líneas. Cuando la gente nos ve en la línea del éxito, debemos tener cuidado de no pensar que es así que realmente somos. Podemos ser como el atleta que gana una medalla de oro o un Super Bowl y empieza a creer que es espectacular todo el tiempo en todo lo que hace. Eso no es la realidad. La gente quizá ponga a esas personas en un pedestal, pero tenga por seguro que se caerán de ahí.

También hay ocasiones en que viajamos por la línea del fracaso. Todos cometemos errores. Todos tomamos malas decisiones. Todos no cumplimos con las expectativas alguna vez. Si creemos que es así que somos, no querremos levantarnos de la cama. No deberíamos creer eso tampoco. Ambas líneas, la del éxito y la del fracaso, son extremos. No somos ni tan buenos ni tan malos como podrían indicar.

La autenticidad tiene que ver con vivir una vida transparente entre esas líneas. En mis primeros años, solo quería hablarles a otros de mis experiencias en la línea del éxito. Quería impresionar a la gente. A medida que pasan los años, siento el impulso contrario de compartir mis fracasos para poder animar a la gente. Como soy un personaje público, las personas a menudo solo me ve en mi mejor momento, y no en el peor. Por esa razón, algunos me dan más mérito del que merezco. Eso me molesta. En vez de querer destacar mis logros, quiero dirigir a la gente al *quebrantamiento* que me ha *conducido* a mis logros.

Me gusta pensar en mí mismo como un mosaico, hecho de muchos pedazos rotos. La escritora y bloguera Rosalina Chai escribió una bonita obra sobre los mosaicos que me parece reveladora.

> El mosaico es complicado, pero a la vez majestuoso. Y es precisamente su rotura lo que le da al mosaico su percepción de belleza frágil [...] ¿Y no ocurre esto también con nuestra humanidad? [...] ¿Qué hay en nuestra rotura que nos parece tan ofensivo?
>
> ¿Qué sucedería si aceptáramos y abrazáramos que estar roto es una parte esencial del ser de la humanidad? ¿Qué sucedería si dejáramos de etiquetar lo roto como algo malo? ¿Qué tendríamos que hacer para dejar de etiquetar lo roto como malo? Me imagino una certeza [...] más paz.
>
> Aceptar y abrazar la rotura no es lo mismo que usar la de otra persona para sentirnos mejor con nosotros mismos. Más bien, es un reconocimiento de nuestra común humanidad. Cuando acepto mi propia condición de rotura, y no me juzgo con dureza por ello, me veo capaz de ser más compasiva con otros al margen de si soy consciente o no de la forma de rotura que ellos hayan experimentado.[9]

Integridad no significa perfección. Significa aceptar la rotura como una parte integral de nuestra vida. Mi amigo Max Lucado dice: «Dios prefiere que caminemos con una cojera ocasional que con un pavoneo continuo». Yo estoy aprendiendo a aceptar mi cojera, porque estoy aprendiendo mucho.

Nadie es intachable. Las personas buenas hacen cosas malas. Las personas inteligentes hacen cosas estúpidas. Todos enfrentamos momentos en los que nos sentimos tentados a hacer algo que sabemos en nuestro corazón que no es lo correcto, y todos nos hemos desviado del rumbo. Resulta humillante. Compartir eso con otros es auténtico.

Autogestión

La escritora y oradora Ruth Haley Barton dice: «Preparamos a los líderes jóvenes para una caída si los animamos a visualizar lo que pueden hacer antes de considerar el tipo de personas que deberían ser». Ella está hablando acerca de la fortaleza de carácter que viene de una buena autogestión.

> «Dios prefiere que caminemos con una cojera ocasional que con un pavoneo continuo».
>
> —MAX LUCADO

El carácter no tiene que ver con la inteligencia. Tiene que ver con tomar las decisiones correctas. David Gergen, el comentarista político que trabajó en varias administraciones de la Casa Blanca, destaca que si la inteligencia y el carácter fueran lo mismo, los presidentes Nixon y Clinton habrían sido dos de los mejores. Gergen dijo: «La capacidad cuenta, pero una vez que un candidato pasa la prueba, el carácter cuenta aún más».[10]

Muchos líderes puntúan muy alto en su CI, pero bajo en su CC: coeficiente de carácter. Para aumentar nuestro CC, tenemos que practicar la autogestión. Una de las mejores formas de ayudarnos a hacerlo es estableciendo protectores del carácter para no salirnos del camino. En una autopista, las barandillas protectoras impiden que los automóviles se caigan por un precipicio. Cuando están en su lugar, usted quizá tenga un accidente de tráfico, pero lo más probable es que no muera.

Cuando se trata del carácter, creo que los mejores protectores son las decisiones que tomamos *antes* de encontrarnos en situaciones de gran presión. Es más fácil dirigirse a usted mismo si ya ha tomado las decisiones difíciles relacionadas con sus valores. Es imposible mantener un buen carácter cuando usted no sabe qué cosas valora. ¿Valora la honestidad y la integridad? Entonces, ¿cuál es su barandilla protectora? ¿Qué es lo que *no* hará? Decida eso antes de enfrentar la tentación. ¿Valora las relaciones? Si es así, ¿cuál es su barandilla protectora? ¿Qué *debe* hacer para mantenerlas? Identifique sus valores y decida qué límites no cruzará antes de que se vea tentado a cruzarlos.

Escribí sobre este concepto en mi libro *Hoy es importante*. Muchas de las decisiones sobre los valores que he tomado quedaron establecidas cuando era joven. No obstante, sigo teniendo que gestionarme en áreas en las que soy vulnerable a tener fallos de carácter. Por ejemplo, cuando uno llega a mi edad y ha experimentado algún nivel de éxito, la gente comienza a darte honores y premios. No puedo permitir que nada de eso se me suba a la cabeza. Mi mentor Fred

> «Preparamos a los líderes jóvenes para una caída si los animamos a visualizar lo que pueden hacer antes de considerar el tipo de personas que deberían ser».
>
> —RUTH HALEY BARTON

Smith me enseñó que el don es mayor que la persona, queriendo decir que una persona puede llegar muy alto aunque tenga muchas fallas. Yo sé quién soy. No soy tan bueno como algunas personas dicen. Creo que los dones que pueda tener me los dio Dios, y no merezco mérito alguno por ellos. Mi enfoque tiene que estar en construir mi integridad, no mi imagen.

Para seguir con los pies en el suelo, me hago algunas preguntas:

Coherencia: ¿Soy la misma persona independientemente de con quién esté?

Decisiones: ¿Tomo decisiones que son las mejores para otros aunque otra opción me beneficie a mí?

Mérito: ¿Estoy presto a reconocer a otros por sus esfuerzos y contribuciones a mi éxito?

Si puedo responder con un sí a estas preguntas, entonces es probable que no me esté saliendo del camino en esta área.

¿Dónde es usted susceptible a los fallos del carácter? ¿Qué valores atesora? ¿Qué decisiones tiene que tomar antes de enfrentar la tentación? ¿Qué preguntas tiene que hacerse constantemente para gestionarse a usted mismo? Estas son algunas de las cosas más importantes en las que puede pensar como líder, porque si es capaz de mantenerse en el camino y no caer por el precipicio, puede continuar dirigiendo a otros y causando un impacto positivo.

Humildad

A nadie le gusta trabajar con un líder que se vanaglorie de sí mismo y trabaje solo para su propio beneficio. La gente quiere trabajar con el líder que muestra humildad. ¿Qué significa ser humilde? Me gusta lo que escribió Robert F. Morneau en *Humility: 31 Reflections on Christian Virtues* [Humildad: 31 Reflexiones sobre las virtudes cristianas]. Él señaló acerca de la humildad: «Es esa cualidad habitual por la que vivimos en la verdad de las cosas: la verdad de que somos criaturas y no el Creador; la verdad de que nuestra vida es una composición de bien y de mal, luz y oscuridad; la verdad de que en nuestra pequeñez se nos ha dado una dignidad extravagante [...] Humildad es decir un "sí" radical a la condición humana».[11]

Me encanta eso. Sí, tenemos fallas. Sí, cometemos errores. Sí, somos humanos. No pasa nada.

Dale Carnegie dijo: «Si me dice cómo consiguió su sentimiento de importancia, yo le diré lo que usted es». Dónde y cómo buscamos la validación influencia nuestro carácter. De joven, quería causar impresión. Eso era lo que resultaba importante para mí. Al comienzo todo se trataba de mi persona, mis metas y mis éxitos. Lentamente me fui dando cuenta de que no estaba en la tierra para ver lo importante que podía llegar a ser, sino para ver los cambios positivos que podía lograr en las vidas de los demás.

El artista John Ruskin afirmó: «Creo que la primera prueba de un hombre verdaderamente grande es su humildad. Con humildad no me refiero a dudar de su poder. Sin embargo, los hombres realmente grandes tienen un curioso sentimiento de que la grandeza no es suya, sino que pasa a través de ellos». Para la mayoría de la gente, la humildad se tiene que ganar. Se desarrolla con el tiempo según vamos aceptando nuestras debilidades y ofreciéndoles gracia a otros por las suyas.

> «Humildad es decir un "sí" radical a la condición humana».
>
> —ROBERT F. MORNEAU

En la universidad leí estas palabras escritas por Thomas à Kempis: «No se enoje por no poder hacer que otros sean como a usted le gustaría que fueran, ya que usted mismo no puede ser como le gustaría ser». Eso me impresionó mucho, porque en ese tiempo yo quería cambiar a otros. Tuve que aprender a enfocarme en cambiar y mejorarme a mí mismo. Eso sucede solo cuando usted reconoce que sus defectos son tan grandes que se tienen que tratar. Tal cosa requiere, y crea, humildad. Y cuando comienza a desarrollar humildad, está en una mejor posición para servir a las personas a quienes lidera.

Valor

El valor posibilita el carácter. Nos empodera para hacer lo correcto ante el temor, la fatiga o la incertidumbre. El carácter no se desarrolla en la calma y la quietud. Solo mediante la experiencia, las pruebas y el sufrimiento se puede fortalecer el alma.

> «No se enoje por no poder hacer que otros sean como a usted le gustaría que fueran, ya que usted mismo no puede ser como le gustaría ser».
>
> —THOMAS À KEMPIS

Hay veces en la vida de cada líder en que se siente obligado a llevar a la gente a donde él mismo no ha ido aún, a hablar más allá de donde él ha llegado. Sé que eso ha ocurrido así conmigo. En tales momentos no me siento lo suficiente competente, experimentado, fuerte, fiel, sabio o calificado. En esos momentos debo reconocer mis debilidades, pedirle a Dios y a otros que me ayuden, y reunir el valor para pasar a la acción.

A fin de seguir viviendo una vida de carácter es necesaria la reflexión continua, una honestidad brutal, y el valor para hacer lo correcto. Y a veces tenemos que trabajar con el objetivo de restaurar el buen carácter después de tomar malas decisiones. Eso requiere tiempo, intencionalidad y esfuerzo.

Recientemente uno de mis entrenadores de John Maxwell Team me envió un poema sobre el liderazgo y el carácter tras asistir a uno de nuestros eventos de entrenamiento. Creo que este capta el valor necesario para desarrollar y mantener el carácter.

El espejo y yo

Cuando me miro en el espejo, ¿qué veo?

Reflejos de un yo con dos caras.

Una cara es todo lo que siempre he deseado ser.

Pero mi mayor problema me mira fijamente.

Hay veces en que me apresuro a adelantarme,

Y me encuentro liderando cuando necesito que me lideren.

Es necesario el valor, ¿cómo puedo vencerme?

¿Cómo puedo liderar a otros con autenticidad?

Recordaré lo mejor y lo peor de mí.

Hacer esto logrará que siga creciendo en humildad.

Buscaré por ahí a otros más fieles que yo,

Y les pediré ayuda con mis vulnerabilidades.

Liderar y hacer lo correcto, esa es mi posibilidad.

Para hacerlo, visitaré a mi espejo regularmente.

Si quiere desarrollar el tipo de carácter que lo sostendrá como líder, entonces acepte las cuatro dimensiones del carácter: autenticidad, autogestión, humildad y valor. Y nunca tenga miedo de admitir que se ha equivocado. Es como decir que es más sabio hoy que ayer.

3. EL CARÁCTER LO HACE MÁS GRANDE POR DENTRO QUE POR FUERA

Plutarco, un antiguo filósofo griego, dijo: «Lo que conseguimos interiormente cambiará nuestra realidad externa». Eso siempre ha sido cierto. El carácter se construye por dentro antes de que aparezca por fuera.

La diferencia entre nuestro yo interior y exterior la describe David Brooks, el columnista del *New York Times*. Basándose en un libro que lo influenció, *La soledad del hombre de fe,* del rabino Joseph Soloveitchik, Brooks señaló que la gente siente el impulso de su yo interno y externo, lo cual es un reflejo del Adán del Antiguo Testamento. En Génesis, la creación de Adán se describe dos veces, y estas dos descripciones caracterizan la naturaleza dividida dentro de todos nosotros. Brooks las llamó Adán I y Adán II.

Adán I quiere construir, crear, producir y descubrir cosas. Quiere tener un estatus elevado y conseguir victorias. Adán II es el Adán interno. Adán II quiere personificar ciertas cualidades morales. Adán II quiere tener un carácter interior sereno, un sentimiento tranquilo aunque sólido de lo bueno y lo malo, no solo para hacer el bien, sino para ser bueno. Adán II quiere amar íntimamente, sacrificarse en servicio a los demás, vivir en obediencia a alguna verdad trascendente, tener un alma interior cohesiva que honre la creación y las propias posibilidades de uno.[12]

El mundo anima al Adán I que hay en todos nosotros, pero creo que cuando nos enfocamos en desarrollar al Adán II, escogemos el tipo de carácter que puede sostenernos, y que es capaz de impulsar y darle sabiduría al primer Adán que hay en todos nosotros. Como Brooks dijera de ese carácter interior:

> Vive mediante una lógica inversa. Es lógica moral, no económica. Usted tiene que dar para recibir. Tiene que rendirse a algo fuera de usted para conseguir fortaleza en su interior. Tiene que vencer su deseo de conseguir lo que anhela. El éxito conduce al mayor fracaso, que es el orgullo. El fracaso conduce al mayor éxito, que es la humildad y el aprendizaje. Para realizarse, tiene que olvidarse de usted mismo. Para encontrarse, tiene que perderse.[13]

> «El éxito conduce al mayor fracaso, que es el orgullo. El fracaso conduce al mayor éxito, que es la humildad y el aprendizaje».
>
> —DAVID BROOKS

La voz interior quiere hacerlo más grande por dentro. La voz exterior quiere hacerlo más grande por fuera. La voz que usted escuche es la que ganará la batalla. Cuando su voz interior dice: *Me he equivocado,* usted tiene la oportunidad de tratar los sentimientos de incongruencia de carácter o hipocresía haciendo cambios. Eso le permite recobrar su equilibrio de carácter.

La voz exterior lo anima a *parecer* más grande por fuera, a menudo a costa de quien es usted por dentro. Crea una disonancia cognitiva, una hipocresía insana. La voz exterior quizá le diga algo como: «Lo que digo y lo que hago no es lo mismo y nunca lo será. Así son las cosas. Confórmate con las apariencias». Ese no es un buen camino por el que nadie debería ir. Resulta especialmente malo para los líderes, porque pueden convertirse en personas no auténticas, que racionalizan y no se dejan enseñar.

Yo trato con esta tensión todo el tiempo. Sé que lo que digo y lo que hago no siempre están perfectamente alineados, pero me estoy esforzando para convertirme en una persona más coherente. Aún no he llegado, pero me dirijo hacia allí. No le presto atención a la voz exterior, la cual anima a la imagen. Intento escuchar a la voz interior, que anima a la integridad.

Para desarrollar el carácter y ser más grande por dentro que por fuera, debo lidiar con mis debilidades. Debo aceptar el fracaso y aprender de él. Debo escoger el mejor camino hacia adelante. Durante años tuve un compañero al que le rendía cuentas, y él cada mes me hacía cinco preguntas que tenían que ver con mi carácter. La última pregunta que siempre me hacía era: «¿Has mentido en alguna de las cuatro preguntas previas?». A menudo tenía que decir que sí, teníamos que volver atrás, y confesaba mi falta. La última pregunta estaba pensada para impedir que yo desarrollara una vida dividida.

Parker J. Palmer, activista y fundador del Centro para el Valor y la Renovación, describió lo que ocurre cuando nos permitimos el lujo de estar divididos:

Pago un alto precio cuando llevo una vida dividida, sintiéndome fraudulento, ansioso por si me descubren y deprimido por el hecho de estar negando mi propio yo. La gente que me rodea también paga un precio, porque ahora camina por un suelo inestable provocado por esa misma división. ¿Cómo puedo afirmar la identidad de otro cuando estoy negando la mía? ¿Cómo puedo confiar en la integridad de otro cuando no acato la mía? Hay una línea fallida que recorre el centro de mi vida, y siempre que se abre, separando mis palabras y mis acciones de la verdad que retengo en mi interior, las cosas a mi alrededor se vuelven inestables y comienzan a caerse en pedazos.[14]

El resultado de desarrollar un carácter firme por dentro es el respeto a uno mismo, el cual no viene de los logros, sino de hacer las decisiones correctas. Brooks escribió: «Este se gana siendo mejor de lo que solía ser, siendo dependiente en tiempos de prueba, firme en tiempos de tentación. Emerge en alguien de quien se puede depender moralmente. El respeto a uno mismo se produce mediante los triunfos internos, no los externos».[15]

Al enfocarnos en el carácter interior, también cuidamos de nuestra alma. John Ortberg ofreció una buena perspectiva sobre esto en su libro *Guarda tu alma*:

> «El respeto a uno mismo se produce mediante los triunfos internos, no los externos».
>
> —DAVID BROOKS

Tu alma es lo que integra tu voluntad (tus intenciones), tu mente (tus pensamientos y sentimientos, valores y conciencia) y tu cuerpo (tu cara, lenguaje corporal y acciones) en una sola vida. Un alma está saludable y bien ordenada cuando hay armonía entre estas tres entidades y el propósito de Dios para toda la creación. Siempre que estás conectado con Dios y otras personas en la vida, tienes un alma saludable.[16]

Ortberg siguió explicando: «Nuestro mundo ha reemplazado la palabra *alma* por la expresión *yo mismo*, pero no son equivalentes. Mientras más nos concentramos en nosotros mismos, más descuidamos nuestra alma».[17]

Un alma saludable está completa, no fracturada. Tiene una integridad interna. *Integridad* significa algo más que seguir un código moral. Integridad se define como «la cualidad o el estado de estar completo; la condición de no estar roto; algo completo; totalidad».[18] Su raíz del latín es la misma que la de la palabra *integer*, un número entero. Es lo contrario a estar dividido. Una vida dividida nos separa de nuestra alma. Una vida que está entera fortalece nuestro carácter, haciéndonos más grandes por dentro.

Cuando nuestra alma pierde esa condición de estar completa por dentro, nos resentimos por fuera. Como dijo Ortberg, haciendo referencia a una experiencia de intentar montar en un toro mecánico: «Si a tu alma le falta un centro cuando la vida se mueve rápido, serás arrojado del toro. No importa cuán firmemente quieras aferrarte, a la larga serás lanzado fuera. El alma sin un centro halla su identidad en lo externo».[19]

¿Adónde mira usted para establecer su identidad? ¿A su imagen, sus logros, su reconocimiento? ¿O la consigue a partir de su carácter interno? ¿Se enfoca en hacer las decisiones correctas, en mejorarse, en seguir adelante con sus compromisos, en mantener la salud de su alma? Si se enfoca en lo de afuera, dejará a un lado lo de dentro. Sin embargo, si se enfoca en lo de dentro, lo de afuera siempre se beneficiará.

Recientemente leí un artículo sobre Theo Epstein, el presidente de las operaciones de béisbol de los Chicago Cubs. La gente ha comenzado a reconocerlo, porque en el año 2016 los Cubs finalmente ganaron la Serie Mundial, ¡algo que no se había conseguido desde 1908! Él había trabajado para varios equipos, incluyendo los Red Sox de Boston, antes de ir a Chicago. Sin embargo, cuando llegó allí, había aprendido la importancia del carácter.

«Yo solía mofarme de eso cuando acepté el trabajo en Boston», dijo Epstein, refiriéndose a enfocarse en el carácter. «Pensaba: *¿Sabes cómo vas a ganar? Consiguiendo jugadores que lleguen a la base más que el otro equipo, y consiguiendo lanzadores que esquiven los batazos y logren bolas bajas. El talento es lo que gana*. Sin embargo [...] es como si con cada año de trabajo hubiera desarrollado un mayor aprecio por lo mucho que importa el elemento humano y cuánto más se puede lograr como equipo cuando se tienen jugadores a quienes les importa ganar, que se preocupan unos por otros, desarrollan esas relaciones, tienen esas conversaciones. Esto crea una atmósfera en la que la suma es mayor que las partes».[20]

Epstein fue contratado como presidente de los Cubs en octubre de 2011. En enero de 2012 se reunió con todos los directores de la organización, entrenadores, instructores y personal de operaciones. Pasaron un día entero hablando sobre el bateo, otro sobre el lanzamiento, otro sobre la defensa y correr a las bases, y otro sobre el carácter. Eso se convirtió en el fundamento para conseguir la meta que Epstein tenía para la organización: ganar un campeonato mundial.

En su quinta temporada con un equipo joven, Epstein estaba en la cúspide para conseguir esa meta. El escritor de *Sports Illustrated*, Tom

Verducci, dijo que el momento definitivo tuvo lugar durante una demora por la lluvia después de la novena entrada del séptimo juego, cuando los Indians volvieron a empatar el partido. El joven equipo de los Cubs no se desmoronó. No se amilanó. No se tambaleó. ¿Qué hicieron? Los jugadores convocaron a una reunión. Verducci escribió: «Los Cubs se juntaron hombro con hombro en una reunión solo para jugadores en un pequeño vestuario detrás del banquillo de los visitantes en el Progressive Field». Él le llamó a esto «una fuerte imagen visual de los ideales de colaboración y el carácter de Epstein». En la décima entrada, los Cubs anotaron dos carreras. Fue suficiente para ganar el partido, con un marcador de 8-7.

El carácter de los Cubs los había llevado a donde necesitaban estar. Y es por eso que todos deberíamos esforzarnos, sin importar si somos miembros de un equipo o los líderes del mismo. El carácter siempre es importante.

DESARROLLE LA PERSONA DE CARÁCTER QUE HAY EN USTED

Entonces, ¿cómo se enfoca en desarrollar el carácter desde adentro hacia afuera? Creo que el centro del carácter radica en tres cosas principales: abrazar los buenos valores, practicar el autoliderazgo, y valorar a la gente.

ABRACE LOS BUENOS VALORES

Si nunca ha pensado en sus valores personales ni los ha escrito, tiene que hacerlo. ¿Qué cosas no son negociables para usted? ¿Qué líneas se rehusará cruzar? ¿Qué defenderá?

Si ya ha realizado antes este proceso, mire lo que ha escrito previamente y verifique su lista. ¿Ha cambiado algo? ¿Hay algo que deba añadir? ¿Algo que deba eliminar?

PRACTIQUE EL AUTOLIDERAZGO

La esencia del autoliderazgo es hacer lo correcto incluso cuando *no* quiera hacerlo, y no hacer lo incorrecto aunque *sí* quiera hacerlo. Yo le llamo a esto gestionar la decisión después de haberla tomado. Permítame explicarlo. Cuando usted determina sus valores, ya ha decidido lo que hará y lo que no hará. Después, cuando se encuentra ante un momento difícil, su tarea es mantener la decisión que ya ha tomado.

¿Qué debe hacer para colocarse en posiciones mejores a fin de gestionar sus decisiones y seguirlas?

VALORE A LA GENTE

Al poner a otras personas primero, usted aparta el enfoque de sí mismo, y por lo tanto le cuesta más ser egoísta. Eso edifica su carácter. Piense en algo que pueda hacer cada día para valorar a otra persona, especialmente a aquellas con las que no tiene afinidad o que no le caen bien en particular.

Y no se olvide: puede obtener material gratuito de mi parte en MaxwellLeader.com.

LA PRUEBA ESENCIAL DEL LIDERAZGO:

HACER UN CAMBIO POSITIVO

Hace varios años tuve la oportunidad de jugar en el club de golf Augusta National como invitado de Lou Holtz. Si usted es aficionado al fútbol universitario, habrá escuchado acerca de Lou, ya que es un icono de Estados Unidos. En 1988 entrenó al equipo de fútbol Notre Dame Fighting Irish durante una temporada en la que resultó invicto y consiguió un campeonato nacional. Una de mis citas favoritas de Lou, la cual pronunció la primera vez que lo conocí en un almuerzo, es: «He entrenado a buenos jugadores y he entrenado a malos jugadores. Soy mejor entrenador con buenos jugadores».

Lou también es conocido por su ironía. Pasé tres días inolvidables con él en Augusta. Durante el día, disfrutamos jugando al golf en uno de los mejores campos del mundo, y nos hacía a todos reír a carcajadas. Lou fue el primero en golpear el primer día. Colocó su pelota sobre el soporte, golpeó, e inmediatamente comenzó a caminar hacia el hoyo. *¿Qué está haciendo?*, pensé para mí. Me volví hacia Harvey Mackay, un buen amigo de Lou que estaba jugando con nosotros, y dije:

—Lou no espera a que golpeemos los demás».

—Nunca lo hace —respondió Harvey—. No sabe estar quieto.

Era cierto. Durante los tres días, Lou golpeaba la pelota y comenzaba a caminar. No es necesario que diga que muchas veces, cuando nuestros lanzamientos volaban hacia él, le gritábamos: «¡Cuidado!». Él se cubría la parte posterior de la cabeza con el brazo y seguía caminando. Nunca había visto una cosa igual.

Si estábamos jugando demasiado lento para Lou, decía: «Oigan, intenten llevar el ritmo del grupo que viene detrás de ustedes». Si uno de nosotros tardaba mucho en hacer un golpe, comentaba: «Golpea antes de que me muera, ¿quieres?».

CAMBIO DE ENTRENAMIENTO

Nunca olvidaré esos paseos en el campo de golf, pero mi momento favorito en Augusta era cuando estábamos sentados en la cabaña al final del día y hablábamos con Lou sobre su carrera de entrenador universitario. Desde 1969 hasta 2004, Lou entrenó en seis universidades distintas. Ninguno de los equipos eran ganadores cuando él llegó. Arkansas tenía el mejor récord de los seis: 5-1. Todos los demás habían perdido la mayoría de sus partidos. Dos equipos tenían récords de 1-10. Lo más destacado es que en su segundo año entrenando a cada equipo, no solo tenían un récord ganador, sino que todos los equipos fueron invitados a jugar en un importante partido universitario de exhibición. Ese es un logro asombroso. Llevar a un equipo a ese tipo de éxito una o dos veces es una gran hazaña... ¿pero en seis ocasiones?

Escuchaba con interés mientras nuestra «conversación en la cabaña» giraba en torno a hacer los cambios necesarios para convertir a un mal equipo de fútbol en uno ganador en tan poco tiempo.

Lou Holtz es un líder que entiende cómo producir un cambio positivo. Él es lo que yo llamo un *líder que cambia la dirección*, una persona que es capaz de tomar una organización que va cuesta abajo en picada, detener el impulso negativo, cambiar el sentido en el que se dirige y darle la vuelta hacia arriba, creando un impulso positivo. George Kelly, un entrenador que trabajaba con Holtz en Notre Dame, dijo que Lou poseía tres cualidades que tienen todos los grandes entrenadores: no daba nada por hecho, era un maestro excelente, y era maravillosamente organizado.[1] Además de eso, Lou es un visionario positivo. Él cambiaba las culturas de los equipos que dirigía. Eso provocaba el éxito de sus equipos.

Ser capaz de darle la vuelta por completo a una organización siendo un agente de cambio positivo es la verdadera prueba de un gran líder. Casi cualquiera puede ponerse delante de un grupo de personas que ya va en la dirección correcta y animarlas a continuar. Muy pocos pueden hacer los cambios necesarios para lograr que un grupo de personas que va en la dirección errónea se dé la vuelta.

LIDERAR EL CAMBIO PUEDE SER DIFÍCIL

Cualquier persona que haya liderado un cambio sabe que esto es un reto. Sin embargo, creo que las personas no se resisten al cambio de manera natural; se resisten a *ser* cambiadas. Recientemente vi un cómic de dos viñetas en una de las cuales el líder pregunta: «¿Quién quiere el cambio?», y todos los demás levantaban su mano. No obstante, en la segunda viñeta, cuando pregunta: «¿Quién quiere cambiar?», nadie levantaba la mano. Eso caracteriza bastante bien la naturaleza humana. Queremos los beneficios del cambio positivo sin el dolor de hacer ningún cambio en nosotros mismos. ¿A qué se debe eso? Creo que hay varias razones:

1. LAS PERSONAS SE SIENTEN INCÓMODAS Y COHIBIDAS HACIENDO ALGO NUEVO

El cambio es incómodo, si no pregúnteselo a sus manos. ¿No me cree? Pruebe esto: junte las palmas de sus manos y entrelace sus dedos. ¿Qué dedo pulgar está arriba? Todo el mundo de forma natural pone un pulgar sobre el otro y alterna los otros dedos en consonancia. ¿El que está arriba es su pulgar derecho o izquierdo? La forma en que juntó sus manos, sea esta cual sea, es aquella con la que usted se siente cómodo. Lo hace igual de manera natural todas las veces.

> Las personas no se resisten al cambio de manera natural; se resisten a *ser* cambiadas.

Ahora, cámbielas. Separe sus manos y vuelva a entrelazar sus dedos nuevamente, pero esta vez ponga *el otro* pulgar encima. ¿Cómo se siente? Incómodo, se lo aseguro. Si usted es como la mayoría de la gente, sentirá un fuerte deseo de cambiarlos y regresar a su forma regular.

Yo tenía un problema similar con mi juego de golf. Cuando me gradué de la escuela secundaria, recibí un juego de palos de golf como regalo. Agradecí la oportunidad de probar un deporte nuevo, así que comencé a jugar al golf sin ningún tipo de entrenamiento. Era un atleta razonablemente bueno, de modo que pude ir al campo y jugar. Sin embargo, nunca podía mejorar mi juego, por mucho que lo intentara. Cuando finalmente tomé clases de golf con un profesional, me dijo que el agarre que había adoptado por mí mismo y el golpeo eran las cosas que me impedían mejorar. Su solución fue pedirme que lo cambiara *todo*.

Vaya, eso me resultó muy incómodo. Sabía que tenía que hacer los cambios, pero ninguno de ellos me parecía correcto. Durante los siguientes meses, siempre que estaba bajo la presión de tener que lograr un buen golpe, comprobaba que regresaba a la seguridad de mi antiguo agarre, porque me sentía más cómodo con mi antigua forma de jugar, aunque la forma nueva me brindaba la oportunidad de una gran mejora. Con el tiempo me acostumbré al cambio, pero tardé bastante.

La mayoría de las personas están más cómodas con los viejos problemas que con las nuevas soluciones, ya que lo nuevo representa lo desconocido. La escritora y oradora Marilyn Ferguson lo expresó de esta manera: «No es tanto que tengamos miedo al cambio o que estemos enamorados de nuestras viejas formas, sino que es el espacio que hay en el medio lo que tememos [...] Es como estar entre dos trapecios. Es Linus cuando su manta está en la secadora. No hay nada a lo que aferrarse».

2. LAS PERSONAS INICIALMENTE SE ENFOCAN EN AQUELLO A LO QUE TENDRÁN QUE RENUNCIAR

Cuando las personas escuchan que viene un cambio, lo primero que hacen es preguntar: «¿Y esto de qué forma me afectará». ¿Por qué? Porque les preocupa que tengan que renunciar a algo. A veces esa pregunta tiene mucho sentido, como cuando uno está en peligro de perder su trabajo o su casa. No obstante. la mayoría de las veces, la vida implica una serie de cambios. El poeta Ralph Waldo Emerson dijo: «Por cada cosa que usted gana, pierde algo». Por lo tanto, es irrealista esperar no renunciar a *algo*. Sin embargo, muchas personas se aferran tan fuerte a lo que tienen, que están dispuestas a olvidarse de ganar algo, ni siquiera el progreso. Como líderes, tenemos que ayudar a las personas a superar esta actitud.

Creo que el tipo de personalidad y la experiencia de la vida afectan las actitudes de las personas en esta área. Por ejemplo, algunas personas tienden a guardar cosas y otras a deshacerse de estas. Yo tiendo a deshacerme de las cosas. En cuanto veo que no necesito algo, lo tiro a la basura. Creo que no ha habido ni un solo día en mi vida de adulto en que no haya tenido que rebuscar en la papelera para encontrar algún papel que tiré antes de haber terminado del todo con él. Tirar cosas me da una gran satisfacción. Es una de mis manías.

> «Por cada cosa que usted gana, pierde algo».
>
> —RALPH WALDO EMERSON

La mayoría de las personas son más como mi esposa Margaret. Ella lo guarda todo. Si cree que quizá podríamos usar algo en el futuro, no ve razón alguna por la que deshacerse de eso. Sin embargo, diré esto: ella no es acaparadora, y es muy organizada, así que nuestra casa no está llena de trastos. No obstante, si dependiera de mí, nuestro lema sería: «Si compramos algo nuevo hoy, deshagámonos de algo».

Las personas no solo queremos aferrarnos a las cosas, sino que también tendemos a aferrarnos a las ideas y las formas de actuar. Los escritores Eric Harvey y Steve Venture han escrito sobre esta tendencia humana:

El hecho es que todos llevamos cierta cantidad de bagaje cerebral contraproducente que nos pesa [...] y nos retiene.

Nuestras cargas incluyen todo, desde creencias que antes eran válidas y prácticas que han vivido más que su utilidad y funcionalidad, hasta mala información y conceptos erróneos que hemos aceptado (e incluso abrazado) sin hacer mucho análisis ni pensarlo exhaustivamente.

¿Por qué preocuparnos por el «bagaje»? Porque nos afecta de forma negativa, así como también a la gente con la que trabajamos, el entorno laboral donde estamos y los resultados que obtenemos. Dicho de forma sencilla, todo lo que aceptamos y creemos determina cómo actuamos [...] y la forma en que actuamos determina lo que conseguimos (o no conseguimos).[2]

¿La solución que ellos ofrecen? «Nuestros cerebros son como armarios», señalan. «Con el paso del tiempo se llenan de cosas que ya no usamos, cosas que no nos sirven. De vez en cuando debemos hacer una limpieza».[3]

Peter Drucker, que ha sido considerado el fundador de la gestión moderna, dijo que creía que las empresas necesitaban someter a prueba cada producto y proceso que tenían durante sus vidas cada tres años. De lo contrario, él pensaba que la competencia superaría a la empresa. Bill Gates tenía una perspectiva similar. Reconocía que los productos que hacía Microsoft quedarían obsoletos en tres años. «La única pregunta», dijo Gates, «es si seremos nosotros los que los dejaremos obsoletos o serán otros». Yo diría que él entiende el precio del cambio y que está dispuesto a pagarlo como líder.

3. Las personas tienen miedo de ser ridiculizadas

Las personas que hacen algo distinto siempre corren el riesgo de que se burlen de ellas o sean ridiculizadas, y eso puede ser un gran impedimento para el cambio. El escritor Malcolm Gladwell hizo recientemente un podcast sobre este tema que consideraba al jugador de baloncesto del Salón de la Fama Wilt Chamberlain. Se titulaba «The Big Man Can't Shoot» [El gran hombre no sabe lanzar].[4]

Chamberlain, que jugó profesionalmente desde 1959 hasta 1973, era un central dominante que estableció varios récords de la NBA. Sin embargo, también se le conocía por ser un pésimo lanzador de tiros libres. El porcentaje en toda su carrera fue del 51%.[5] No obstante, en la temporada 1961-62, Chamberlain intentó cambiar algo en su juego para mejorar sus tiros libres. En vez de hacer el tradicional lanzamiento por encima de la cabeza que usan casi todos los jugadores de baloncesto, Chamberlain intentó usar el estilo empleado por Rick Barry, que en ese entonces era el mejor lanzador de tiros libres del juego. Chamberlain usó el «tiro de la abuela», comenzando con el balón entre sus piernas y lanzándolo hacia arriba.

El porcentaje de tiros libres de la carrera de Rick Barry era de más del 89%.[6] En el podcast con Gladwell, Barry explicó por qué decidió usar esa técnica para lanzar los tiros libres durante toda su carrera:

Desde el punto de vista de la física, es una forma mucho mejor de lanzar. Hay menos cosas que pueden salir mal, menos cosas que tienes que preocuparte por repetir adecuadamente para que salga bien. Pero lo otro es [...] ¿quién va andando por ahí así [levantando su mano delante de él]? Esta no es una posición natural. Cuando lanzo desde abajo en los tiros libres, ¿dónde están mis brazos? Colgando rectos, como se encuentran normalmente. Y así estoy totalmente relajado. No me hallo en una situación en la que tenga que preocuparme porque mis músculos se tensen o se pongan rígidos. Y después, el lanzamiento en sí es mucho más delicado. Muchos de mis lanzamientos, incluso aunque se desvíen un poco, rebotan tan suavemente que terminan entrando en la canasta.[7]

Mientras practicaba el método de lanzamiento de Barry de los tiros libres desde abajo, el día 2 de marzo de 1962, Chamberlain hizo algo que nadie más había hecho nunca y que nadie más ha hecho después: anotó 100 puntos en un partido de la NBA. Esa noche, 28 de esos puntos provinieron de tiros libres. Él acertó 28 de 30 desde la línea.

A pesar de su éxito, Chamberlain abandonó el «lanzamiento de la abuela» y volvió a su antigua forma de lanzar... y a su viejo hábito de fallar. ¿Por qué? Se sentía avergonzado. Gladwell cita que Chamberlain escribió en su autobiografía: «Me sentía tonto, como una nenaza, lanzando desde abajo. Sé que estaba equivocado. Sé que algunos de los mejores lanzadores de tiros libres de la historia lanzaban así. Incluso ahora, el mejor de la NBA, Rick Barry, lanza desde abajo. Pero yo no pude hacerlo».[8]

Algunas personas se avergüenzan con más facilidad que otras. Mientras a Rick Barry no le importaba lo que pensara la gente de él y lanzaba los tiros libres con un estilo del que otros se burlaban, a Wilt Chamberlain le importaba lo que otros pensaran, y no quería que lo ridiculizaran. Como líder, cuando usted introduce cambios debe tener en cuenta este tipo de temor, y necesita ser consciente de que la gente tiene distintos niveles de tolerancia al ridículo.

4. Las personas personalizan el cambio y pueden sentirse solas en el proceso

La mayoría de las veces que las personas experimentan el cambio, particularmente en las empresas y organizaciones, no están solas en el proceso, pero a menudo sienten que sí lo están. Y sus emociones pueden abrumarlas. Cuando la ansiedad aumenta, disminuye la motivación. Como líderes, podemos impacientarnos y querer que reaccionen y lo superen. En cambio, tenemos que mostrar paciencia, reconocer su humanidad y trabajar con ellos. Esto no solo los ayudará a procesar el cambio, sino que también nos ayudará a nosotros a influenciarlos más rápidamente y conseguir que avancen.

Confieso que yo no hice esto muy bien cuando era un líder joven. A menudo animaba a la gente a ignorar sus sentimientos durante los tiempos de cambio. Les decía: «No es la gran cosa. Todos estamos juntos en esto. No se preocupe por ello». Sin embargo, eso es como un dentista que dice: «Esto no le dolerá nada». Cuando uno escucha eso, sabe que tiene razón. No dolerá nada. ¡Dolerá mucho!

Siendo un líder joven, también cometí el error de tratar el cambio como si fuera un suceso en vez de un proceso. Tardé bastante en darme cuenta de que las personas siempre están en niveles distintos en su preparación ante el cambio. No se puede tan solo anunciar un cambio, implementarlo y seguir adelante. Eso solo provoca resistencia. Hay que darle tiempo a la gente y permitirle procesar los cambios. Aunque no todos se apuntarán o lo «captarán», muchos lo harán si usted está dispuesto a ayudarlos. Recuerde: las personas son el porqué de lo que hace como líder. Lo lejos que usted pueda viajar no es el punto; el punto es lo lejos que es capaz de llevar a su gente. Ese es el propósito del liderazgo.

> Lo lejos que usted pueda viajar no es el punto; el punto es lo lejos que es capaz de llevar a su gente.

Liderar a las personas a través de los cambios puede parecerse mucho a los viejos chistes sobre cuántas personas se necesitan para cambiar una bombilla. Puede resultar un desafío y también chistoso. He aquí algunos de mis chistes favoritos que he encontrado recientemente:

P: ¿Cuántos actores se necesitan para cambiar una bombilla?
R: Solo uno. No les gusta compartir el foco de atención.

P: ¿Cuántos académicos se necesitan para cambiar una bombilla?
R: Ninguno. Para eso están los estudiantes de investigación.

P: *¿Cuántos instructores de aeróbicos se necesitan para cambiar una bombilla?*

R: Cinco. Cuatro para hacerlo perfectamente sincronizados y uno para estar ahí diciendo: «A la izquierda, y a la izquierda, y a la izquierda, y la sacamos, y la dejamos, y tomamos la otra, y la ponemos, y a la derecha, y a la derecha, y a la derecha, y a la derecha...».

P: *¿Cuántos ingenieros aeroespaciales se necesitan para cambiar una bombilla?*

R: Ninguno. No hay que saber ingeniería espacial para hacerlo.

P: *¿Cuántas personas en un partido de fútbol americano se necesitan para cambiar una bombilla?*

R: Tres. Una para cambiarla y dos para volcar el contenido del cubo de hielo sobre el entrenador para felicitarlo.

P: *¿Cuántos jugadores de fútbol americano se necesitan para cambiar una bombilla?*

R: Dos. Uno para enroscarla y otro para recuperar el balón libre.

P: *¿Cuántos pescadores de caña se necesitan para cambiar una bombilla?*

R: ¡Cinco, y debería haber visto la bombilla! ¡Era por lo menos *así* de grande! ¡Éramos cinco y casi no podíamos con ella!

P: *¿Cuántos arqueólogos se necesitan para cambiar una bombilla?*

R: Tres. Uno para cambiarla y dos para discutir sobre cuánto tiempo tiene la antigua.

P: *¿Cuántos ejércitos se necesitan para cambiar una bombilla?*

R: Por lo menos cinco. Los alemanes para empezar; los franceses para abandonar enseguida tras intentarlo durante un ratito; los italianos para empezar, no llegar a ninguna parte y después volver a intentarlo desde el otro lado; los americanos para llegar tarde, terminar de hacerlo y llevarse el mérito; y los suizos para fingir que no está sucediendo nada fuera de lo normal.

85

P: *¿Cuántos mecánicos de autos se necesitan para cambiar una bombilla?*

R: Seis. Uno para forzarla con un martillo y cinco para ir a buscar más bombillas.[9]

Creo que la verdadera pregunta es: ¿cuántos se necesitan para lograr un cambio positivo? La respuesta es un individuo que esté dispuesto a dirigir a la gente involucrada en hacer el cambio a través de un proceso y haga su mejor esfuerzo para llevar a todos con él.

SOBREVALORAMOS EL SUCESO Y MENOSPRECIAMOS EL PROCESO

Tras unos cinco años de experiencia en el liderazgo, finalmente descubrí que no podía tan solo cambiar algo y esperar que todos lo aceptaran y me siguieran felizmente. A los veintisiete años de edad me vi ante la necesidad de introducir un gran cambio organizacional —construir un nuevo edificio y darle un nuevo propósito al que ya teníamos— y entendí que si quería tener éxito como líder, necesitaba desarrollar un proceso para planificar lo que había que cambiar, comunicárselo a la gente, ayudarla a procesar los cambios mental y emocionalmente, y poner el plan en acción.

Para hacer eso, desarrollé algo que llamé PLAN AHEAD [Planifique con antelación]. Sí, es un acróstico. Puede parecer pueril, pero facilita poder aprenderlo de manera más fácil a fin de enseñárselo a otros líderes. ¡Lo he usado durante casi cincuenta años, y ha funcionado! Y creo que a usted también le funcionará. Esto es lo que representa el acróstico:

Predeterminar el cambio necesario.

Listar los pasos.

Ajustar sus prioridades

Notificar a las personas clave

Apartar tiempo para la aceptación

Hacia la acción

Esperar que surjan problemas

Apuntar siempre a los éxitos

Diariamente revisar su progreso

Y estos son los pasos uno por uno. Lo animo a usarlos cuando enfrente la prueba esencial del liderazgo: hacer un cambio positivo.

PREDETERMINAR EL CAMBIO NECESARIO

Mi amigo Rick Warren, fundador de la iglesia Saddleback, dijo: «El mayor enemigo del éxito del mañana es el éxito del ayer».[10] Para ser un buen líder, no puede volverse complaciente con usted mismo. No puede conformarse con el éxito del presente. Eso significa que no solo tiene que darle la bienvenida al cambio, sino también liderarlo. Si no lo hace, su equipo, departamento u organización estará en problemas. Solo necesita leer la primera edición del libro *The 100 Best Companies to Work For in America* [Las 100 mejores empresas para las cuales trabajar en Estados Unidos] a fin de saber que eso es cierto. Se publicó en 1984. Cuando se publicó la segunda edición nueve años después, casi la mitad de las empresas originales ya no existían.

> «El mayor enemigo del éxito del mañana es el éxito del ayer».
>
> —RICK WARREN

Identificar qué cosas necesitan cambiar en nuestras organizaciones puede resultar difícil, porque llegamos a acostumbrarnos tanto a los problemas, que ya no los vemos. Eso es lo que ocurrió en el ferrocarril británico en los años setenta. En 1977, el director de la empresa de ferrocarriles, Sir Peter Parker, intentaba decidir si darle o no el negocio de la publicidad de la organización a una agencia enorme establecida o a la empresa más pequeña y más nueva Allen Brady and Marsh (ABM). Parker llegó a ABM con otros ejecutivos del ferrocarril británico, y allí vieron que el vestíbulo de la agencia era un lugar mugriento. Los ceniceros estaban a rebosar, había tazas de café medio vacías por todas partes, y las revistas yacían en el piso.

La recepcionista no hizo nada por mejorar la situación. Un relato cuenta que ignoró al grupo mientras hacía una llamada telefónica personal.[11] Otro afirma que estaba fumando un cigarrillo mientras se pintaba las uñas, y cuando le preguntaron cuánto tiempo tendrían que esperar, respondió: «No tengo ni idea».[12]

Tras veinte minutos de espera, Parker le dijo a la recepcionista que se iban. En ese momento, Peter Marsh, el director de ABM, entró en la sala de recepción y dijo: «Acaba de ver lo que piensa el público acerca del ferrocarril británico. Ahora veamos qué podemos hacer para arreglarlo».

Como líder, usted tiene la responsabilidad de revisar lo que hace su equipo y buscar lo que se debe cambiar. Me gusta este estándar para la revisión:

- Si ha hecho algo durante un año, mírelo con cuidado.
- Si lo ha hecho durante dos años, mírelo con recelo.
- Si lo ha hecho durante cinco años, deje de mirarlo y haga algo para cambiarlo.

El primer paso es siempre predeterminar qué se debe cambiar. Una vez que lo haya reconocido, puede comenzar a considerar el segundo paso.

LISTAR LOS PASOS

Como mencioné antes, desarrollé el proceso de PLAN AHEAD como respuesta a un gran reto de liderazgo que enfrenté en mi segunda iglesia en Lancaster, Ohio. Nos estábamos quedando sin espacio en nuestro edificio actual, así que pude percatarme de que precisábamos hacer cambios. Necesitábamos construir un nuevo edificio y darle un nuevo propósito al antiguo. El problema era que a mil quinientas personas les encantaba ese edificio y no querían cambiarse. Además, tenía que reunir el dinero para construir contando con ese mismo grupo de gente. Si no listaba cuidadosamente los pasos a seguir, corría el riesgo de alienar a todos y no ser capaz de llevarlos a donde sabía que tenían que ir.

Pasé mucho tiempo pensando en el proceso e hice cuidadosamente mi bosquejo para un cambio exitoso. Decidí que tenía que hacer preguntas, escuchar las respuestas de la gente, discutir los retos y empoderar a líderes clave para que buscaran respuestas a nuestro problema de espacio. Dejé que eso siguiera su curso durante un año. Y mientras esperaba, los otros líderes llegaron a la misma conclusión que yo, y recomendaron el curso de acción que yo también creía que era el mejor. Sin embargo, ya en ese momento llegaron a la mesa con evidencia para apoyar la conclusión que habían sacado, se habían convencido personalmente, y habían convencido a otros de que se unieran a ellos.

¿Estaba yo feliz de avanzar tan lentamente? No, pero sabía que la tarea era enorme. Y como dice el dicho, ¿cómo usted se come a un elefante? Mordisco a mordisco. Eso es lo que estábamos haciendo. Y cada paso hacia adelante aumentaba nuestra confianza y fortalecía mi liderazgo.

Ajustar sus prioridades

En la película *El extraño caso de Benjamin Button*, el personaje principal le dice a su hija: «Espero que lleves una vida de la que te sientas orgullosa. Si ves que no lo estás, espero que encuentres la valentía para comenzar de nuevo». En otras palabras, estaba diciendo que si queremos cambiar para mejor, tenemos que revisar nuestras prioridades a fin de tener éxito.

> «Espero que lleves una vida de la que te sientas orgullosa.
> Si ves que no lo estás, espero que encuentres la valentía para comenzar de nuevo».
>
> —*EL EXTRAÑO CASO DE BENJAMIN BUTTON*

El mayor peligro para los líderes en esta etapa del proceso es confundir los cambios cosméticos con los críticos. Los cambios cosméticos son más fáciles de hacer, pero no son eficaces, porque no tratan cosas que realmente importan. Ocurren desde afuera hacia adentro. Los cambios críticos se llevan a cabo desde adentro hacia afuera, y son siempre más difíciles de facilitar.

Los líderes que se enfocan en las cosas erróneas son como Charlie Brown en la viñeta de *Peanuts*, de Charles Schulz. Charlie le dice a su amigo Linus: «Durante toda mi vida, cuando me pongo los zapatos, me he puesto siempre el pie izquierdo primero. De repente, la semana pasada me puse primero el derecho. Cada día de esta semana me he estado poniendo el pie derecho, ¿y sabes qué? Mi vida no ha cambiado en absoluto».

Los cambios críticos producen un impacto. También tienen un costo en términos de tiempo, energía, recursos, creatividad, buena voluntad o influencia. Si *no* le cuesta nada, tiene que preguntarse si se está produciendo un cambio real. Por supuesto, no cambiar también tiene un costo. Si yo hubiera decidido tirar la toalla cuando nos estábamos quedando sin espacio en Lancaster, toda la organización se hubiera estancado, y habría sido el principio del fin. Por el contrario, cuando el equipo de liderazgo principal se reunió, cambiamos nuestras prioridades y nos preparamos para los siguientes pasos en el proceso.

NOTIFICAR A LAS PERSONAS CLAVE

Los buenos líderes no comparten la información sobre los cambios con todas las personas de la organización a la misma vez. No intentan que la comunicación sea «justa», sino estratégica. Como líder, antes de informarle a las masas lo que está ocurriendo, tiene que reunirse con las personas clave y comunicárselo a ellas.

¿Con cuáles personas clave? Yo las identifico haciéndome dos preguntas: «¿Quién necesita empujar esta nave para que funcione? ¿Y quién tiene que pilotar la nave realmente?». Las respuestas a estas preguntas me indican las personas que deben enterarse de los cambios antes que los demás.

Me reúno primero con las personas cuya influencia es necesaria para que los cambios prosperen, porque si ellos no participan, nunca funcionará. Tendré que trabajar con ellos para conseguir su apoyo. Por lo general, estas reuniones se hacen personalmente o en grupos pequeños. A menudo acudo a la estrategia sobre la que escribí en el capítulo «Comparta un secreto con alguien» de mi libro *25 Maneras de ganarse a la gente*. Al hablarles del cambio antes de que sea de conocimiento público, les estoy dando una información valiosa, haciéndolos sentir especiales, e incluyéndolos en el viaje. Este es un acto de inclusión que la mayoría de las personas aprecian. Tal enfoque personal también permite que se produzcan conversaciones francas, reacciones sinceras, preguntas y objeciones.

Considero estos tiempos de conexión como las reuniones antes de la reunión. Si estas van bien, comparto la información con las personas que más se interesan: los que llevarán a cabo la implementación del plan. Después de eso, comienzo a tener otras reuniones con grupos más grandes en la organización.

Y si una reunión antes de la reunión no va bien, entonces me vuelvo a reunir con esos individuos clave de nuevo, y sigo reuniéndome con ellos hasta que logro solventar sus objeciones y aceptan el cambio. Los jugadores clave del equipo o la organización deben ser participantes voluntarios e involucrados en el proceso para que este funcione.

Hasta aquí hemos considerado la parte del proceso llamada PLAN. Ahora veamos la siguiente parte ilustrada por la palabra AHEAD.

Apartar tiempo para la aceptación

Las personas usualmente necesitan mucho tiempo para aceptar el cambio. Y por lo general, la aceptación pasa por tres fases:

1. No funcionará.
2. Costará demasiado.
3. Siempre pensé que era una gran idea.

Hablando en serio, permitir tiempo para la aceptación es un reto que afrontan los líderes, porque a menudo ven más y antes que su gente. Y el anuncio del cambio puede crear confusión, malentenderse o incluso producir un caos en el equipo o dentro de la organización.

Recientemente estaba leyendo 8 *Pasos para alcanzar tu destino: Lidera tu vida con propósito*, de mi amigo Sam Chand. En el capítulo titulado «Nuevas perspectivas», escribió acerca de la necesidad que tienen los líderes de seguir cambiando, pero sus observaciones se pueden aplicar igualmente a cambios que un líder implementa en una organización. Sam escribió:

El cambio es siempre necesario. No podemos asumir que solo porque algo funcione hoy, continuará funcionando mañana. Hay que evolucionar o estancarse.

La mayoría de los líderes [y prácticamente todos los seguidores] solo reconocen la necesidad de cambio una vez que ya ha comenzado el declive; no pasan a la acción hasta que algo se rompe. Esto queda ilustrado con el punto B en la Curva de Sigmoid de Charles Handy. En ese punto, lo mejor que pueden hacer es poner el freno para reducirlo, comenzar a gestionar la crisis y darle un giro.

Cuando va por delante de la curva y realizando cambios (punto A), quizá nadie entienda lo que está haciendo o por qué lo hace. Ese período entre la implementación del cambio y que otros comiencen a ver lo que usted vio se conoce apropiadamente como *caos*.[13]

Los buenos líderes siempre permiten tiempo para la aceptación, pero cuando ven que la aceptación se está produciendo con lentitud o que la gente está experimentando el caos del que hablaba Sam Chand, toman medidas adicionales para ayudar a las personas a adaptarse al cambio. Estas son tres cosas que puede hacer en situaciones de este tipo.

1. Frenar

Si se adelantó mucho y no tuvo en cuenta la lenta respuesta de su gente, ellos comenzarán a hacer suposiciones negativas acerca de usted. Quizá piensen que:

- Le falta preparación.
- Está escondiendo la verdadera agenda.
- Está llevando a cabo su propia agenda.
- No le importa lo que la gente piense o sienta.

Cualquiera de estas creencias reducirá su influencia, y todas ellas crearán barreras mayores para el cambio. La solución es frenar y darle tiempo a su gente. Siga animándolos, siga respondiendo a sus preguntas, pero no fuerce el asunto.

2. Hablar de manera clara y sencilla

Una segunda cosa que puede hacer es esforzarse por hablar de manera clara y sencilla a medida que la gente procesa los cambios y llega a estar de acuerdo. Un académico toma algo sencillo y lo complica; un comunicador toma algo complicado y lo hace sencillo. Como líder, siempre me esfuerzo por simplificar mi mensaje y me hago algunas preguntas para ayudarme a comunicarlo de manera más efectiva.

- ¿Entiendo lo que voy a decir?
- ¿Entenderán ellos lo que voy a decir?
- ¿Serán capaces de contarles a otros lo que yo digo?
- ¿Entenderán otros lo que ellos dicen?

¿Por qué hago esto? Porque la gente no aceptará lo que no pueda entender. Además, usted querrá que las personas que *sí* procesan y aceptan el cambio ayuden a otros a hacer lo mismo. Y solo pueden hacerlo si son capaces de comunicar las ideas con claridad. Al simplificar el mensaje antes de exponerlo, le estará dando a aquellos que lo aceptan algo claro y memorable que pueden contarles a otros mientras defienden el cambio.

> La academia toma algo sencillo y lo complica; un comunicador toma algo complicado y lo hace sencillo.

Podemos ver un ejemplo fantástico de esto en una iniciativa de Roberto Goizueta, el presidente, director y jefe ejecutivo de Coca-Cola desde 1980 hasta 1997. Durante su mandato, hizo que Coca-Cola fuera la marca más reconocida del mundo. En su libro *212 Leadership* [212 Liderazgo], el escritor Mac Anderson escribió acerca del cubano Goizueta:

Aunque el inglés era su tercer idioma, su éxito se atribuye principalmente a su capacidad para sintetizar ideas complejas y presentarlas de un modo conciso y atractivo. Roberto era conocido por repetir frecuentemente la descripción del infinito potencial de crecimiento de Coca-Cola:

Cada una de las seis mil millones de personas de este planeta bebe, en promedio, sesenta y cuatro onzas de líquidos diariamente, de las cuales solo dos onzas son de Coca-Cola.

Los empleados de Coca-Cola se quedaron impresionados por la originalidad y la audacia de la idea cuando Goizueta la expresó por primera vez. Al final, cerrar la «brecha de las sesenta y dos onzas» se convirtió en un punto fuerte de inspiración y motivación dentro de la compañía.[14]

La idea de cerrar la brecha de las sesenta y dos onzas fue un mensaje claro, sencillo y fácil de repetir que se podía usar para comunicar un cambio. Y el poder del mensaje no se debilitaba cuando se repetía a otras personas.

3. Dejar tiempo para que la gente procese las ideas

Si usted trabaja con las personas en un entorno más formal, como las reuniones de la junta directiva, y necesita darles tiempo para aceptar el cambio, una de las mejores formas de hacerlo es desarrollando una agenda de reunión que les dé tiempo para procesar las ideas. Durante muchos años yo solía seguir este formato con mi junta de directores:

- **Puntos informativos:** Comenzaba con asuntos de interés para la gente que asistía a la reunión. Por lo general, eran asuntos positivos que elevaban la moral y ponían en marcha la reunión con un alto nivel de energía.
- **Puntos de estudio:** Estos eran asuntos que teníamos que discutir, pero no votábamos por ellos. Presentar estos puntos con una o dos reuniones de antelación a la toma de la decisión permitía que todos compartieran ideas o hicieran preguntas sin la presión de defender un punto de vista en concreto. Si un punto de estudio conllevaba un gran cambio, a menudo lo mantenía en esta categoría durante varias reuniones hasta que todos habían tenido tiempo para procesar los diferentes asuntos y llegar a un acuerdo.
- **Puntos de acción:** Ponía asuntos en esta sección solo si se habían tratado previamente como puntos de estudio, los habíamos discutido y procesado exhaustivamente, y estaba seguro de que todos se encontraban listos para tomar una decisión positiva con respecto a ellos.

Cuando la mayoría de los líderes han reconocido la necesidad del cambio, han analizado los problemas y las posibles soluciones, y han desarrollado un plan a fin de implementarlo, están listos para la acción. Sin embargo, intentar pasar a la acción antes de que las personas clave acepten el cambio conduce al desastre. Mi amigo Norwood Davis, director financiero de John Maxwell Company, lo resumió con una fórmula que compartió conmigo recientemente:

$$E = C \times A$$

Esto significa que Eficacia = Calidad x Aceptación. Y como me recordaba Norwood, si multiplicamos una idea con un valor de calidad de diez por un valor de aceptación de cero, su eficacia es igual a cero. La aceptación es fundamental para conseguir resultados como líder.

Hacia la acción

Una vez que tiene el respaldo de los jugadores clave, el tren del cambio finalmente puede salir de la estación y comenzar a moverse. Por supuesto, eso no significa que todos se hayan subido. Para parafrasear una observación del antiguo senador Robert Kennedy: el 20% de las personas está en contra de todo el 100% de las veces.[15] Sin embargo, usted no puede esperar por todo el mundo. Si tiene la influencia y la gente que ejecuta el cambio, cuenta con lo suficiente para comenzar, y otros muchos se unirán con el tiempo.

A menudo escucho que las personas dicen: «La visión une a la gente». Yo no estoy de acuerdo. La visión divide a la gente. Separa a las personas que están dispuestas de las que no lo están, y eso es bueno. Cuando comenzamos a dirigirnos hacia la acción, las personas «salen de las trincheras», y entonces descubrimos quién es quién. Nunca conocerá el nivel de compromiso de su gente si no los llama a la acción. Lo que usted querrá será alistar a aquellos que están comprometidos para que lo ayuden.

> Nunca conocerá el nivel de compromiso de su gente si no los llama a la acción.

¿Cómo determinará la probabilidad de que la gente se una a usted? Tiene que hacer un inventario de su influencia personal. Todo líder tiene cierta cantidad de «cambio» en su bolsillo. Con esto me refiero al apoyo emocional en forma de elementos útiles para negociar. Cada vez que un líder hace algo positivo, aumenta la cantidad de cambio que posee. Siempre que un líder hace algo que se percibe como negativo, debilita la relación y le cuesta al líder algo del «cambio» que tiene en su bolsillo. Si un líder sigue haciendo cosas que debilitan la relación, es posible que entre en bancarrota con su gente.

Recuerde esto siempre: se necesita «cambio» para hacer un cambio. Mientras más «cambio» tenga en su bolsillo, más cambios puede hacer en las vidas de las personas. Mientras menos «cambio» posea, más difícil será pasar a la acción.

ESPERAR QUE SURJAN PROBLEMAS

Siempre que alguien inicia algún tipo de movimiento, surgen problemas. Es como dice el viejo dicho: el movimiento produce fricción. Algunos de estos problemas provienen de dificultades imprevistas. Otros de algunas personas y sus objeciones. La gente inevitablemente exagera sobre lo bueno del pasado, diciendo que era mucho mejor entonces, aunque no lo fuera. Se quejan de lo malo del presente, como si la vida supuestamente tuviera que estar exenta de conflicto, aunque no lo está. Y se obsesionan con sus temores en cuanto al futuro, aunque el futuro no se nos haya prometido. No obstante, estas reacciones son perfectamente naturales.

Yo solía cometer el error de tomarme de modo personal la resistencia al cambio de las personas o de empujar hacia el progreso. La gente retrocedía y yo me preguntaba: *¿Por qué no lo ven? ¿Por qué no confían en mí? ¿Por qué no podemos avanzar?* Tuve que entrenarme a mí mismo para recordar que no era algo personal. Además, liderar el cambio es ya bastante difícil como para complicarlo con emociones no deseadas.

La mejor solución para resolver problemas es ser proactivo desde el principio anticipando lo peor que pudiera pasar:

- *Pensar primero en lo peor:* ¿Qué puede salir mal? Pase tiempo considerando cada posibilidad que se le ocurra, y reclute a otros líderes para que lo ayuden a estar preparado.

- *Hablar primero lo peor:* Déjele saber a las personas que sabe cómo se sienten y lo que piensan. Y si descubre problemas, reconózcalos. Muchas veces, la mayor preocupación de las personas es que saben más que sus líderes y sus líderes no están preparados para trabajar en los problemas. Cuando usted le asegura a la gente que sabe lo que está ocurriendo y que está trabajando en ello, les da un sentimiento de seguridad.

- *Responder primero lo peor:* Cuando las personas comiencen a hacer preguntas y a expresar sus preocupaciones, no evite las discusiones ni dibuje un cuadro de color de rosa. Ofrezca respuestas.

- *Animarlos primero en medio de lo peor:* La gente desea el ánimo de sus líderes. Si le deja saber a su gente que están juntos en esto y los necesita, es probable que ellos quieran trabajar con usted.

Incluso los líderes más proactivos que trabajan para adelantarse a los problemas se encontrarán con dificultades inesperadas. No obstante, si tiene una mentalidad en la que *anticipa* los problemas y es proactivo, habrá hecho todo lo posible para darles a los cambios que se necesitan la oportunidad de tener éxito.

APUNTAR SIEMPRE A LOS ÉXITOS

En su libro *Change Is Good. You Go First* [El cambio es bueno. Usted primero], Mac Anderson y Tom Feltenstein escribieron acerca de la importancia de comunicar un refuerzo positivo:

> Estoy seguro de que ha oído hablar sobre estas tres claves para comprar bienes raíces [...] ubicación, ubicación, ubicación. Bien, ahora escuchará las tres claves para inspirar el cambio [...] *refuerzo, refuerzo, refuerzo.* Muchos líderes en tiempos de cambios menosprecian vilmente la necesidad de un refuerzo continuo. *En un mundo perfecto escuchamos algo una vez, lo grabamos en nuestra mente, y nunca más volvemos a escucharlo. Pero en la realidad, nuestras palabras están muy lejos de ser perfectas.* Durante un tiempo de cambio experimentamos dudas, temores, y de vez en cuando decepciones. A veces hay amigos, familiares y compañeros de trabajo que refuerzan esas dudas diciendo: «No funcionará».[16]

Con todos los retos, obstáculos, conflictos y opositores trabajando en contra de los esfuerzos de las personas para implementar el cambio, nosotros como líderes tenemos que animar a nuestra gente a seguir caminando y continuar haciendo lo correcto. Una de las mejores formas de hacer eso es celebrando sus éxitos, tanto grandes como pequeños.

Uno de mis ídolos, John Wooden, el exitoso entrenador del equipo de baloncesto de la UCLA, siempre enfatizó el aspecto de trabajo en equipo del juego. Siempre que un jugador recibía un buen pase que le permitía encestar, Wooden solía animar al jugador que recibía el pase a señalar al jugador que se lo dio para compartir el mérito. Se dice que cuando uno de los jugadores de Wooden le preguntó:

—Entrenador, ¿qué ocurre si señalo al jugador que me dio el pase y no me está mirando?

—Siempre estará mirando —el entrenador Wooden respondió.

La gente desea validación y ánimo. Va con la naturaleza humana.

El refuerzo positivo de los éxitos que experimentan las personas mientras acometen el cambio valida continuamente los cambios que hacen, así que señale las cosas buenas del cambio y señale a las personas que los hicieron posibles.

DIARIAMENTE REVISAR SU PROGRESO

El último paso en el proceso de PLAN AHEAD es vital por dos razones. En primer lugar, lo incita a asegurarse de que está en el lugar correcto y avanzando. En segundo lugar, le recuerda que debe seguir comunicándole el mensaje de cambio a su gente. Eso es siempre un reto, porque hasta que el cambio se convierta en parte de la cultura de la organización o el equipo, la gente lo perderá de vista y volverá a su antigua forma de hacer las cosas.

> «Mejorar es cambiar, así que ser perfecto es haber cambiado a menudo».
> —WINSTON CHURCHILL

Winston Churchill bromeó: «Mejorar es cambiar, así que ser perfecto es haber cambiado a menudo».[17] Ciertamente, no podemos conseguir la perfección, pero podemos intentar acercarnos todo lo posible a ella, y eso significa cambiar a diario. A medida que trabaja para mantener vivo el mensaje de cambio y progreso en su gente:

- Hable del cambio con claridad.
- Hable del cambio con creatividad.
- Hable del cambio continuamente.

Si hace eso junto con su revisión diaria del progreso, el cambio se vivirá, se experimentará, se valorará y se compartirá.

LA PALABRA FINAL ES *CREDIBILIDAD*

Al final, su habilidad para hacer un cambio positivo dependerá de si la gente a la que usted lidera lo respalda como líder. La Ley del Apoyo de

Las 21 leyes irrefutables del liderazgo dice: «La gente apoya al líder, luego el ideal».[18] El fundamento de esa creencia se construye mediante la integridad, de la cual hablamos en el capítulo anterior. A menudo, los líderes me hablan de un ideal o una visión que tienen para su organización que conlleva cambio. Resumen su visión y preguntan: «¿Cree que mi gente apoyará mi visión?».

Mi respuesta es: «¿Lo han aceptado como líder?». Esa es la pregunta que se debe responder antes de que un líder intente implementar el cambio. La credibilidad crea autoridad, y esta viene de todo lo que hemos hablado hasta este momento: influencia, prioridades e integridad. Si su gente lo apoya, entonces querrán lo que usted quiere, porque confían en usted. Y se alinearán con su visión, aunque eso requiera cambio. Eso es lo que le permite hacer cosas grandes, incluso darle la vuelta a una organización como ha hecho Lou Holtz.

DESARROLLE EL *AGENTE DE CAMBIO* QUE HAY EN USTED

Si actualmente está dirigiendo un equipo, un departamento o una organización, sin duda alguna hay ciertas cosas que le gustaría cambiar y mejorar. Use la guía de aplicación de este capítulo para que lo ayude a planificar el proceso.

¿Cuánto «cambio» tiene como líder?

Antes de comenzar el proceso de planificar cambios, dedique algo de tiempo a saber dónde se encuentra con su gente. ¿Cuál es su actual nivel de credibilidad en el liderazgo? ¿Cuánto «cambio» tiene en su bolsillo? ¿Se ha ganado la credibilidad para hacer el cambio que desea? Si le cuesta establecer este juicio, pida el consejo de un colega cuyo discernimiento del liderazgo usted respete.

Comience su PLAN AHEAD hoy

Use el plan descrito en este capítulo a fin de prepararse para el cambio que desea hacer. Describa lo que tendrá que llevar a cabo en cada etapa. Después siga el plan mientras despliega el cambio.

Predeterminar el cambio necesario.

Describa en detalle el cambio que se necesita y por qué es necesario.

Listar los pasos.

Escriba todos los pasos que serán necesarios para completar el cambio. Comience declarando dónde se encuentra ahora y bosqueje, paso a paso, el proceso lógico necesario para llegar a su punto final. Esto podría llevarle una cantidad de tiempo significativa.

Ajustar sus prioridades.

¿Qué prioridades se deben cambiar para alinear a la organización y a las personas con el cambio venidero?

Notificar a las personas clave.

¿Quiénes son las personas clave con las que debe hablar primero? Escriba dos listas: los que influencian y los que lo implementan.

Apartar tiempo para la aceptación.

Esto será difícil de estimar con antelación. Planifique tiempo para que la gente procese los asuntos, y después use sus ojos, oídos e intuición para juzgar cuándo las personas han tenido tiempo suficiente para subirse al tren.

Hacia la acción.

Describa cuáles serán los primeros pasos y cómo esto impactará al equipo o la organización.

Esperar que surjan problemas.

Describa cuáles serán los problemas que probablemente tendrá que afrontar mientras se implementa el cambio.

Apuntar siempre a los éxitos.

Comience a planificar formas de reconocer y celebrar los logros mientras se produce el cambio.

Diariamente revisar su progreso.

Describa el método que usará para revisar el progreso del cambio. ¿Qué medidas usará? ¿Con qué personas hablará regularmente para evaluar la moral? ¿Qué información específica señalará que el cambio se ha producido con éxito?

LA MANERA MÁS RÁPIDA DE ALCANZAR EL LIDERAZGO:

RESOLUCIÓN DE PROBLEMAS

Hace muchos años leí el libro de M. Scott Peck, *The Road Less Traveled* [El camino menos transitado], y este cambió mi vida. Las primeras páginas del libro me despojaron de mi deseo innato de que la vida fuera fácil, de que las cosas siempre vinieran a mi encuentro. Peck escribió:

Esta es una gran verdad, una de las mayores verdades. Es una gran verdad porque cuando vemos realmente dicha verdad, vamos más allá. Cuando ciertamente sabemos que la vida es difícil —una vez que lo entendemos de verdad y lo aceptamos— entonces la vida deja de ser difícil. Porque una vez que se ha aceptado, el hecho de que la vida es difícil ya no importa.

La mayoría no ve del todo esta verdad de que la vida es difícil. En cambio se quejan más o menos incesantemente, ruidosa o sutilmente, con respecto a la enormidad de sus problemas, sus cargas y sus dificultades, como si la vida fuera por lo general fácil, como si la vida *debiera* ser fácil.[1]

Es verdad que la vida es difícil para todos. Y si la vida es dura para los individuos, su dificultad se multiplica para los líderes. Los individuos pueden pensar en el *yo*, pero los líderes deben pensar en el *nosotros*. La vida de un líder no es suya. Pensar en *nosotros* significa que otras personas están incluidas, y eso significa que sus problemas son también nuestros y debemos lidiar con ellos.

Además de todo eso, en una organización bien dirigida los problemas se resuelven al menor nivel posible. Eso significa que los problemas que sí llegan hasta los líderes a menudo son los más difíciles. Son «demasiado candentes para manejarlos», así que aterrizan en la mesa del líder. Raras veces hay dos días seguidos sin problemas en la vida de un líder. La mayoría de ellos o bien están entrando en una crisis, o se encuentran en medio de una crisis, o acaban de resolver una. Quizá por eso cuando se le preguntó a un grupo de psiquiatras en una convención: «¿Qué es la vida?», estos respondieron: «La vida es estrés, y será mejor que nos guste».

Este capítulo constituye mi postura positiva con respecto a resolver los problemas que hacen que el liderazgo sea un gran reto. Espero que este consejo sencillo y práctico lo ayude a dar un paso adelante y a alcanzar la credibilidad como líder de la forma más rápida. ¿Qué significa ser pragmático? Como me recordó mi director ejecutivo Mark Cole recientemente, el pragmatismo le permite a una persona asumir cosas que otros considerarían problemas o distracciones y verlas como oportunidades.

> El pragmatismo le permite a una persona asumir cosas que otros considerarían problemas o distracciones y verlas como oportunidades.

Los problemas no tienen por qué ser problemas a menos que usted les permita serlo. ¿Por qué digo esto? Porque ellos tienen beneficios potenciales, razón por la cual resolver problemas es la forma más rápida de alcanzar el liderazgo. Los problemas nos presentan a nosotros mismos; los problemas nos presentan a otros; y los problemas nos presentan oportunidades. Quiero emplear el tiempo de este capítulo ayudándolo a entender y aceptar estos principios para que pueda llegar a ser un mejor solucionador de problemas.

LOS PROBLEMAS NOS PRESENTAN A NOSOTROS MISMOS

He compartido algunas de mis primeras andanzas en el viaje del liderazgo, incluyendo los tres años que pasé en mi primer puesto de liderazgo donde aprendí acerca de la Posición, el nivel más bajo de influencia de los 5 Niveles del Liderazgo. Como cualquier otro líder, en cuanto asumí una función de liderazgo, enfrenté problemas. Y afrontar esos problemas me hizo «conocerme a mí mismo» como un líder joven en desarrollo. Estas son las seis lecciones más grandes que aprendí.

1. NUESTRAS DECISIONES A MENUDO ESTÁN AFECTADAS POR NUESTRA PROXIMIDAD AL PROBLEMA

Hace años escuché que cuando se estaba construyendo la nave espacial para las misiones Apolo, se produjo una diferencia entre los científicos y los ingenieros de la NASA. Sabiendo que el peso y el espacio eran limitados, los científicos insistían en que cada gramo disponible de peso debería reservarse para un equipamiento científico que se pudiera usar a fin de explorar e informar sobre las experiencias de los astronautas en el espacio. La meta, afirmaban los científicos, debería ser diseñar un vehículo espacial que estuviera libre de todo defecto. Eso dejaría una gran cantidad de espacio y peso para equipamiento científico.

Los ingenieros argumentaban que la perfección era una meta imposible. Defendían que la única suposición segura era que algo *saldría* mal, pero decían que no podían predecir con certeza dónde se produciría un mal funcionamiento. Su solución era construir una serie de sistemas de respaldo para compensar cada fallo posible. Por desgracia, eso reduciría el espacio disponible para el equipamiento científico.

Al parecer, el conflicto se resolvió cuando les pidieron a los astronautas que dieran su opinión. Todos votaron a favor de los sistemas de respaldo. ¡No es de extrañar, ya que eran ellos los que se quedarían tirados en el espacio si algo salía mal!

Como líder, mientras más desconectado esté de su gente, más desconectado estará de los problemas. Si eso ocurre, podría perder el toque humano en su liderazgo. Cuando era un líder joven, comencé a entender esto y decidí mantenerme cerca de las personas a las que lideraba. En vez de quedarme en mi oficina, iba a donde estaba la gente y caminaba lentamente entre la multitud. Quería que lo que les afectaba a ellos también me afectara a mí para poder tomar buenas decisiones.

2. Nuestros platos como líderes siempre estarán llenos de problemas

Al principio de mi carrera de liderazgo, un vaquero me dijo: «John, lo más difícil de ordeñar vacas es que nunca se quedan ordeñadas». Como líder, me parece que los problemas son como las vacas. Uno nunca acaba realmente con ellos. Hay días en que me siento como el tipo que tenía cuatro llamadas de clientes de otros estados programadas en casa antes de desayunar. Cada llamada revelaba un problema, y cada cliente con el que habló quería que él tomara un avión de inmediato para ayudarlo.

> Lo más difícil de ordeñar vacas es que nunca se quedan ordeñadas.

Se olvidó del desayuno y se apresuró a salir de la casa lo más rápido posible, pero cuando llegó al garaje, vio que su automóvil no arrancaba. Así que llamó a un taxi. Mientras esperaba que llegara el taxi, recibió otra llamada que planteaba otro problema. Cuando finalmente el taxi llegó, se subió al asiento trasero y dijo:

—¡Vamos!

—¿Dónde quiere que lo lleve? —preguntó el conductor.

—No importa —gritó él—. Tengo problemas en todos los sitios.

Alguien dijo: «Si usted puede sonreír cuando algo sale mal, o es un tonto o un reparador». Yo diría que usted es un líder en construcción. Así es la vida de un líder. Cada día, maneja problemas. Esperar otra cosa distinta es no ser realista. Por lo tanto, si es un líder, no se sorprenda cuando surjan problemas y sea su responsabilidad resolverlos.

3. El pragmatismo nos sirve bien como líderes

Cuando era un líder joven en mi primer puesto, me vi bombardeado de problemas y teniendo que tomar decisiones. Como había tantas cosas que hacer y no tenía ningún equipo, comencé a buscar soluciones mediante la prueba y el error. Con cada problema intentaba descubrir qué funcionaba y qué no.

Mi experimentación con la resolución de problemas me entrenó para ser muy pragmático, y mi enfoque me permitió liderar con una mentalidad caracterizada por la paciencia y la persistencia. Como no siempre sabía cuáles eran las mejores respuestas, tuve que ser paciente para descubrirlas. El beneficio de esa paciencia fue que empecé a desarrollar sabiduría. Cuando tenía éxito, este impulsaba mi persistencia, y seguía mejorando en mi resolución de problemas y toma de decisiones.[2]

Con el paso de los años, mi enfoque en la resolución de problemas ha evolucionado. Me he dado cuenta de mis fortalezas (estrategia), limitaciones (impaciencia) y emociones (confianza). ¿El resultado? He tenido que hacer a un lado mi necesidad de *tener* razón y enfocarme en la necesidad más grande de *hacer* lo correcto. E intento tener en mente algo que el autor Jim Collins dijo: «Hay un sentimiento de alegría que viene de enfrentar directamente las duras verdades y decir: "No abandonaremos. Nunca nos rendiremos. Puede que tardemos mucho, pero encontraremos la manera de prevalecer"».[3]

4. CREER QUE SIEMPRE HAY UNA RESPUESTA ES UNA VENTAJA

Quizá la habilidad más importante para la resolución de problemas que he aprendido y practicado durante los años es la agilidad mental. Siempre estoy buscando respuestas, siempre creo que puedo encontrarlas, y siempre estoy convencido de que hay más de una solución a cualquier problema.

> Quizá la habilidad más importante para la resolución de problemas que he aprendido y practicado durante los años es la agilidad mental.

He descubierto que cuando un buen líder está enfrascado en la resolución de problemas, es como si estuviera buscando y resolviendo dos rompecabezas a la vez. El primer rompecabezas es el problema inmediato, la situación que hay que resolver. Trabaja en ello, pero a la vez también mira al rompecabezas del cuadro general: el de su organización, la industria, las tendencias. Observa cómo el problema pequeño se relaciona con el cuadro general y todas sus piezas complejas. El rompecabezas del cuadro general quizá nunca se termine, porque está constantemente cambiando y tiene demasiadas piezas como para contarlas, pero un buen líder resuelve el rompecabezas pequeño mientras se mantiene informado por medio del contexto del rompecabezas grande. Eso requiere agilidad mental.

Así es como creo que funciona la agilidad mental en un líder. Cuando la tiene, usted es capaz de:

- Pasar de un rompecabezas a otro sin distraerse.
- Tener una pieza del rompecabezas en su mente durante semanas o más creyendo que encajará en algún lugar en el momento apropiado.
- Permitir que el cuadro general influencie al pequeño, y a la vez le dé prioridad y respeto al pequeño.
- Vivir con la tensión de dos fuerzas opuestas: la precisión necesaria para resolver el problema y la fluidez para decidir cuándo dar esos pasos.

Para hacer uso de la agilidad mental, tiene que creer que puede resolver los problemas. En la década de 1970, el psicólogo Martin Fishbein desarrolló la teoría de la motivación de la expectación-valor, que afirma que la conducta de las personas está determinada por cuánto valoran la meta que tienen y lo mucho que creen que pueden tener éxito en lograrla.[4] Eso significa que si usted cree que puede encontrar respuestas a problemas que cree que vale la pena resolver, está más motivado a seguir trabajando en ellos. Y mientras más trabaje en ellos y tenga éxito, mayor será el número de herramientas que desarrollará en la resolución de problemas. Por lo tanto, usted establece un ciclo de éxito positivo.

5. Nuestras acciones pueden hacer que nuestros problemas aumenten en número y tamaño

Hasta ahora, la mayor parte de lo que he compartido acerca de las lecciones que aprendí y los autodescubrimientos que hice mientras resolvía problemas han sido positivos. Pero créame: hubo muchos errores durante mi proceso de prueba y error. ¡A veces esos errores no solo impidieron resolver los problemas, sino que los empeoraron! Mis problemas siempre tendían a multiplicarse cuando:

- Perdía mi perspectiva.
- Abandonaba un valor personal importante.

- Perdía mi sentido del humor.
- Sentía lástima de mí mismo.
- Culpaba a otros de mi situación.
- Deseaba que desaparecieran en vez de trabajar para eliminarlos.

Mediante esos errores aprendí que tenía que asumir la responsabilidad de tratar con el problema, asumir la responsabilidad de mi actitud y mis emociones, y dar lo mejor de mí para encontrar una solución que fuera buena para mi equipo y mi organización.

6. LOS PROBLEMAS QUE SE MANEJAN BIEN CON FRECUENCIA NOS HACEN MEJORES

Y esto me lleva a lo último que aprendí sobre mí mismo. Cuando no me rendía y hacía lo correcto al afrontar un problema, aunque inicialmente no lo hubiera manejado bien, me convertía en una mejor persona y un mejor líder. Los golpes e impedimentos de la vida tienen su forma de humillarnos. Cuando era un líder joven, solía pensar: *Me gustaría que la vida fuera más fácil.* Sin embargo, con el tiempo, al afrontar problemas continuamente —ya que nunca desaparecían— comencé a experimentar un cambio en mi mentalidad y empecé a pensar: *Me gustaría que yo fuera mejor.* A esto le llamo la promesa del problema: cuando usted los maneja bien, los problemas prometen hacerlo mejor.

> La promesa del problema: cuando usted los maneja bien, los problemas prometen hacerlo mejor.

Hace años leí que muchos de los logros importantes de la historia humana ocurrieron en medio de problemas:

Florence Nightingale, demasiado enferma para salir de su cama, reorganizó los hospitales de Inglaterra. Semiparalizado y bajo constante amenaza de apoplejía, Pasteur luchó incansablemente para atacar la enfermedad. Durante la mayor parte de su vida, el historiador estadounidense Francis Parkman sufrió tanto que no podía trabajar durante más de cinco minutos seguidos. Su vista estaba tan deteriorada que apenas podía leer unas cuantas letras gigantes en un manuscrito, pero se las ingenió para escribir veinte magníficos volúmenes de historia.[5]

Y sé por mis estudios de la Biblia que los Salmos se escribieron en la más profunda adversidad, y la mayoría de las cartas del Nuevo Testamento se escribieron desde la cárcel.

Cuando los líderes de buen carácter afrontan problemas, saben estar a la altura y a menudo su respuesta los define. Entierre a una persona en la nieve de Valley Forge, y tendrá a un George Washington. Críela en la pobreza extrema, y tendrá a un Abraham Lincoln. Aféctela con parálisis, y se convertirá en un Franklin D. Roosevelt. Quémela tan gravemente que los médicos digan que nunca volverá a caminar, y tendrá a un Glenn Cunningham, que estableció el récord mundial de la carrera de una milla en 1934. Oprímala en una sociedad llena de discriminación racial, y se convertirá en un Booker T. Washington, una Marian Anderson, un George Washington Carver y un Martin Luther King Jr. Llámela retrasada mental y táchela de imposible de educar, y tendrá a un Albert Einstein. Los problemas no tienen que quebrantarnos. En cambio, pueden ayudarnos.

Cuando nos veamos tentados a evitar los problemas y las responsabilidades porque parecen demasiado pesados, recordemos al joven que le preguntó a su mentor: «¿Cuál es la carga más pesada de la vida?». La respuesta: «No tener nada que sobrellevar». Lo que está viviendo lo ayuda a enfrentarse a usted mismo, y lo que lo define es aquello que es capaz de sobrellevar.

LOS PROBLEMAS NOS PRESENTAN A OTROS

Recientemente le pregunté a un amigo acerca del carácter de un conocido nuestro con quien ninguno de los teníamos mucha intimidad. Su respuesta: «No soy capaz de opinar sobre su carácter. Nunca lo he visto manejar la adversidad». Y yo pensé: *¡Qué verdad tan grande!* Puede aprender mucho sobre usted mismo por su manera de tratar los problemas, pero también puede conocer mucho sobre otras personas teniendo en cuenta cómo reaccionan. Si es un líder, esto es vital. Las respuestas de la gente a los problemas y la adversidad impactan la química de su equipo y el resultado de sus esfuerzos.

Personas que empeoran los problemas

Cuando algunas personas afrontan un problema, pueden empeorarlo. Yo solía decirle a mi equipo que todas las personas en una organización llevan consigo dos «cubos». Uno está lleno de gasolina y el otro de agua. Cuando se encuentran con la «chispa» de un problema, deciden qué cubo usar. ¿Echarán la gasolina sobre la chispa y crearán un verdadero incendio, o echarán agua sobre ella y la apagarán?

¿Cómo reacciona la gente que está a su alrededor ante las chispas de la vida? ¿Son encendedores que avivan más las cosas, o bomberos que las apagan? Cualquiera que disfrute echándole gasolina al fuego es una carga para usted y la organización.

Personas que atraen los problemas

Cuando usted tiene personas que se enfocan en los problemas, los coleccionan o los multiplican, también tienden a atraer a otros que buscan problemas. Este es un ejemplo de la Ley del Magnetismo de *Las 21 leyes irrefutables del liderazgo*: «Se atrae a quien es como uno mismo».[6] Dichas personas a menudo terminan *convirtiéndose* ellos mismos en el problema.

Si usted es alguien que solo ve problemas, adivine qué es lo que conseguirá en la vida: más problemas. Si solo ve posibilidades, adivine qué: recibe más posibilidades.

> ¿Cómo reacciona la gente que está a su alrededor ante las chispas de la vida? ¿Son encendedores que avivan más las cosas, o bomberos que las apagan?

La primera ley de los hoyos dice: «Cuando usted se encuentre en uno, deje de cavar». Como líder, ¿puede ayudar a alguien a dejar de ser un imán de problemas? ¿Puede quitarle la pala e impedirle que cave su propia tumba profesionalmente? La respuesta es sí, pero la persona tiene que *querer* cambiar, y puede que necesite mucho apoyo para cambiar su manera de pensar.

Personas que se rinden ante los problemas

Hace muchos años contraté a una nueva ayudante ejecutiva. Se llamaba Barbara Brumagin, y solo llevaba trabajando unas semanas conmigo como ayudante cuando le pedí que me buscara el número de teléfono de alguien a quien quería llamar. En pocos minutos, Barbara regresó a mi oficina y me dijo que no había podido encontrar el número. Se había rendido ante un problema.

Sentí que aquello tenía el potencial para establecer el tono de nuestra relación, así que le dije: «Barbara, tráigame su Rolodex». Esto era en los días anteriores a Google y la Internet. «Después venga y siéntese a mi lado».

Pensé durante un minuto, y luego comencé a pasar las páginas con los números telefónicos del Rolodex, hasta que encontré un punto de inicio. Después comencé a hacer llamadas. No recuerdo a cuántas personas tuve que llamar persiguiendo el rastro hasta que hablé con alguien que pudo darme el número, pero creo que tardé unos cuarenta y cinco minutos.

Anoté el número y se lo di a Barbara para que lo introdujera en el Rolodex.

«Siempre hay una forma de resolver un problema si no nos rendimos», le dije. Después hice mi llamada.

> La primera ley de los hoyos dice: «Cuando usted se encuentre en uno, deje de cavar».

Barbara más tarde me dijo que aprendió tres cosas ese día: primero, que siempre hay una respuesta. Segundo, que la respuesta no siempre se encuentra fácilmente. Y tercero, que tomó la decisión de no devolver nunca a mi mesa un problema, y que en lugar de eso me dejaría la respuesta. Barbara estaba dispuesta a cambiar, y ese día pasó de ser una observadora de problemas a convertirse en una solucionadora de problemas. Ella asumió la responsabilidad de encontrar soluciones.

PERSONAS QUE USAN LOS PROBLEMAS COMO PELDAÑOS PARA EL ÉXITO

En su libro titulado *Cradles of Eminence* [Cunas de eminencia], Victor y Mildred Goertzel escribieron acerca del estudio que realizaron sobre el trasfondo de más de cuatrocientos hombres y mujeres muy exitosos a quienes se les reconocía como brillantes en sus campos. La lista incluía a Franklin D. Roosevelt, Helen Keller, Winston Churchill, Albert Schweitzer, Clara Barton, Mahatma Gandhi, Albert Einstein y Sigmund Freud. La intensiva investigación sobre sus vidas de niños arrojó algunos datos impactantes:

- Tres cuartas partes de ellos sufrieron de niños pobreza, hogares desestructurados o padres difíciles que los rechazaban, eran extremadamente posesivos o dominantes.

- Setenta y cuatro de los ochenta y cinco escritores de ficción o drama examinados y dieciséis de los veinte poetas provenían de hogares en los que vivieron un tenso drama psicológico entre sus padres.

- Más de una cuarta parte de ellos sufrieron obstáculos físicos, como ceguera, sordera u otras enfermedades incapacitantes.[7]

¿Por qué estas personas exitosas superaron los problemas mientras que muchos otros fueron vencidos por ellos? Estas personas no vieron las dificultades como piedras de tropiezo. Fueron incentivados por los problemas y los usaron como peldaños. Entendieron que la resolución de los problemas era una decisión, no una función de las circunstancias.

Como líder, tiene que prestarle atención a cómo responde su gente a los problemas, y necesita ayudarlos a responder correctamente si es posible. ¿Qué se requiere? Tiempo, para empezar. Tiene que observar de cerca a las personas cuando se vean ante los problemas para ver cómo responden. Y tiene que pasar tiempo ayudándolas a aprender a manejar los problemas de forma positiva. No puede resolver los problemas *por* ellos. Si lo hace, se convertirá en su solucionador de problemas para siempre. Más bien debe resolver los problemas *con* ellos, al menos hasta que los entiendan.

Una vez que empiezan a ver cómo usted aborda los problemas y comienzan a asumir esa misma actitud, pídales que le consulten antes de intentar algo grande. Y dígales que lleven consigo tres posibles soluciones cuando le presenten el problema. Si todas las soluciones son malas, pídales que busquen más opciones. Si todas las soluciones son buenas, pregúnteles cuál escogerían ellos y por qué. Si solo una de las soluciones es buena, pregúnteles cuál de las tres escogerían ellos y por qué. Si escogen la correcta, afírmelos. Si escogen una incorrecta, use esto como un momento para enseñarles.

El día antes de que John F. Kennedy asumiera el cargo de presidente de Estados Unidos, el presidente saliente, Dwight D. Eisenhower, compartió con él su sabiduría. «No encontrará problemas fáciles que lleguen al presidente de Estados Unidos», dijo Eisenhower. «Si son fáciles de resolver, alguna otra persona los resolverá».

Quizá eso sea cierto a nivel presidencial, pero solo es cierto en otras organizaciones si los empleados tienen el ánimo de resolver los problemas en el nivel más bajo posible, y si han sido equipados y empoderados para lidiar con los problemas y tomar decisiones. Si le siguen enviando los pequeños problemas a usted, entonces está creando un problema para sí mismo al no ayudar a su gente a ser mejores solucionadores de problemas.

LOS PROBLEMAS NOS PRESENTAN A LAS OPORTUNIDADES

Albert Einstein dijo: «En medio de la dificultad reside la oportunidad». No todos ven las cosas de este modo, pero cualquier líder que pueda cambiar su forma de pensar de *¿Habrá alguna respuesta?* a *Siempre hay una respuesta* y *Debe haber una buena respuesta* tiene el potencial de convertirse no solo en un fantástico solucionador de problemas, sino también en un agente de cambio para la oportunidad.

> «En medio de la dificultad reside la oportunidad».
>
> —ALBERT EINSTEIN

El autor y orador sobre el liderazgo Glenn Llopis ha escrito acerca del poder de esta perspectiva de solución de problemas. Él citó a Karl Popper: «Toda la vida es una solución de problemas». Después siguió diciendo: «Los mejores líderes son los mejores solucionadores de problemas. Tienen la paciencia para dar un paso atrás y ver el problema presente mediante una observación más amplia [...] Los líderes más eficaces abordan los problemas con los lentes de la oportunidad».[8]

Por lo tanto, ¿cómo ve usted los problemas mediante los lentes de la oportunidad? Le recomiendo que comience haciendo estas ocho cosas:

1. RECONOZCA UN POSIBLE PROBLEMA ANTES DE QUE SE CONVIERTA EN UN PROBLEMA REAL

Los grandes líderes pocas veces tienen un punto ciego. Como los boxeadores, reconocen que el golpe que los noquea es por lo general el que no ven venir. Por esa razón, siempre están buscando señales e indicadores que les den alguna pista de algún posible problema venidero. Cada problema es como el que tuvo el intruso en la granja de Indiana que vio una señal en el poste de una valla que decía: «Si cruza este campo será mejor que lo haga en 9,8 segundos. El toro lo hace en 10 segundos».

Los grandes líderes anticipan los problemas para poder posicionarse tanto ellos como su equipo en un buen lugar a fin de alcanzar el éxito. ¿Qué posibles problemas observa usted en su mundo, y cuál es su estrategia de juego para solucionarlos cuando se produzcan? Los inconvenientes raras veces tienen una ventaja a menos que esté listo para recibirlos de frente.

2. TENGA UNA IMAGEN CLARA DEL PROBLEMA

¿Ha escuchado alguna vez el dicho: «La suposición es la madre de los líos»? (Hay también una versión de esto menos educada). Si las suposiciones crean líos en la vida cotidiana, en el liderazgo crean descarrilamientos. El lugar donde comenzar es teniendo una imagen clara del problema que afronta. El titán financiero y empresario J. P. Morgan afirmó: «Ningún problema se puede resolver hasta que no se reduzca a alguna forma sencilla. El cambio de una dificultad vaga a una forma concreta y específica es un elemento muy esencial en el pensamiento».

> Los inconvenientes raras veces tienen una ventaja a menos que esté listo para recibirlos de frente.

Ese proceso comienza identificando lo que constituye un problema. Mi amigo Bobb Biehl, que me ha dado maravillosos consejos a lo largo de los años, me dijo una vez: «Una decisión es una opción que tomas entre dos o más alternativas. Un problema es una situación contraria a tus intenciones o expectativas». Así pues, ¿qué debe hacer cuando se encuentra enfrentando una de esas situaciones contrarias? Siga el consejo del escritor Max Depree, que dijo: «La primera responsabilidad de un líder es definir la realidad».[9]

Como un optimista natural, a menudo eso me resulta difícil. Soy como el tipo que fue a ver al doctor debido a que estaba teniendo algunas molestias. El doctor le mandó a hacer unas radiografías, las cuales revelaron un serio problema.

—Necesitará una operación quirúrgica —le aconsejó el doctor.

—¿Es serio? —preguntó el hombre.

—Será algo muy doloroso y muy caro.

—En ese caso —respondió el hombre—, ¿no podría usted retocar las radiografías?[10]

No tener una imagen clara del problema o no querer hacerle frente a la realidad no le ayuda a resolver un problema. Mi hermano Larry, que ha sido un constante mentor para mí durante muchos años, especialmente en las decisiones empresariales y financieras, a menudo me recuerda esto. Tras un mal año de una de mis empresas, le comenté a Larry que esperaba que el año siguiente fuera mejor. Con una imagen más clara de la que yo tenía en ese entonces, Larry dijo: «John, no basta con esperar. Enfrenta la realidad, y haz que tu primera pérdida se convierta en la última».

Larry me estaba exhortando a no racionalizar mi situación o justificar alguna mala decisión que hubiera tomado. Usted no puede resolver problemas y progresar sin tener una imagen clara de la situación y después dar los pasos apropiados hacia delante. De lo contrario, se arriesgará a hacer lo que mi amigo y escritor Harvey Mackay llama regar las malas hierbas.

3. Haga preguntas que lo ayuden a resolver los problemas

De acuerdo, tengo que admitir que me encantan las preguntas. No solo me ayudan a recabar información y buscar soluciones, sino que también me permiten entender lo que piensan y sienten las personas antes de dirigirlas. Creo que la mayoría de los líderes hablan y lideran con demasiada rapidez, y son muy lentos para hacer preguntas y escuchar.

Esta es una serie de preguntas que espero que lo ayuden a resolver problemas e implementar soluciones.

La pregunta de la información: «¿Quién es el que más sabe acerca de este problema?»

Uno de los errores que a veces cometen los líderes confiados es comenzar a resolver problemas antes de tener suficiente información. Sacan conclusiones. En vez de eso, una de las cosas que usted puede hacer como líder es hablar con las personas que más cerca están del problema para oír sus observaciones y sugerencias. Quizá ya sepan lo que se debe hacer y solo les falten los recursos y el permiso para resolver el problema.

La pregunta de la experiencia: «¿Quién sabe lo que yo necesito saber?»

El dramaturgo Ben Jonson señaló: «El que solo recibe la enseñanza de sí mismo tiene a un necio como mentor». Si usted es su única fuente de información e ideas, está en problemas. ¿A quién conoce que pueda ayudarlo, aconsejarlo, ser su mentor? El escritor Jim Collins le llama a esto «suerte relacional». Si conoce a grandes personas que puedan ayudarlo, usted la tiene. Mientras más suerte relacional tenga, más rápido podrá resolver muchos problemas.

> «El que solo recibe la enseñanza de sí mismo tiene a un necio como mentor».
>
> —BEN JONSON

La pregunta del reto: «¿Quién quiere afrontar este problema?»

La tendencia al resolver problemas es considerar primero la capacidad de la gente de nuestro equipo. «¿Quién puede hacer esto?», preguntamos. Esa es una buena pregunta, pero una pregunta mejor sería: «¿Quién *quiere* hacer esto?». Lidiar con los problemas requiere energía. Es menos probable que la persona con deseos se desgaste con el problema. No basta solo con la capacidad.

La pregunta de la magnitud: «¿Quién tiene que comprometerse, y cuánto tiempo se tardará?».

Gran parte de la resolución de problemas en el liderazgo implica estimar dónde está su gente, qué siente y si está lista o no para ir a algún lugar con usted. Cuando piense en soluciones para los problemas, tiene que hacerse preguntas: ¿cuán grande es este problema? ¿Cómo se verá influenciado el trabajo de la gente? ¿Cómo afectará sus vidas?

Mientras mayor sea el impacto, mayores serán las repercusiones, y mientras mayores sean las decisiones, más compromiso necesitará que tenga su gente. Las personas se comprometerán con más rapidez cuando hayan tenido más información sobre la toma de decisiones, incluso si la solución no es la que ellos han sugerido.

La pregunta de la confianza: «¿Hemos ganado la suficiente confianza para hacer los cambios necesarios?»

Esta es una de las preguntas más cruciales que podemos hacernos cuando nos preparamos para iniciar cambios. Cuando la confianza dentro del equipo o la organización es grande, podemos hacer más cambios sin tener efectos secundarios negativos. Si la confianza es pequeña, nuestro liderazgo está limitado y podemos hacer cambios relativamente pequeños antes de que la gente se resista. Eso significa que aunque tenga grandes soluciones, puede no resolver un problema si la gente no se ha comprometido. Las personas no aceptarán el cambio si no confían en usted.

La pregunta personal: «¿Qué preguntas tengo que hacerme?»

Esta pregunta final es una revisión para asegurarse de que va bien. Como líder, continuamente reviso mi propia «temperatura» al tratar con los problemas. Me pregunto: «¿Qué siento?». Esto revela mis emociones. «¿Qué pienso?». Esto estimula mi mejor pensamiento. «¿Qué sé?». Esto hace uso de mi experiencia. Nunca quiero avanzar a ciegas en la resolución de problemas sin incluir mi reflexión personal.

¡Tiene usted un proceso para el autoexamen y la reflexión relacionado con la resolución de problemas? No es bueno que confíe en las soluciones instintivas. Los buenos líderes no solo resuelven los problemas a fin de deshacerse de estos rápidamente para su propia comodidad. Ellos ayudan a crear soluciones que hacen avanzar a su gente y su organización y los sitúan en una posición mejor de la que estaban antes de experimentar el problema. Eso es lo que usted debe buscar.

4. Establezca un marco para examinar problemas y soluciones

Una vez que sabe que tiene un problema y trabaja para tener una imagen clara del mismo, puede comenzar a recabar información. No obstante, cualquiera sea esa información que haya recabado, solo lo ayudará si tiene un marco para juzgar lo que descubra. De lo contrario, ¿cómo interpretará lo que encuentre?

Mi marco tiene seis claves vitales:

- **Liderazgo:** ¿Cómo afecta este problema a nuestra gente?
- **Personal:** ¡Tenemos las personas adecuadas para que nos ayuden con este problema?
- **Tiempo:** ¿Es este el momento oportuno para una solución, y tenemos tiempo suficiente para ello?
- **Visión:** ¿Cómo afecta este problema a donde estamos intentando llegar?
- **Prioridades:** ¿Nos están alejando mis problemas a mí o a mi equipo de nuestras prioridades?
- **Valores:** ¿Está comprometiendo este problema mis valores o los de mi equipo?

Los problemas pueden hacernos perder nuestro camino o desenfocarnos con mucha facilidad. A menudo, el cuadro general se oscurece mientras lidiamos con la emoción y la alteración que causan los problemas. Mi marco me ayuda a mantener la perspectiva adecuada. Lo animo a desarrollar un marco propio que le impida salirse de su carril.

5. Valore la resolución compartida de problemas

Los mejores solucionadores de problemas no trabajan solos. Ellos buscan la ayuda de otros pensadores que los ayuden. Y usan el método socrático de hacer preguntas para conseguir conocer el pensamiento de otras personas. Este método los ayuda a ser mejores líderes solucionadores de problemas.

Me hubiera gustado haber aprendido esto antes en mi carrera de liderazgo. Yo realizaba mi resolución de problemas solo. Quería compartir el problema con otros únicamente después de tener respuestas. Era demasiado inseguro como para pedir ayuda. Pasaba el 90% de mi tiempo trabajando solo en la solución, y después pedía sugerencias en el último 10%. La realidad es que quería el aplauso de otros más que su ayuda.

> Los mejores solucionadores de problemas no trabajan solos.

Hoy, mi método de resolución de problemas sigue el patrón del 10/80/10, según el cual intento hacer el primer y el último 10% de la resolución del problema y pedir la ayuda de otros en el 80% del proceso. El primer 10% a menudo está enfocado en definir el problema para todos. El siguiente 80% de mi tiempo y esfuerzo lo empleo en escuchar las ideas de mi equipo y facilitar su pensamiento. El último 10% representa mi intento por añadir valor a partir de mi experiencia de liderazgo. A esto le llamo «poner la guinda en el pastel». No siempre puedo mejorar las soluciones que encuentra mi equipo, pero lo intento.

Obviamente, la clave de este método es tener un entorno en el que la gente esté dispuesta a compartir sus ideas y ofrecer sus opiniones. Si no tiene eso, entonces la resolución compartida de problemas no funcionará muy bien. Sin embargo, la buena noticia es que puede fomentar este tipo de entorno haciendo lo siguiente:

Eliminar los silos

Glenn Llopis afirma: «Los silos organizacionales son la raíz de la mayoría de los problemas laborales y la razón por la que muchos de ellos nunca se resuelven. Destruir esos silos le permite a un líder comprometer más fácilmente a sus empleados para que participen y resuelvan juntos los problemas. Se trata menos de politiqueo corporativo y más de encontrar soluciones y hacer que la organización sea más fuerte».[11]

> «Los silos organizacionales son la raíz de la mayoría de los problemas laborales y la razón por la que muchos de ellos nunca se resuelven.
>
> —GLENN LLOPIS

Uno de mis ejemplos favoritos de una organización que ha luchado contra los silos es Richards Group, una agencia de publicidad de

Dallas, Texas. Stan Richards ha desarrollado lo que él llama Peaceable Kingdom [Reino Pacífico], una organización sin tribalismo o silos. Incluso escribió un libro con ese título. En su organización, él impide el tribalismo y el faccionalismo eliminando los departamentos, compartiendo bastante información, haciendo que las personas de todas las descripciones de trabajo laboren lado a lado en cubículos, y derribando literalmente las paredes. La gente trabaja en espacios abiertos. Incluso la oficina de Stan no tiene ni puerta ni paredes, y cuando quiere actualizar a la gente en cosas de la empresa, en cinco minutos puede tener a las seiscientas personas reunidas para lo que él llama una reunión en el pozo de la escalera, en la cual las personas de los tres pisos pueden verse el uno al otro desde las escaleras abiertas y los balcones adyacentes. Es asombroso.

Si quiere que la gente ayude honestamente en la resolución de problemas, tiene que eliminar los silos. Las personas que quieren aumentar su territorio y proteger su parcela raras veces están dispuestas a ofrecer libremente ideas que beneficien a cualquier otro que no sea él mismo y su equipo o departamento.

Establecer un entorno comunicativo

Cuando se les pide a las personas que compartan sus problemas u ofrezcan ideas a la organización, ¿qué sucede? ¿Se quedan en silencio? ¿Se retiran? ¿Evitan el contacto visual e intentan mantener un bajo perfil? Si es así, usted no está trabajando en un entorno comunicativo. Como líder, tiene que actuar para cambiar eso.

En un entorno comunicativo, los comentarios son bienvenidos, se fomenta la participación, y las buenas ideas se recompensan. Las personas no sienten que sus trabajos corren peligro cada vez que comparten un problema. Y no piensan que se les tendrá menos en cuenta cada vez que compartan una mala idea.

Para fomentar este tipo de entorno, tiene que promover una atmósfera en la que la mejor idea gana. Si se anima a las personas a compartir alguna idea, aprenden que muchas ideas conducen a ideas buenas, y muchas ideas buenas conducen a ideas grandes. He aquí algunas de las cosas que debe tener en mente cuando anima a su gente a hablar:

- Nunca promueva la creencia de que usted siempre tiene las mejores respuestas. Esto hará que otros se vuelvan dependientes de usted y será menos probable que hablen.
- Haga preguntas. Sé que ya he mencionado esto antes, pero es una de las cosas más importantes que puede hacer. Al plantear una serie de preguntas, puede ayudar a su gente a analizar un problema y pensar bien en una solución completa.
- Intente ser un entrenador, no un rey. Un entrenador saca lo mejor de otros, ayudándolos a ahondar dentro de ellos y a descubrir su potencial. Un rey da órdenes.

Recuerde: los mejores líderes ayudan a otros a ver y resolver problemas sin ellos.

Socializar ideas

Me gusta lo que Paul Larkin de Lennox International llama socializar ideas. Esta es una estrategia en la que los líderes comparten sus ideas de manera informal a través del curso normal del día para conseguir la aceptación con respecto a ellas antes de implementarlas formalmente.[12] De este modo, su gente no tiene puntos ciegos, se les concede la oportunidad de rumiar las ideas, y hay tiempo suficiente para que mejoren las que se les ocurran. Cuando lo hacen, el compromiso aumenta drásticamente.

6. Consiga siempre más de una solución

Durante años fui un solucionador de problemas muy limitado. Encontraba una respuesta para un problema, y después defendía esa solución con mi gente. En la actualidad intento ser más creativo. Busco muchas soluciones y dejo que la mejor de ellas se defienda por sí sola.

Enfoque de ayer	Enfoque de hoy
Conformarme con la primera solución	Buscar múltiples soluciones
Enfocarme solo en el problema	Explorar todas las oportunidades
Temerle a la incertidumbre	Aceptar la ambigüedad
Ajustarme a las reglas	Celebrar lo creativo
Tener una visión estrecha	Conectar lo desconectado
Temerle a asumir riesgos	No temerle a fallar
Tener opciones limitadas	Disfrutar de muchas opciones

Mientras busca resolver problemas, escriba tantas soluciones para un problema determinado como sean posibles. Mientras más, mejor. Recuerde que raras veces hay solo una forma de resolver un problema. Mientras más opciones tenga, mejor, porque los problemas cambian continuamente. El líder que no tiene soluciones de respaldo rápidamente se ve a sí mismo en apuros.

A medida que crece como solucionador de problemas, comenzará a ver una progresión en su pensamiento, lo cual puede ser algo parecido a esto:

No hay respuesta.
Podría haber alguna respuesta.
Tengo una idea.
Hay una respuesta.
Podría haber más respuestas.
Tengo más ideas.
Hay más respuestas.
Hay mejores ideas.

La verdad es que las grandes ideas no aparecen, sino que evolucionan. No obstante, eso solo sucede cuando usted está decidido a explorar ideas y buscar más y mejores soluciones.

7. Cultive una preferencia por la acción

Uno de los mayores peligros para una persona concienzuda es pasar demasiado tiempo resolviendo un problema y demasiado poco tiempo implementando la solución. Los líderes que no siguen hasta el final o no pueden completar la implementación corren el peligro de pensar: *Preparados, apunten, apunten, apunten...* pero nunca llegan al *¡fuego!*

La solución es desarrollar una preferencia por la acción. No piense: *¿Puedo?* Mejor piense: *¿Cómo puedo?* Después empiece a avanzar. En el momento en que usted confronta y *actúa* en un problema, comienza a resolverlo. Si los grandes inventores y exploradores no hubieran dado pasos deliberados y tangibles hacia adelante, ¿habrían hecho las aportaciones por las que son conocidos? ¡No! Su creencia los llevó a actuar y su acción creó resultados. Las ideas evolucionan a medida que usted se mueve, y se atisban mejores soluciones cuando se mueve hacia delante. Finalmente, no puede *desear* o *esperar* en medio de sus dificultades. Debe *actuar* en medio de ellas.

> Desarrolle una preferencia por la acción. No piense: *¿Puedo?* Mejor piense: *¿Cómo puedo?*

8. BUSQUE ACTIVAMENTE OPORTUNIDADES Y LECCIONES EN CADA PROBLEMA

Al presidente John F. Kennedy le preguntaron una vez cómo se había convertido en un héroe de guerra. Con su habitual ironía, Kennedy respondió: «Fue bastante fácil. ¡Alguien hundió mi barca!».[13] Esa es la esencia de ver la oportunidad en medio de un problema. No importa cuán difíciles puedan ser sus circunstancias, es probable que haya una solución que no solo resuelva el problema, sino que tenga el potencial de mejorar su vida y su liderazgo.

Esto ha sido cierto repetidamente en mi vida. Como joven pastor de mi primera iglesia en Indiana, busqué algunos recursos que me ayudaran a enseñarle a mi congregación a gestionar mejor sus vidas. Tras días de buscar en librerías y bibliotecas, no encontré nada. Ese problema me obligó a encontrar una solución distinta. Fue entonces cuando decidí desarrollar mis propias ideas y usarlas para enseñar a mi gente. Lo hice, y mi solución fue un éxito. Eso plantó la semilla que finalmente creció en mí, alentándome a escribir mi primer libro. Después otro, y otro. Hoy miro atrás y veo más de cien libros que venden más de veintiocho millones de ejemplares en total en más de cincuenta idiomas. Eso es un legado que nunca esperé tener ni pensé que pudiera ser posible cuando simplemente estaba intentando resolver un problema a los veintitrés años de edad.

Otro problema que moldeó mi vida llegó como resultado de mi liderazgo después de dejar esa primera posición como líder. Bajo mi dirección, la iglesia había crecido hasta trescientas personas. Sin embargo, a los seis meses de mi salida, la asistencia había caído por debajo de cien personas.

Durante meses me estrujé el cerebro para descubrir qué había ocurrido. Y finalmente se me ocurrió: no había entrenado ni equipado a nadie. En cuanto yo no estuve presente para ser el catalizador, todo lo demás se vino abajo.

Desde el momento en que me di cuenta de eso, decidí que equipar y desarrollar a otros sería una prioridad. He pasado los últimos cuarenta y cinco años que han transcurrido desde entonces dedicado a esa tarea. Y ese viaje dio su fruto el 26 de junio de 2015, cuando les enseñé sobre el liderazgo a líderes de Kiribati en Fiji para EQUIP, mi organización sin fines de lucro. Ese fue el día en que completamos nuestro entrenamiento de líderes provenientes de cada país del mundo. En total, seis millones de líderes. Y todo comenzó por mi fracaso en mi primera posición de liderazgo y las lecciones que aprendí de ello.

Mi estilo oratorio también se produjo como consecuencia de un problema que experimenté. Cuando tenía treinta y tantos años, me lesioné la espalda jugando al ráquetbol. Durante tres días no pude moverme de la cama, y al día siguiente solo fui capaz de estar de pie durante unos minutos seguidos.

La próxima semana tenía una conferencia programada en un evento en Allentown, Pensilvania. Cuando los patrocinadores se enteraron de que me había lesionado, se preocuparon. Sin embargo, yo estaba decidido a mantener mi compromiso. Mi solución fue pedir una banqueta para sentarme mientras hablaba. No obstante, cuando hablé en el evento, me quedé impresionado por la conexión que pude establecer con mi audiencia. Me di cuenta de que era porque estaba sentado. Fue una lección asombrosa. Nunca volví a estar de pie, todo gracias a mi maltrecha espalda, y mi capacidad de conectar con una audiencia a un mayor nivel cambió mi vida.

Como líder, tiene que ver las oportunidades de modo distinto a como las ve la mayoría de la gente. Estas constituyen una ocasión para aprender sobre usted mismo, su equipo y sus posibilidades. Le proporcionan una manera de mejorar su propia vida, mejorar la vida de otros y obtener influencia. Por eso digo que la resolución de problemas es la forma más rápida de alcanzar el liderazgo. Espero que esto le ofrezca una nueva perspectiva, y comience a usar los retos y la resolución de problemas como recursos para su liderazgo.

DESARROLLE EL *SOLUCIONADOR DE PROBLEMAS* QUE ESTÁ EN USTED

Ya sea que quiera recibir una oportunidad para liderar, o ya tenga responsabilidades de liderazgo y desee causar un impacto, la resolución de problemas le brinda oportunidades únicas como líder. Crezca en dicha área respondiendo a estas tres preguntas:

¿QUÉ DICE DE MÍ LA FORMA EN QUE MANEJO LOS PROBLEMAS?

Cómo usted percibe sus problemas moldea su actitud y su liderazgo. ¿Ve los problemas como una oportunidad a fin de usar su liderazgo para el beneficio de su equipo y su organización? ¿O son inconvenientes que simplemente arruinan sus planes y lo desaniman?

Usted puede cambiar su mentalidad cuando se trata de los problemas y su resolución. Haga una lista de problemas del pasado que hayan llevado a lecciones u oportunidades, de forma similar a la manera en que yo describí mis experiencias al final del capítulo. Después tome la decisión de buscar las cosas potencialmente positivas en sus problemas a partir de este día en adelante.

¿CÓMO PUEDO ALISTAR A OTROS COMO SOLUCIONADORES DE PROBLEMAS?

Comenzando esta semana, cuando tenga problemas, comience a usar preguntas para aprender más sobre los miembros de su equipo, recabar información, lograr que propongan un gran número de ideas y encontrar múltiples soluciones a los problemas. Estas son algunas preguntas para ayudarlo a empezar:

- ¿Cuándo comenzó el problema?
- ¿Dónde comenzó?
- ¿Quién fue el primero en verlo?
- ¿Cuáles son varias de las posibles causas del mismo?
- ¿Cuál es el impacto del problema? ¿Quién se ve afectado?
- ¿Qué otras posibles consecuencias negativas podría tener?
- ¿Es este problema parte de un problema mayor? Si es así, ¿de qué forma?
- ¿Quién ha tratado un problema de este tipo con éxito?
- ¿Cuáles son algunos de los enfoques posibles para solucionarlo?
- ¿Qué cantidad de tiempo, experiencia y recursos serán necesarios para estas soluciones?
- ¿Aceptará la gente estas soluciones?
- ¿Cuánto se tardará en implementar cada una de estas soluciones?
- ¿Cómo podrían darnos estas soluciones futuras ventajas?
- ¿Qué lecciones se pueden aprender de todo esto?

¿QUÉ FUTURAS OPORTUNIDADES SE NOS ESTÁN PRESENTANDO EN LOS PROBLEMAS ACTUALES?

Escoja un gran problema en el que esté trabajando actualmente. Mientras busca soluciones, haga que todos propongan ideas para encontrar todas las soluciones creativas posibles que se podrían asociar con el problema y la solución. Permita que estas ideas moldeen el proceso de resolución del problema, porque si es capaz de usar un problema para llegar a mover a su equipo u organización hacia delante, habrá llevado a cabo una de las tareas más difíciles del liderazgo: convertirse en un agente de cambio.

EL PLUS EXTRA EN EL LIDERAZGO:

ACTITUD

Piense en un amigo, colega, familiar o mentor a quien admire mucho. Alto. No siga leyendo. Piense realmente en un nombre y escríbalo.

Ahora escriba las cinco cosas que más admira de esa persona. Creo que obtendrá una perspectiva interesante e importante si lo hace. Así que, por favor, deténgase y escriba lo que admira.

¿Por qué le pedí hacer esto? Porque he descubierto que la mayoría de las veces, muchas de las características que admiramos en otros tienen que ver con la actitud. Admiramos a las personas positivas, tenaces y expectantes, y nos gusta estar con ellas. Aquellos que muestran una gran actitud nos elevan e inspiran.

Cuando se trata del liderazgo, la actitud se vuelve incluso más importante. Usted necesita ver posibilidades cuando otros no las ven, animar a las personas cuando se sienten derrotadas, y demostrar compromiso cuando otros quieren rendirse.

El autor y pastor Charles Swindoll ha destacado que tener la actitud correcta es clave para el éxito. Él señaló:

Mientras más vivo, más cuenta me doy del impacto que la actitud tiene sobre la vida. La actitud, para mí, es más importante que los hechos. Es más importante que el pasado, la educación, el dinero, las circunstancias, los fracasos, los éxitos, lo que otras personas piensan, dicen o hacen. Es más importante que la apariencia, los dones o la destreza. Formará o destruirá una empresa, una iglesia o un hogar. Lo destacado es que cada día tomamos una decisión con respecto a la actitud que adoptaremos para ese día. No podemos cambiar nuestro pasado. Tampoco podemos cambiar el hecho de que la gente actuará de cierta manera. Tampoco podemos cambiar lo inevitable. Lo único que podemos hacer es tocar la única cuerda que tenemos, y esa es nuestra actitud. Estoy convencido de que la vida es en un diez por ciento lo que me ocurre, y un noventa por ciento en cómo reacciono a ello. Y lo mismo ocurre con usted [...] estamos a cargo de nuestras actitudes.[1]

Una buena actitud es un plus extra en la vida. Hace que nuestra vida sea mejor. Y también hace que nuestro liderazgo sea mejor, porque el liderazgo no tiene que ver tanto con la posición como con la disposición. La actitud o disposición de los líderes es importante, porque influye en los pensamientos y sentimientos de la gente a la que lideran. Los buenos líderes entienden que una actitud positiva crea una atmósfera positiva, lo cual alienta las respuestas positivas y productivas de otros.

HACER LO QUE SEA NECESARIO: LA ACTITUD DE UN LÍDER

Si me pidiera que identificara el aspecto más importante de la actitud de un líder exitoso, sería poseer la mentalidad de hacer lo que sea necesario. La línea invisible que separa a los que hacen cosas de los que solamente sueñan con ellas es una actitud de compromiso total. Los grandes líderes están comprometidos a alcanzar el éxito a pesar de cualquier problema, y están dispuestos a eliminar todas las barreras para ayudar al equipo a ganar. Esta actitud de hacer lo que sea necesario es común en todos los grandes líderes, y sirve bien tanto para el líder como para la gente.

> Si me pidiera que identificara el aspecto más importante de la actitud de un líder exitoso, sería poseer la mentalidad de hacer lo que sea necesario.

Este capítulo va a lograr algo de fuerza en su actitud. Para ser un líder eficaz, no tiene que estar feliz todo el tiempo o ser un animador, pero sí necesita modelar una actitud que demuestre su visión positiva durante los tiempos difíciles. La actitud de un líder debe ejemplificar resolución, tenacidad, enfoque, determinación y compromiso. Debe demostrar coherencia, ver posibilidades, y luchar por las victorias durante los tiempos difíciles.

Este tipo de actitud no es difícil de entender, pero puede ser difícil de vivir, así que quiero indicarle algunos pasos que debe dar para desarrollarla y personificarla como líder.

1. DESHÁGASE DE SU INCAPACIDAD

Los líderes que hacen lo que sea necesario buscan soluciones de manera agresiva. Usted nunca los oirá decir: «No hay nada que hacer al respecto». Esas son palabras de alguien que tiene una mentalidad de víctima. El profesor y experto en conducta organizacional Robert E. Quinn escribió:

Una víctima es una persona que sufre una pérdida debido a las acciones de otros. Una víctima tiende a creer que la salvación proviene solo de las acciones de los demás. No tiene muchas opciones salvo quejarse y esperar a que ocurra algo bueno. Vivir con alguien que decide adoptar el papel de víctima es algo que drena; trabajar en una organización en la que muchas personas han decidido adoptar el papel de víctima es totalmente deprimente. Como ocurre con una enfermedad, la condición tiende a extenderse.[2]

Por desgracia, la enfermedad del victimismo se ha extendido por todo Estados Unidos. Cada vez más personas han abandonado una actitud de «se puede» para pasarse a una de incapacidad. En el discurso inaugural de John F. Kennedy, él les pidió a los jóvenes de Estados Unidos que no se preguntaran qué podía hacer su país por ellos, sino más bien qué podían hacer ellos por su país. Cientos de miles se levantaron y respondieron al reto, alistándose en los Peace Corps [Cuerpos de Paz], los cuales servían a personas de todo el mundo. El presidente

Kennedy tenía la mentalidad de hacer lo que fuera necesario, y su actitud como líder se extendió a otros.

Hoy en día, más de cincuenta años después, la mentalidad de nuestro país ha pasado de «Podemos producir un cambio» a «*No* podemos producir un cambio». La callada determinación se ha convertido en ruidosas demandas. ¿Cómo ocurrió esto? El liderazgo de nuestra nación comenzó lentamente a empoderar al gobierno para suplir las necesidades del pueblo. La responsabilidad cambió de cada persona individual al gobierno. Los líderes dejaron de desafiar a la gente a *ser* la respuesta a sus problemas y comenzaron a posicionarse ellos mismos como la respuesta. Ahora las personas tienden a esperar y depender de otros para encontrar soluciones en vez de ser proactivas y confiar en sí mismas.

Para ser exitosos, los líderes tienen que deshacerse de su incapacidad y ayudar a la gente de sus equipos a hacer lo mismo. Pueden hacerlo empoderando a otros de esta forma:

- Nunca poner excusas.
- Crear un entorno de «puedo hacerlo» donde se espera que la gente resuelva sus problemas.
- Modelar una actitud de hacer lo que sea necesario ante su equipo.
- Proporcionar entrenamiento que capacite a los miembros del equipo para tener éxito.
- Desafiar a la gente a asumir la responsabilidad por su desempeño.
- Hacer que todos se sientan valorados e importantes como parte del equipo.
- Proporcionar una retroalimentación sólida cuando los miembros del equipo intenten abordar un reto.
- Celebrar con los miembros del equipo que están teniendo éxito.
- Procurarle a la gente retos mayores para probar su crecimiento y darles victorias.

En nuestra cultura actual, puede parecer un desafío tremendo inspirar a la gente a abandonar su incapacidad y ser personas más proactivas, pero lo único que se necesita es creer en nuestra capacidad para producir un cambio positivo. Hace años, leí una historia del columnista Nell Mohney sobre un experimento doble ciego realizado en la zona de la Bahía de San Francisco. El director de una escuela reunió a algunos maestros y les dijo: «Como ustedes son los tres mejores profesores del sistema y los que tienen más experiencia, vamos a darles a noventa estudiantes con un alto CI. Vamos a dejar que ustedes se ocupen de estos estudiantes durante el año que viene a su propio ritmo para ver cuánto pueden aprender».

Los maestros y los estudiantes estaban encantados. Durante todo el año ellos disfrutaron al máximo unos de otros. A los maestros les encantaba enseñarles a los estudiantes más brillantes. Los estudiantes se beneficiaban de la cercana atención e instrucción de maestros muy capaces. Al final del año, los estudiantes habían logrado entre el veinte y el treinta por ciento más que los otros estudiantes de la zona.

Al final del experimento, el director reunió de nuevo a los maestros.

—Tengo que confesarles algo —les dijo—. Ustedes no tuvieron a noventa de los estudiantes más inteligentes. Eran estudiantes comunes. Tomamos del sistema a noventa estudiantes al azar y se los entregamos.

—Eso significa que somos educadores excepcionales —respondieron los maestros.

—Tengo otra confesión que hacerles —admitió el director—. Ustedes no son los maestros más brillantes. Sus nombres fueron los tres primeros que se extrajeron de un sombrero.[3]

¿Cómo es posible que tres maestros comunes lograran tanto con noventa estudiantes comunes? Los maestros y los estudiantes tenían una actitud excepcionalmente positiva y proactiva. No se sentían unos fracasados. No se veían como víctimas. Creían que podían tener éxito, y lo consiguieron.

2. AGARRE AL TORO POR LOS CUERNOS

El presidente Theodore Roosevelt dijo: «No hay nada brillante ni destacable en mi registro, salvo quizá una cosa: hago lo que creo que se debe hacer [...] y cuando me mentalizo para hacer algo, actúo». Esa es una gran descripción de los líderes del tipo «lo que sea necesario». No tienen miedo ni dudan en agarrar al toro por los cuernos y luchar hasta tirarlo al suelo. Pasan a la acción. Los líderes eficaces que quieren leche no se sientan en un taburete en medio del campo y esperan a que una vaca llegue a su encuentro.

El autor Danny Cox contó que había entrevistado al graduado de un correccional de menores que se había convertido en un exitoso empresario, no una vez, sino dos. Cuando le preguntó al hombre cuál era la clave de su éxito, él le dijo que se había hecho a sí mismo las siguientes preguntas y que *realmente* había escuchado sus propias respuestas:

- ¿Qué quiero realmente?
- ¿Cuánto me costará?
- ¿Estoy dispuesto a pagar el precio?
- ¿Cuándo debería comenzar a pagar el precio?[4]

> «No hay nada brillante ni destacable en mi registro, salvo quizá una cosa: hago lo que creo que se debe hacer [...] y cuando me mentalizo para hacer algo, actúo».
>
> —THEODORE ROOSEVELT

Observe que la última pregunta está pensada para fomentar la acción. Si un líder no responde a la última pregunta y se compromete con una fecha de inicio, las tres primeras preguntas realmente no importan. Y por supuesto, la mejor respuesta a la última pregunta es ahora.

Una de las mejores historias que he escuchado para ilustrar la diferencia entre las personas que aprovechan la iniciativa y las que no lo hacen se produjo el 14 de febrero de 1876. Fue el día en que el inventor Elisha Gray finalmente fue a la oficina de patentes con su idea acerca de un dispositivo que tenía el potencial de transmitir la voz a través de cables. Gray había estado experimentando ideas para el dispositivo durante bastante tiempo, pero incluso ese día de febrero no estaba solicitando una patente, sino una suspensión de procedimiento, que era un documento que declaraba que él *tenía intención* de crear un invento y que intentaría patentarlo.

Sin embargo, en la oficina de patentes se enteró de que solo unas pocas horas antes otro inventor había estado allí y había presentado una patente de un aparato muy similar. ¿Esa persona? Alexander Graham Bell.[5] Gray intentó impugnar la afirmación de Bell en el juzgado, diciendo que él, y no Bell, había tenido la idea primero. No obstante, el juez le dio la razón a Bell.

Usted no querrá verse en una situación similar a la de Gray. Para tener éxito como líder, tiene que poseer iniciativa. W. Clement Stone me enseñó esto. En 1976 lo escuché hablar en Dayton, Ohio, sobre la postergación. Nos dijo a todos los asistentes que durante treinta días cada mañana antes de salir de la cama, debíamos repetir en voz alta unas cincuenta veces: «Hazlo ahora». Y al final de cada día antes de irnos a dormir, debíamos volver a decirlo otras cincuenta veces.

«Hagan esto cada mañana y cada noche durante treinta días», dijo, «y pasado el mes responderán automáticamente de forma positiva a cualquier oportunidad».

En realidad seguí su consejo, el cual desafió mi actitud y eliminó mi tendencia a postergar las cosas. Le sugiero que pruebe este ejercicio durante treinta días. ¡Después vaya en busca de algunos toros!

3. ENTRE EN LA «ZONA SIN QUEJAS»

Las personas con la actitud de hacer lo que sea necesario saben cómo manejar sus sentimientos. Ponen su actitud a cargo de sus emociones. Todos experimentamos momentos en que nos sentimos mal. Nuestra actitud no puede detener nuestros sentimientos, pero puede impedir que nuestros sentimientos nos detengan. A fin de cuentas, ¿qué sentido tiene quejarse? Eso no nos lleva a ninguna parte.

A nadie le cae bien un quejumbroso. Las personas quejumbrosas desgastan a los demás. No hay nada atractivo en alguien que se queja. Eso es cierto para los líderes y sus equipos. Cuando conozco a un líder que permite que los miembros de su equipo lloriqueen y se quejen, me pregunto por qué tiene a gente así en su nómina. ¡Puede conseguir personas que hagan eso gratuitamente!

¿Cuál es la mejor solución para no convertirnos en un quejumbroso? Cultivar la gratitud. Ese es con creces el antídoto más eficaz ante una actitud negativa y un espíritu quejoso. Estas son tres sugerencias para cómo hacerlo.

> Todos experimentamos momentos en que nos sentimos mal. Nuestra actitud no puede detener nuestros sentimientos, pero puede impedir que nuestros sentimientos nos detengan.

Exprese gratitud independientemente de sus sentimientos

A veces mi corazón está tan pesado que me cansa e inhibe mi deseo de expresar gratitud verbalmente. Sin embargo, la gratitud que no se expresa no es gratitud. Así que en esos casos, obligo a mi lengua a guiar a mi corazón y expresar igualmente mi agradecimiento, no porque tenga ganas de hacerlo, sino porque es lo correcto. Y a menudo mis palabras comienzan a levantar mi corazón, y *siento* una gratitud acorde con lo que estoy diciendo.

Exprese gratitud por las cosas pequeñas y comunes

Hay una historia sobre un tendero inmigrante cuyo hijo fue a verlo un día quejándose:

—Papá, no entiendo tu manera de dirigir esta tienda. Dejas tus cuentas por pagar en una caja de tabacos. Tus cuentas por cobrar están en un huso. Todo tu dinero en efectivo se encuentra en la caja registradora. Nunca sabes cuáles son tus ganancias.

—Hijo —respondió su padre—, déjame decirte algo. Cuando llegué a este país, lo único que tenía eran los pantalones que llevaba puestos. Ahora tu hermana es maestra de arte. Tu hermano es doctor. Tú eres contador. Tu madre y yo poseemos una casa y un automóvil y esta pequeña tienda. Suma todo eso y réstale los pantalones, y obtendrás las ganancias.

Cuanto más nos quejamos, menos obtenemos. O como dijo Michael Angier, fundador y director de la oficina inspiracional de SuccessNet: «Si aprendemos a apreciar más lo que ya tenemos, veremos que tenemos muchas más cosas que apreciar».[6] Y si puede apreciar las cosas pequeñas, las cosas grandes significarán mucho más».

> «Si aprendemos a apreciar más lo que ya tenemos, veremos que tenemos muchas más cosas que apreciar».
>
> —MICHAEL ANGIER

Exprese gratitud especialmente en medio de la adversidad

Pocas cosas prueban nuestra actitud como lo hace la adversidad. Admiro mucho a las personas que son capaces de mantener alto el ánimo cuando afrontan dificultades, y trato de emularlas. Leí que en 2002, justo después de que Charlton Heston revelara que padecía de Alzheimer, mostraba un ánimo muy bueno, y voló desde Los Ángeles hasta Utah con su mejor amigo, Tony Makris, el consultor político.

Makris describió su conversación.

—Me miró y me dijo: "¿Por qué estás tan abatido, amigo. ¿Te sientes mal por mí?".

—«Sí», —dije yo.

—No lo hagas —respondió su amigo—. He sido Charlton Heston durante casi ochenta años. Eso es algo más que justo.[7]

Cuando estamos agradecidos, el temor desaparece y aparece la fe. Y eso nos da la fuerza y la motivación necesaria para actuar. Los buenos líderes nunca son quejumbrosos. Son hacedores. Cuando las cosas salen mal, comienzan a trabajar y reclutar personas que los ayuden.

4. Póngase un par de zapatos nuevos

El arte del liderazgo es hacer las cosas con las personas y a través de ellas. Cuando alguien desarrolla el líder que está en él, pasa menos tiempo produciendo personalmente y más trabajando con otros para ayudarlos a producir. A fin de ser exitoso en eso, usted tiene que ser capaz de ver las cosas desde el punto de vista del otro, o como dice el refrán, ponerse en sus zapatos. Creo que el presidente Harry Truman fue sabio cuando dijo: «Cuando entendemos el punto de vista del otro, cuando entendemos lo que está intentando hacer, nueve de cada diez veces está tratando de hacer lo correcto».

Como líder, siempre intento ver las cosas desde dos perspectivas: la de la persona con la que estoy trabajando y la mía propia. Uso la perspectiva de la otra persona para hacer la conexión; después uso la mía para dar dirección. Sin embargo, puedo ver las cosas desde el punto de vista de otra persona solo si estoy dispuesto a ser asequible a esa persona. Tim Hansel, maestro y fundador de Summit Expedition, describió la importancia de esto en su libro *Through the Wilderness of Loneliness* [Por el desierto de la soledad]. Él escribió:

Es difícil recibir cuando los puños están apretados.
Es imposible abrazar cuando los brazos están cruzados.

Es difícil ver cuando los ojos están cerrados.

Es difícil descubrir cuándo la mente ya está decidida.

Y un corazón que ha sido sellado para no dar se ha sellado
inconscientemente a la posibilidad de recibir amor.[8]

Me encanta la gente, pero sigo teniendo que hacer un esfuerzo intencional para conectarme con las personas. Me he acostumbrado a saludar
a la gente antes de cualquier conferencia, yendo de mesa en mesa para
decir hola, o simplemente a estar en la sala delante de la plataforma para
poder charlar con las personas. Le llamo a esto caminar lentamente entre
la multitud.

Los líderes tienen que conectar con la gente, no solo para fomentar las relaciones, lo cual es importante, sino también para desarrollar a
sus organizaciones. Cuando conozco a personas nuevas, intento ver su
potencial para desempeñar alguna función en alguna de mis organizaciones. No solo estoy evaluando su talento preguntándome: *¿Podría hacerlo?*
También me estoy preguntando: *¿Lo hará?*, lo cual está relacionado con su
perspectiva y su actitud. Por eso tengo que intentar ver las cosas desde su
punto de vista. Si ellos pueden y quieren, entonces es muy probable que
podamos trabajar juntos.

5. ALIMENTE SU PASIÓN

Los líderes con grandes actitudes y mentalidades de hacer lo que sea
necesario por lo general rebosan de energía y entusiasmo, y esas cosas
los impulsan a esforzarse para alcanzar la excelencia. Por eso creo que
el mejor consejo laboral que cualquier persona puede recibir es este:
«Encuentre su pasión y sígala». Eso es lo que yo he hecho durante cincuenta años. Como me apasiona lo que hago, siento que no he tenido
que trabajar ni un solo día en mi vida. Simplemente he hecho lo que me
encanta hacer.

Dicen que la jubilación es hacer lo que te encanta hacer siempre
que quieras hacerlo. ¡Si eso es cierto, entonces yo estoy jubilado! Añadir
valor a la gente por medio de libros, conferencias e invertir tiempo en mis
empresas es exactamente lo que quiero hacer. Y como hago estas cosas
todos los días, lo hago cuando quiero hacerlo.

El autor y pastor Ken Hemphill señala: «La visión no enciende el crecimiento, la pasión sí. La pasión impulsa la visión y la visión es el enfoque de la pasión. Los líderes que están apasionados con su llamado crean visión». No podría estar más de acuerdo.

6. SOBREPASE LAS EXPECTATIVAS

Una de mis empresas, John Maxwell Team, adiestra y desarrolla personas para convertirlas en entrenadores y oradores. Hasta ahora, hemos entrenado a 16.000 entrenadores en más de cien países. Dos veces al año la empresa celebra lo que llamamos la Certificación Internacional Maxwell en Orlando: cuatro días de formación intensiva. Una de las cosas que les enfatizo a los nuevos entrenadores cada vez que les hablo es que quiero que rebasen las expectativas de sus clientes, que prometan menos y den más. Creo que el 75% de las personas se quedan cortas a la hora de hablar sobre las expectativas, y solo un 5% de todas las personas las sobrepasan en el servicio que aportan, pero la gente que conforma ese 5% hace que el mundo gire. También reciben los beneficios que vienen de poseer esa actitud y cumplir sus promesas.

> Dicen que la jubilación es hacer lo que te encanta hacer siempre que quieras hacerlo. ¡Si eso es cierto, entonces yo estoy jubilado!

Pocas cosas lo formarán más como líder que decidir sobrepasar las expectativas. Este fue un peldaño clave en mi desarrollo personal. Tenía solo veintidós años cuando acepté la responsabilidad de liderar mi primera iglesia. La gente estaba contenta, y mientras yo visitara a los enfermos, predicara los domingos y aconsejara a los que pedían consejo, estaría cumpliendo sus expectativas.

Sin embargo, después de unos meses de hacer estas cosas, comencé a sentirme inquieto. Quería hacer más. Mi visión de producir un impacto positivo era mayor que las expectativas que tenían de mí. Sentía una gran pasión por alcanzar a nuevas personas. Tenía grandes ideas. ¿Qué iba a hacer? Tras un par de semanas luchando con la idea, llegué a esta decisión: dondequiera que esté, con quien esté, haga lo que haga, y dondequiera que tenga una oportunidad, situaré el listón de mis expectativas más arriba de lo que los demás esperan.

Ese compromiso ha moldeado mi desarrollo como líder durante cincuenta años. Me hizo responsable de mi propio crecimiento de liderazgo. Al poner más alto mi propio listón, *tuve* que crecer para alcanzarlo. Si se pregunta cómo se puede hacer esto, piense en estas cosas:

- *Dones:* Coloqué el listón en lo más alto en mis áreas de fortaleza porque es ahí donde tengo el mayor potencial de crecimiento y soy excelente. En las áreas de debilidad, les pido ayuda a otros.
- *Crecimiento:* Según crezco en las áreas de mis fortalezas y alcanzo algún nivel de éxito, no descanso en ese logro. Intento construir sobre él. Eso significa elevar el listón nuevamente. Si no lo hago, me estancaré.
- *Oportunidades:* Veo cualquier ocasión en que use mis fortalezas como una oportunidad de mejorar al practicar y aplicar lo que he aprendido. Esa actitud me ayuda a seguir creciendo y mejorando.
- *Las expectativas de otros:* Siempre intento encontrar cuáles son las expectativas de las personas que solicitan mis servicios. No puedo cumplir o sobrepasar una expectativa de la que no sea consciente. He construido mi carrera haciendo que mi *mínimo* sea cumplir las expectativas que otros tienen de mí.
- *Mis propias expectativas:* Como uso las expectativas de otros como los cimientos de mis propias expectativas, puedo construir sobre ellas. Me esfuerzo por discernir qué más puedo dar que les agrade y añada el máximo valor. Mi deseo es siempre impresionarlos.

Esta actitud de sobrepasar las expectativas le aportará una gran recompensa como líder. Como le digo a mi gente, si usted hace lo que promete y cumple las expectativas, recibirá un pago. Si rebasa las expectativas, recibirá otro contrato. ¡Todo lo que usted dé por encima de sus expectativas lo es *todo*!

7. NUNCA SE CONFORME

La actitud final característica de los líderes que hacen lo que sea necesario es un descontento positivo. Los buenos líderes nunca están satisfechos con lo que han logrado. Ellos ven lo que podría ser, e intentan continuamente conseguirlo. Esto es lo que los hace ser mejores, conseguir más, y dirigir a su gente hacia un nuevo territorio. El futuro les pertenece a las personas que están dedicadas a hacer que su mundo, sus equipos y ellas mismo sean mejores.

PONER EN ACCIÓN LA ACTITUD DE HACER LO QUE SEA NECESARIO

Alguien a quien conozco que nunca está satisfecho con los logros pasados es Paul Martinelli, el presidente de John Maxwell Team. He conocido a pocas personas dedicadas a buscar de manera tan incesante la mejora como él. Bajo su liderazgo, la empresa ha experimentado un crecimiento explosivo; sin embargo, él sigue trabajando duro por hacer más. Recientemente cuando lo felicité por otro año muy exitoso, me sonrió y dijo: «John, ni siquiera estamos cerca de alcanzar nuestro potencial. Aún estamos aprendiendo a través del fracaso». Como líder, Paul tiene una actitud de hacer lo que sea necesario, y por eso es tan exitoso.

Quiero familiarizarlo con la forma en que Paul pone en acción su mentalidad de hacer lo que sea necesario. Creo que lo ayudará a desarrollar el líder que está en usted en esta área de su vida.

> El trabajo que nunca se empieza es el que más se tarda en terminarse.

1. PRUEBA

Mientras que otros se encuentran impedidos por la preocupación, el temor o la ansiedad, Paul está actuando. Nunca espera el «momento perfecto» para actuar. El trabajo que nunca se empieza es el que más se tarda en terminarse. Paul prueba sus ideas implementándolas y viendo lo lejos que está aún del resultado ideal.

T. Boone Pickens les recordó a los líderes lo importante que es dar pasos positivos hacia delante, poner las cosas en marcha. Él dijo:

A veces, la ventana de oportunidad se abre por un corto espacio de tiempo. Esperar no es una decisión, aunque muchas personas piensen que lo es. Esté dispuesto a tomar decisiones. Esa es la cualidad más importante en un buen líder. No sea víctima de lo que yo llamo el síndrome del preparados, apunten, apunten, apunten. Debe estar dispuesto a disparar.[9]

A fin de ayudarlo a estar dispuesto a probar sus ideas por medio de la acción, tengo tres sugerencias que lo animo a tomar en serio y poner en práctica.

Desafíe toda suposición

Los buenos líderes siempre desafían las suposiciones. No dan las suposiciones por sentadas, porque entienden que su primera responsabilidad como líder es definir la realidad. Tienen que ser capaces de ver por debajo de la superficie, saber qué está sucediendo en verdad, y poder comunicarle esa realidad a su gente.

El momento más importante para desafiar las suposiciones es cuando usted tiene éxito. Si el índice de crecimiento de su organización es alto, usted puede suponer que sus sistemas y procesos son buenos. Tal vez no lo son. Quizá está dejando mucho dinero u oportunidades sobre la mesa al hacer las cosas como las ha estado haciendo. La única suposición buena en su empresa es que hay una manera mejor de hacer el trabajo.

No deje de hacer preguntas

¿Cómo sabrá si su prueba es exitosa? ¿Cómo encontrará formas mejores de hacer las cosas? La respuesta es haciendo preguntas difíciles. No puede permitir que ningún temor a escuchar respuestas negativas le impida hacer preguntas. Las verdades difíciles, si se responden correctamente, lo ayudarán a ser mejor. Pregunte lo siguiente:

- ¿Hay una manera mejor de hacer lo que hacemos?
- ¿Qué podemos aprender de otros que hacen lo que nosotros hacemos?
- ¿Quién puede ayudarnos a hacer mejor lo que hacemos?
- ¿Los números actuales son los mejores que podemos conseguir?
- ¿Estoy creciendo año tras año al hacer lo que hago?
- ¿Cómo puedo ser mejor para ayudar a mi equipo a ser mejor?

Paul les llama a preguntas como estas la puerta a la disposición: intentar nuevas cosas, asumir más riesgos, cambiar lo que no está funcionando, y extendernos para ser mejores de lo que éramos en el pasado. Me encanta eso.

Tenga como referencia su potencial, no su pasado

Con mucha frecuencia los líderes determinan un buen año en base al año anterior. Sin embargo, los grandes logros nunca vienen al usar el ayer como su punto de referencia. Esa es una actitud que implica protegerse contra las pérdidas más que tener ganancias. Para hacer un gran progreso, los líderes deben tomar como referencia el futuro potencial de su equipo u organización y las oportunidades que tienen por delante. Probar es una forma de desafiar el status quo y alcanzar ese potencial.

2. Fracaso

Probar puede ser una experiencia desafiante y temible. ¿Por qué? Porque puede llevarnos al fracaso. Sin embargo, el fracaso es un paso esencial en el ciclo del éxito. Paul dijo: «Resulta esencial que el líder modele y el equipo acepte la disposición a fracasar». Si permitimos que el temor al fracaso controle nuestra actitud y nuestras acciones, nunca nos convertiremos en los líderes que podríamos llegar a ser. Y nunca llevaremos a nuestros equipos u organizaciones a donde podrían ir, logrando todo lo que son capaces de lograr.

Paul trabajó entrenando a personas para alcanzar su potencial durante más de una década. Siendo un joven empresario, quería enseñarles a

> El precio del éxito es el fracaso.

otros líderes empresariales lo que había aprendido mediante la prueba y el error. Él es consciente de que a algunas personas les cuesta tomar riesgos. Paul señaló:

La mayoría de las personas, los líderes incluidos, hacen todo lo posible según sus fuerzas para evitar el fracaso. Y hacen bien, pero no deberían evitar hacer grandes apuestas, asumir grandes riesgos, o iniciar los nuevos esfuerzos que los pondrán a ellos y a sus equipos en la posición de fracasar, para que así puedan buscar las recompensas del crecimiento. Creo que lo que nos ha llevado a algunos de nuestros mayores logros no ha sido mi disposición ni la de mi equipo a hacer nuestro mejor esfuerzo. Siempre deberíamos estar haciendo nuestro mejor esfuerzo. Más bien, es nuestra disposición a dar todo de nosotros mismos. Probar cada oportunidad posible, probar cada nueva innovación, probar la habilidad y el potencial de cada persona.

Para ser exitoso, tiene que estar dispuesto a fallar. Necesita mantener una actitud positiva y una fuerte creencia en usted mismo incluso cuando fracase estrepitosamente. ¿Qué significa eso? ¿Cómo puede mantener la actitud correcta?

Vea el fracaso como un compañero constante del éxito

El progreso siempre significa entrar en territorio inexplorado. Significa ponerse ahí afuera para recibir las críticas y ser examinado. Significa exponerse a nuevas presiones y demandas. Es humano preguntarse si estará a la altura del desafío. Una pequeña y ansiosa parte de usted probablemente preferiría no asumir el riesgo. Esa parte es la que hace que muchos que quieren ser líderes no pasen a la acción y sean productivos y eficaces.

El precio del éxito es el fracaso. Como dijo alguien, los cohetes estallando en la plataforma de lanzamiento hicieron que se pudiera poner un pie en la luna, y los circuitos fallidos fueron la razón de que el mundo esté iluminado con electricidad. Si queremos éxito, tenemos que aceptar el fracaso.

La creativa coreógrafa Twyla Tharp ha extendido los límites de su oficio durante décadas. En una entrevista dada a conocer en *Harvard Business Review*, dijo: «Tarde o temprano, todo el cambio verdadero conlleva fracaso, pero no en el sentido en el que muchas personas entienden el fracaso. Si hace solo lo que sabe y lo hace muy, muy bien, es probable que no fracase. Tan solo se estancará, y su trabajo será cada vez menos interesante, y eso es fracaso por erosión. El verdadero fracaso es una marca de logro en el sentido de que se ha intentado algo nuevo y diferente».[10]

Las únicas personas que no han fracasado son las que nunca han intentado nada. Tenemos que recordar que el proceso de prueba y error por definición incluye el error. Tenemos que acostumbrarnos a ello.

Vea el éxito como una colorida variedad, no «monocromático»

¿Cómo sería la vida si todo lo que ha intentado hubiera tenido éxito? Pienso que sería aburrida, predecible y sosa. Las luchas que experimentamos hacen que los éxitos que conseguimos merezcan la pena. Sin el dolor, ¿cómo seríamos capaces de apreciar nuestro progreso? Tenemos que darle la bienvenida a lo inesperado y estar dispuestos a aceptar un cuadro del éxito distinto al esperado.

Recientemente estaba leyendo un artículo sobre la música escrito por Allison Eck, que trabaja para *NOVA*, la serie documental de PBS. Ella escribió sobre algunas diferencias entre los músicos clásicos y los de jazz y cómo veían la música. Me resultó especialmente interesante lo que decía sobre las notas musicales llamadas *accidentales*. Eck escribió:

> Las luchas que experimentamos hacen que los éxitos que conseguimos merezcan la pena. Sin el dolor, ¿cómo seríamos capaces de apreciar nuestro progreso?

En la música, los «accidentales» son tonos musicales, más bien fallos musicales, que no pertenecen a la escala o el modo actualmente en uso. Un nombre más sensible para estas pícaras notas sería «intencionadas», ya que siempre se escriben en una pieza con una razón precisa. En los géneros clásico, jazz y cualquier otro, los accidentales trastocan las expectativas del oyente [...] a propósito.

Lo mejor de los accidentales es que se salen de los límites musicales sin remordimiento alguno. Los músicos enfatizan estas notas; dramatizan su presencia, como si dijeran: «Sí, me escuchó correctamente». Los accidentales nos muestran lo trivial que es discutir sobre las categorías o etiquetas, al margen del tipo de trabajo que estemos haciendo, el «accidente con propósito» es un fenómeno casi universal.[11]

Una vida productiva es colorida, no gris monocromática, y el progreso de una persona puede adoptar varias formas. El fracaso en lograr lo que usted pretendía a menudo lo conduce a un tipo de éxito totalmente nuevo, quizá incluso a una mejor versión del éxito que nunca había imaginado.

¡El fracaso es divertido cuando se vence! El fracaso añade color cuando le da «notas» que no oiría necesariamente. El éxito es una historia llena de cosas buenas, «cosas accidentales», cosas difíciles, cosas nuevas y cosas aprendidas. Así que reciba el consejo de Eck: «Sea un accidental. Desvíese de lo que se espera, pero entienda el contexto en el que lo está haciendo. ¿Cuál es la razón de su accidente? ¿Cómo se relaciona con todo lo demás en su historia, arte o diseño? Cometa sus errores con fuerza y a propósito».[12] En otras palabras, esté dispuesto a fallar.

Tenga un plan de juego para sobreponerse al fracaso

¿Por qué tantas personas se atascan con el fracaso? Sarah Rapp, una consultora de emprendedores de impacto social, dijo: «Cuando se trata del fracaso, nuestro ego es nuestro peor enemigo. En cuanto las cosas comienzan a salir mal, nuestro mecanismo de defensa se enciende, tentándonos a hacer lo que podamos para guardar las apariencias». En un artículo que Rapp escribió después de entrevistar al economista Tim Harford, autor de *Adapt: Why Success Always Starts with Failure* [Adapta: Por qué el éxito siempre comienza con el fracaso], ella señaló que el fracaso provoca una variedad de reacciones. La primera es la negación: «Nos parece lo más difícil del mundo admitir que hemos cometido un error e intentar arreglarlo. Esto requiere que desafíe un *statu quo* que usted mismo crea», dijo ella. Otra reacción es perseguir nuestras pérdidas: «Estamos tan ansiosos por no "trazar una línea tras una decisión que lamentamos" que terminamos provocando aún más daño al intentar borrarla. Por ejemplo, los jugadores de póquer que acaban de perder algo de dinero están preparados para hacer apuestas más arriesgadas que las que normalmente harían, en un intento apresurado de recuperar el dinero perdido y "borrar" el error».

Rapp sugiere intentar permanecer imparciales acerca de nuestros errores y esforzarnos por no apegarnos mucho a nuestros planes. «El peligro es un plan que nos seduzca a pensar que el fracaso es imposible y que la adaptación es innecesaria», escribió, «un tipo de plan "Titanic", que no se puede hundir (hasta que choca con un iceberg)».[13]

Yo tengo mi propio plan de juego para tratar el fracaso. Es el mismo que tengo para el éxito: la regla de las veinticuatro horas. Me doy veinticuatro horas para celebrar un éxito o llorar por un fracaso. Después de ese tiempo, continúo. Como líder, no puedo dejar que el ayer controle el hoy. Ayer duró hasta anoche. Tengo que mirar hacia delante y prepararme para hoy.

3. APRENDER

Un amigo me dio una vez la fórmula para convertirme en alguien exitoso de la noche a la mañana. Dijo:

Preséntate cada día.
Trabaja duro.
Intenta cosas nuevas.
Fracasa.
Mejora.
Crece.
Enfrenta innumerables desafíos y objeciones.
Duda de ti mismo.
Desea abandonar.
Pero no lo hagas.
Y vuélvelo a hacer todo una y otra vez.
Haz esto durante meses, años o incluso décadas, y podrás
convertirte en un alguien exitoso «de la noche a la mañana».

Uno de los beneficios más importantes de mostrar la actitud correcta como líder viene de la prueba y el error. Es entonces cuando tenemos la mayor oportunidad de aprender. Como comentó el entrenador de liderazgo Roland Niednagel: «Un error es solo un fracaso si no aprendemos de él». No todos los líderes aceptan esta verdad. En mi experiencia, las personas hacen una de estas tres cosas cuando se equivocan:

- Deciden no volver a cometer ese error; eso es una necedad.
- Permiten que sus errores los acobarden; eso es fatal.
- Desarrollan la seguridad para aprender de sus errores; eso es fructífero.

> «Un error es solo un fracaso si no aprendemos de él».
> —ROLAND NIEDNAGEL

Me encanta la idea de Paul sobre el aprendizaje en esta etapa del proceso. Él ve el aprendizaje como estar informado, pero lo describe como *ser formado*. Fallar y aprender de ello nos forma para llegar a ser lo que somos. Paul dice:

Lo emocionante es que el aprendizaje, si el líder está dispuesto a aceptarlo, verdaderamente los «forma» a ellos y a su equipo de todas las maneras posibles. Formamos nuevos patrones de pensamiento. Formamos nuevos estilos de comunicación. Formamos nuevas relaciones. Formamos nuevos hábitos. Formamos nuevas creencias. Formamos nuevos modelos mentales. En realidad, somos formados interiormente de maneras nuevas, y esas maneras nuevas se convierten en los fundamentos nuevos y más fuertes sobre los que podemos construir y vivir. El proceso de prueba y error crea el nuevo contenido para nuestra vida y equipo, y el contenido de nuestra vida es siempre el temario de nuestra evolución. Aprendemos lo que funciona y lo que no funciona; ambas cosas son necesarias e igualmente valiosas para un líder. Aprendemos a motivar e impulsar a nuestro equipo y cómo *no* motivar e impulsar a nuestro equipo.

Aún no he conocido a un líder de gran éxito que no sea un aprendiz. Y la mejor parte es que no se necesita talento para aprender. No se necesita experiencia. Se necesita la actitud correcta. Si vemos el fracaso como normal y tratamos de aprender de ello como algo positivo, podemos asumir riesgos. Podemos adentrarnos en territorios no explorados. Podemos hacerle frente a la pérdida. Tenemos el potencial para conseguir casi cualquier cosa como líderes. Y podemos ayudar a nuestra gente a conseguir muchas más cosas de las que habrían esperado por sí mismos.

4. MEJORAR

¿Cuál es el mayor valor del aprendizaje? Creo que se produce cuando mejoramos. Ese es el momento de la verdad. De lo contrario, lo que aprendemos es solo teórico.

El éxito a menudo formula la pregunta: «¿Qué estoy consiguiendo?». La mejora siempre cuestiona: «¿En qué me estoy convirtiendo?». Mejorar mediante el crecimiento es la única garantía de que mañana será mejor. El perfil de alguien que mejora es distinto al de otras personas.

> El éxito a menudo formula la pregunta: «¿Qué estoy consiguiendo?». La mejora siempre cuestiona: «¿En qué me estoy convirtiendo?».

Todo el mundo	No todo el mundo
Comete errores	Los corrige
Oye	Escucha
Tiene problemas	Los soluciona
Se cae	Se levanta
Recibe lecciones de la vida	Mejora por medio de ellas
Tiene que hacer cambios	Los hace

La psicóloga social Heidi Grant Halvorson caracteriza la diferencia entre los que desean mejorar y los que desean demostrarles a otros que todo lo hacen bien. Ella escribió:

Las personas abordan cualquier tarea con una de estas dos mentalidades: lo que yo llamo la mentalidad de «ser bueno», donde su enfoque está en demostrar que tiene mucha capacidad y que sabe lo que está haciendo, y la mentalidad de «ser mejor», donde su enfoque está en desarrollar su capacidad. Puede considerarlo como la diferencia entre querer demostrar que es inteligente y querer ser más inteligente.

El problema con la mentalidad de ser bueno es que tiende a causar problemas cuando nos vemos ante algo difícil o desconocido. Comenzamos a preocuparnos por cometer errores, porque los errores significan que nos falta capacidad, y esto crea mucha ansiedad y frustración [...]

La mentalidad de ser mejor, por el contrario, está hecha prácticamente a prueba de balas. Cuando pensamos en lo que estamos haciendo en términos de aprender y dominar algo, aceptar que puede que cometamos algún error durante el camino nos mantiene motivados a pesar de los reveses que podrían surgir.[14]

En *The Leadership Challenge* [El desafío del liderazgo], Kouzes y Posner escribieron: «Los líderes deben desafiar el proceso precisamente porque cualquier sistema de manera inconsciente conspirará para mantener el *statu quo* y evitar el cambio».[15] Si usted lidera a un grupo de personas, entonces es responsabilidad suya aportar una actitud de mejora al equipo y ayudar a otros a aceptarla también. Cuando las personas experimentan una mejora y esta les añade valor de formas que ellas mismas valoran, esto cambia su perspectiva de lo que es posible y amplía su potencial.

Quiero decir una cosa más sobre la mejora. Creo que conseguir cualquier medida de éxito puede afectar nuestra capacidad de imaginar lograr algo mejor. Yo solía emocionarme tanto tras ser parte de algún suceso exitoso que decía: «¡No es posible que salga mejor que esta vez!». Pero la verdad es que aún cuando experimentemos un gran éxito, tenemos que seguir buscando formas de mejorar.

> «Los líderes deben desafiar el proceso precisamente porque cualquier sistema de manera inconsciente conspirará para mantener el *statu quo* y evitar el cambio».
>
> —JAMES M. KOUZES
> Y BARRY Z. POSNER

Considero esto como el efecto del «horizonte del éxito». Permítame explicar lo que quiero decir. Cuando tenemos éxito, nos cuesta ver el potencial que hay más allá de ese horizonte del éxito. Sin embargo, no podemos dejar que eso evite que sigamos esforzándonos para mejorar. Tenemos que impedir que nos conformemos. El viejo dicho «Si no se rompió, no lo arregle» puede paralizarnos cuando se trata de mejorarnos a nosotros mismo y a quienes nos rodean.

Un ejemplo de la necesidad de vencer el horizonte del éxito se puede ver en mi trabajo de revisión de este libro. ¿Por qué revisar un libro que ha vendido más de dos millones de ejemplares? En el mundo de la publicación de no ficción, eso es un récord extraordinario. Porque sabía que podía hacerlo mejor. Esa actitud de esforzarse por ir al siguiente nivel resulta de un valor incalculable para un líder.

5. REINGRESAR

Cuando ha probado una forma nueva de hacer algo, ha fallado, ha aprendido y ha aplicado lo que ha aprendido, está listo para volver a ingresar en la carrera con su actitud de hacer lo que sea necesario fortalecida y con nuevas formas de abordar los retos y liderar a otros. He descubierto que cuando he pasado por este proceso, mi compromiso ha aumentado, y eso me ha hecho ser un mejor líder.

A mediados de los años setenta, mientras lideraba mi segunda congregación en Lancaster, Ohio, enfrenté algunos desafíos que me tentaron a abandonar, pero sabía que no era lo correcto. Quería perseverar, así que cada vez que intentaba algo nuevo y fallaba, procuraba aprender de ello y aplicarlo a mi vida para poder mejorar. Sin embargo, eso no me impidió desanimarme. Para luchar contra eso, escribí algo que me mantuviera avanzando. Fui inspirado por el montañero escocés W. H. Murray. Guardé esas palabras en una tarjetita plastificada que llevaba siempre conmigo. Esto es lo que decía la tarjeta:

LA CLAVE ES EL COMPROMISO

Hasta que no me comprometo hay una reticencia, la probabilidad de volver atrás. Pero en cuanto me comprometo definitivamente, entonces Dios también actúa y comienza a brotar una nueva serie de acontecimientos. Todo tipo de incidentes imprevistos, reuniones, personas y ayuda material que nunca jamás hubiera soñado tener comienzan a llegarme [...] en el momento en que hago un compromiso.

Después, cuando lideraba mi tercera iglesia en San Diego, imprimí tarjetas con el mismo mensaje y las plastifiqué para poder dárselas a mi personal. Quería que ellos se sintieran inspirados a renovar su resolución y seguir liderando en los tiempos en que se sentían desanimados.

Espero que este capítulo sobre la actitud lo haya inspirado a dedicarse a desarrollar una actitud de hacer lo que sea necesario para que experimente el plus extra en el liderazgo. Ese plus le dará una ventaja, no solo en su propio pensamiento, sino también en su capacidad para atraer, liderar e inspirar a otros.

Si usted es como yo, se beneficiará de leer tarjetas positivas para mantener una actitud positiva. Siempre estoy buscando libros y citas que me inspiren a mantener mi cabeza alta y animar a los miembros de mi equipo. Recientemente descubrí algo de Mark Batterson, autor de un libro llamado *Chase the Lion* [Persigue tu león]. En él, ofrece lo que llama el «Manifiesto del perseguidor del león». Mark, como yo, es una persona de fe, así que espero que no se ofenda por su perspectiva. No obstante, aunque se salte sus comentarios acerca de Dios y la fe, espero que estas palabras le sean de inspiración.

El manifiesto del perseguidor del león

Deje de vivir como si el propósito de la vida fuera llegar seguro hasta la muerte. Corra hacia el rugido.

Póngase metas del tamaño de Dios. Persiga las pasiones que Dios le dio.

Vaya en pos de un sueño que esté destinado a fracasar sin la intervención divina.

Deje de señalar los problemas. Sea parte de la solución.

Deje de repetir el pasado. Comience a crear el futuro.

Afronte sus temores. Luche por sus sueños.

¡Agarre la oportunidad por el mango y no la suelte!

Viva como si hoy fuera el primer día y el último día de su vida.

Queme los puentes pecaminosos. Señale nuevos senderos.

Viva para el aplauso de las manos traspasadas por los
  clavos.

No deje que lo que está mal en usted le impida adorar lo
  que está bien con Dios.

Atrévase a fallar. Atrévase a ser distinto.

Deje de resistirse. Deje de contenerse. Deje de huir.

Persiga al león.[16]

Cualquiera que sea el león en su vida, lo animo a adoptar una actitud de hacer lo que sea necesario y a perseguirlo con todas sus fuerzas. Incluso aunque nunca lo atrape, jamás lo lamentará.

DESARROLLE EL CREYENTE *POSITIVO* QUE HAY EN USTED

He observado que la gente nace con una inclinación natural cuando se trata de actitud. Mi padre nos dijo cosas muy positivas a mis hermanos y a mí cuando éramos niño y nos animaba constantemente, pero admitió que no nació así. Tuvo que esforzarse para convertirse en un creyente positivo en su propia capacidad y en la de otros.

¿NACIDO GANADOR O PERDEDOR?

¿Cuál es su inclinación natural? ¿Nació pensando que era un ganador o un perdedor? ¿Un vencedor o una víctima? Si ya es alguien positivo, genial, siga así. Si nació viendo el vaso medio vacío, tiene que mejorar su actitud si quiere desarrollar el líder que está en usted. Comience el proceso creando un diario de gratitud. Cada mañana, escriba una lista de cosas por las que está agradecido. No empiece su día hasta que haya escrito al menos una cosa. Y antes de irse a dormir por la noche, añada a la lista de la mañana todo aquello de lo vivido durante ese día que acaba de terminar por lo que esté agradecido. Cada día, siga añadiendo cosas a su lista de gratitud.

Después de haber hecho esto cada día durante todo un mes, pregúntele a alguien que lo conozca bien si ha visto algún cambio en su actitud.

FALLAR A PROPÓSITO

Asuma un riesgo profesional este mes que crea que posiblemente fracase para que pueda usar el proceso bosquejado en el capítulo a fin de mejorar su actitud. Comience decidiendo cuál será la «prueba». Escriba aquí ese primer paso.

1. Prueba
2. Fracaso
3. Aprender
4. Mejorar
5. Reingresar

Una vez que haya escrito cuál será la prueba, vaya y hágalo. Si fracasa, escriba entonces sobre ello debajo del número 2. Y después siga con lo que aprendió, cómo puede mejorar y qué debe hacer para volver a la acción como líder.

Si no fracasa, entonces complete igualmente los pasos tres al cinco, pero después intente otra prueba. Realmente no se beneficiará de este proceso hasta que fracase y tenga que superarlo.

EL CORAZÓN DEL LIDERAZGO:

SERVIR A LAS PERSONAS

Pasé un total de veintiséis años liderando iglesias como pastor, pero cuando era un líder joven que acababa de comenzar mi carrera, mi enfoque no estaba inicialmente en servir a la gente. Más bien me mantenía enfocado en hacer grandes cosas y avanzar. Todo mi entrenamiento y educación adoptaban un punto de vista jerárquico del liderazgo. Los pastores eran educados, ordenados y posicionados para sentarse aparte y «por encima» de sus congregaciones. Se esperaba que nosotros predicáramos mensajes, diéramos sabios consejos y lleváramos a cabo las ordenanzas de la iglesia. Los modelos de liderazgo eran todos de arriba hacia abajo.

Sin embargo, entonces fui a oír hablar a Zig Ziglar, y lo escuché decir: «Si usted ayuda a las personas a conseguir lo que quieren, ellas lo ayudarán a conseguir lo que usted quiere». De lo que estaba hablando realmente era sobre el liderazgo de servicio, y esa idea sacudió mi mundo.

CAMBIO DE CORAZÓN

El comentario de Zig me hizo darme cuenta de algo: yo estaba intentando conseguir que otros me ayudaran, no intentando ayudarlos a ellos. Me percaté de que mi actitud hacia la gente no era la correcta, y ese conocimiento me situó en un viaje que finalmente me hizo comprender que el corazón del liderazgo está basado en servir a otros, no a uno mismo. Esto me desafió a invertir la «pirámide de poder», poniendo a otros en la cima y a mí mismo en la base.

Comencé a cambiar mi enfoque del liderazgo capacitando a otros para hacer lo que yo estaba haciendo. Y el verdadero factor decisivo llegó cuando leí un pasaje de la Biblia como si fuera la primera vez que lo hacía. Este decía: «Él mismo constituyó a unos, apóstoles; a otros, profetas; a otros, evangelistas; y a otros, pastores y maestros, a fin de capacitar al pueblo de Dios para la obra de servicio, para edificar el cuerpo de Cristo».[1] Eso dejaba claro que mi responsabilidad como pastor era equipar al pueblo de Dios para hacer su obra y edificar la iglesia. Desde ese momento, me di cuenta de que se suponía que no debía querer que las personas me ayudaran a edificar a mi congregación. Yo estaba para servir a la gente y ayudarla a edificar la iglesia de Dios. A partir de ese día, mi liderazgo siempre ha consistido en servir a otros, y no en que otros me sirvan a mí.

> El corazón del liderazgo está basado en servir a otros, no a nosotros mismos.

Eso fue hace cuarenta y cinco años. Mi pensamiento sobre el liderazgo y mi enfoque han continuado siendo moldeados por otras personas en esta área. Robert Greenleaf ha sido una gran influencia. En 1970 escribió un ensayo llamado «The Servant as Leader» [El siervo como líder], el cual después convirtió en el libro *Servant Leadership* [Liderazgo de servicio]. Greenleaf escribió:

El líder-siervo es primeramente siervo [...] Esto comienza con el sentimiento natural de que uno quiere servir, servir primero. Después la decisión consciente lo hace a uno aspirar a liderar [...] El cuidado que toma el líder que es primero siervo es asegurarse de que las necesidades de mayor prioridad de otras personas estén siendo suplidas. La mejor prueba, y difícil de administrar, es: aquellos a los que servimos, ¿están creciendo como personas? Mientras son servidas, ¿esas personas están siendo más saludables, sabias, libres, autónomas, y es más probable que se conviertan ellas mismas en siervos? ¿Y cuál es el efecto sobre los menos privilegiados de la sociedad? ¿Se beneficiarán en algo o al menos no quedarán más desfavorecidos?[2]

Otros libros, como *El liderazgo es un arte* de Max DePree, el exdirector de Herman Miller, y *The Soul of the Firm* [El alma de la firma] de C. William Pollard, director emérito de ServiceMaster, también me ayudaron en mi viaje para convertirme en un líder siervo. No obstante, el libro que más me marcó fue el de Eugene Habecker, *The Other Side of Leadership* [El otro lado del liderazgo]. Este me convenció de que añadir valor a otros tenía que estar en el centro de mi liderazgo. He tenido el privilegio de conocer a Eugene por más de treinta años. Las palabras de su libro son una descripción de su vida. Él dijo: «El verdadero líder sirve. Sirve a la gente. Sirve a sus mejores intereses, y al hacerlo no siempre será popular, quizá no impresione. Sin embargo, como los verdaderos líderes están motivados por una amorosa preocupación en vez de un deseo de gloria personal, están dispuestos a pagar el precio».[3]

Inspirado por la vida de Eugene y su libro, tomé dos decisiones: primero, pondría los intereses de otros por delante de los míos, y segundo, amaría a la gente incondicionalmente. La primera fue un asunto de la voluntad. La segunda implicaba un cambio de actitud. Y como soy una persona de fe, adopté las siguientes palabras de la Biblia y me las apropié como el deseo de mi vida:

> Enséñales a los ricos de este mundo que no sean orgullosos ni que confíen en su dinero, el cual es tan inestable. Deberían depositar su confianza en Dios, quien nos da en abundancia todo lo que necesitamos para que lo disfrutemos. Diles que usen su dinero para hacer el bien. Deberían ser ricos en buenas acciones, generosos con los que pasan necesidad y estar siempre dispuestos a compartir con otros. De esa manera, al hacer esto, acumularán su tesoro como un buen fundamento para el futuro, a fin de poder experimentar lo que es la vida verdadera.[4]

Mientras me esfuerzo para vivir de esta manera, he adoptado algunas pautas que intento practicar diariamente para convertirme en un mejor líder siervo:

- *No confío en mi posición o título*: Estoy agradecido por los logros que he conseguido, pero no confío en ellos para que me ayuden a liderar. Trabajo para ganarme el respeto cada día cumpliendo lo que prometo y sirviendo a otros.

- *Decido creer en la gente y en su potencial*: Me preocupo por la gente porque es lo correcto, pero también hay razones prácticas para creer en las personas. He descubierto que mientras más creo en el potencial de la gente y mientras más le sirvo, más aumenta su potencial. Eso crea una ganancia para todos.

- *Intento ver las cosas desde la perspectiva de otros*: Solo se puede liderar y servir bien a otros cuando uno conoce la mente y el corazón de ellos. Me conecto intencionalmente con las personas e intento ver desde su punto de vista a fin de servirles mejor.

- *Trabajo para crear un entorno de ánimo*: Pocas cosas son mejores que estar en un equipo de personas que desean servirse unas a otras. Cuando los líderes están dispuestos a servir a la gente y animar a otros a servir, emerge un espíritu de cooperación en medio del cual funcionan «uno para todos y todos para uno». Eso hace que el entorno sea positivo y desarrolla un sentimiento de lealtad entre los miembros del equipo.

- *Mido mi éxito por la cantidad de valor que añado a otros*: Cuando decide servir a otros como líder, el éxito del equipo se convierte en su propio éxito. Recuerdo cuando experimenté ese cambio de pensamiento. Me parecía como si mi mundo se expandiera de inmediato. Es cierto. Uno es un número demasiado pequeño para conseguir la grandeza. Pocas cosas superan a ayudar a su equipo a ganar juntos.

> Cuando decide servir a otros como líder, el éxito del equipo se convierte en su propio éxito.

Aún no estoy donde me gustaría estar cuando se trata de servir a la gente, pero me esfuerzo continuamente por mejorar en ello.

EL PODER DE SERVIR A OTROS

Mi deseo de servir a otros proviene de mi fe, pero no se necesita fe para querer servir a los demás. La actitud, prioridad y práctica de servir a otros tienen mucho sentido empresarialmente hablando y están accesibles para cualquiera. El consultor organizacional S. Chris Edmonds define el liderazgo de servicio como «la dedicación de una persona a ayudar a otros a ser lo mejor que puedan ser en el hogar, el trabajo y su comunidad. Cualquiera puede servir —y liderar— desde cualquier posición o papel en una familia, lugar de trabajo o comunidad».[5]

Si lee las palabras de muchos líderes muy admirados, puede ver el tema de servir a los demás en sus actitudes hacia el liderazgo. Estos son solo unos cuantos ejemplos:

- **George Washington**: «Cada puesto en el cual un hombre puede servir a su país es honorable».
- **Benjamin Franklin**: «Nadie es inútil en este mundo si consigue que la carga de otros sea más ligera».
- **Mahatma Gandhi**: «La mejor forma de encontrarse a sí mismo es perderse en el servicio a los demás».
- **Albert Schweitzer**: «No sé cuál será su destino, pero una cosa sé: los únicos de ustedes que serán realmente felices serán quienes hayan buscado y hallado cómo servir».
- **Martin Luther King Jr.**: «Todas las personas pueden ser grandes, porque todas pueden servir».
- **Nelson Mandela**: «Estoy aquí ante ustedes no como profeta, sino como un humilde siervo suyo, del pueblo».

> «Nadie es inútil en este mundo si consigue que la carga de otros sea más ligera».
>
> —BENJAMIN FRANKLIN

Todas estas personas tienen una cosa en común; fueron transformacionales en sus propias vidas, y las vidas que tocaron resultaron maravillosamente cambiadas. Sus valores fueron transferidos a otros. Sus obras de servicio no solo ayudaron a los demás, sino que también se convirtieron en modelos que otros pudieron emular. Como dice el dicho, estaban interesados en enseñarles a las personas a pescar, no solo en darles un pez. Querían animar la autonomía entre la gente y crear prosperidad para las futuras generaciones mediante un cambio duradero, no cultivando la dependencia de las personas basada en el servicio de las mismas a su líder.

Ann McGee-Cooper y Duane Trammell tienen una perspectiva interesante sobre este tema. Ellos piensan que los líderes han sido posicionados como héroes en las organizaciones y nuestra cultura. En vez de eso, creen que los líderes tienen que dejar de ser héroes y pasar a ser siervos. En un artículo titulado «From Hero-as-Leader to Servant-as-Leader» [De héroe como líder a siervo como líder] escribieron: «Los verdaderos héroes del nuevo milenio serán los líderes-siervos, trabajando calladamente fuera del haz de luz para transformar nuestro mundo». ¿Cómo harán eso? Ellos enumeran cinco cosas. Los líderes-siervos deberían escuchar sin emitir juicios, ser auténticos, edificar la comunidad, compartir el poder y desarrollar a la gente.[6]

PREGUNTAS PARA AYUDARLO A
SERVIR MEJOR A LA GENTE

Mi mayor deseo es que usted se convierta en un líder que sirva a otros cada día. Para ayudarlo a hacer eso, quiero ofrecerle algunas preguntas que se puede hacer a sí mismo y le serán de utilidad.

1. LA PREGUNTA SOBRE AÑADIR VALOR: «¿QUÉ PUEDO HACER POR LA GENTE PARA AYUDARLA A TENER ÉXITO?»

Helen Keller dijo: «Solos podemos hacer muy poco. Juntos podemos hacer mucho». Como los líderes-siervos definen el éxito de otros como su propio éxito, se enfocan en ayudar a los demás a tener éxito. Una de las mejores formas de hacer esto es añadiéndoles valor a las personas.

Mientras escribo estas palabras, hay cuatro llamadas en mi agenda que haré más tarde en el día de hoy. Dos son llamadas a personas de las que soy mentor. Anticipo que me pedirán que les ofrezca algunas pautas en asuntos relacionados con el liderazgo. Haré todo lo que pueda para ayudarlas a navegar por sus retos eficazmente.

Las otras dos llamadas son a líderes de dos empresas a las que pronto iré a hablar. Estas llamadas previas se han planificado para descubrir cómo puedo ayudar mejor a mis anfitriones cuando le hable a su gente. Hago llamadas como estas antes de cada conferencia o evento al que me invitan a hablar y formulo muchas preguntas del tipo:

- ¿Tienen un tema para la conferencia?
- ¿Qué esperan de mí?
- ¿Qué cosas quieren que diga que podrían ayudarlos más?
- Además de hablar, ¿hay algo más que pueda hacer por ustedes?

Mi asistente, Linda Eggers, siempre está conmigo durante estas llamadas y toma notas detalladas para que no se nos olvide nada. Solo después de hacer estas y otras preguntas y escuchar sus respuestas comparto formas en las que creo que podré ayudarlos. Y siempre verifico con ellos para no desviarme de lo que quieren.

¿Por qué hago todo este trabajo? Mi papel es simple: hablar y servir. He observado a muchísimos oradores que solo tienen unos cuantos discursos enlatados que usan ante todas las audiencias, sin importar lo que esta pueda necesitar o querer. Mi deseo es servir a mi anfitrión y a mi audiencia. Desarrollaré un discurso apropiado para que encaje en la agenda concreta que ellos tienen, porque sé que no se trata de mí. La pregunta que hago al final de mi tiempo con ellos es: «¿Los pude ayudar?». Estoy de acuerdo con la perspectiva de Tom Peters, quien dijo: «Las organizaciones existen para servir. Punto. Los líderes viven para servir. Punto».

> «Las organizaciones existen para servir. Punto. Los líderes viven para servir. Punto».
>
> —TOM PETERS

Uno de los mejores líderes-siervos que conozco es Mark Cole, el director ejecutivo de mis empresas. Es el mejor «segundo al mando» con el que he trabajado. Cuando comenzamos nuestro viaje juntos, me preguntó cuál era la mejor manera en que me podía ayudar. Mi respuesta fue sencilla: «Mantente junto a mí y represéntame bien ante mis empresas». Esta petición se alinea con el *Principio de proximidad* que enseño, y es el siguiente: los que más cerca están del líder son los que tienen más oportunidades de servir a ese líder.

Mark por lo general viaja conmigo para poder hablar continuamente sobre las empresas. Sin embargo, cuando no estamos juntos físicamente, seguimos estando juntos. Mark se pone a mi disposición veinticuatro horas al día, siete días por semana. Lo mismo hace mi asistente, Linda Eggers, que ha estado conmigo durante más de treinta años. Y ambos lo hacen con gozo. Su agenda es cumplir mi agenda.

Así como Mark me sirve, yo también lo sirvo a él. Mi respuesta a la pregunta: «¿Qué puedo hacer por él para ayudarlo a tener éxito?» es darle mi tiempo. Yo soy mentor de Mark. Me aseguro de que tenga los recursos que necesita para hacer su trabajo y busco de forma activa oportunidades para que crezca. Actualmente, lo estoy ayudando a trabajar en su oratoria en público.

2. LA PREGUNTA DIARIA: «¿QUÉ NECESITAN LAS PERSONAS DE MÍ DIARIAMENTE QUE QUIZÁ NO QUIERAN PEDIR?»

Los mejores líderes-siervos anticipan lo que la gente necesita de ellos. Son proactivos en ayudar a las personas a las que lideran. Hay demasiados líderes cuya actitud es: «Si necesitan algo, que lo pidan. Mi puerta está siempre abierta». Les doy esta idea: en vez de dejar la puerta abierta, salga por esa puerta hasta donde está su gente y *averigüe* lo que ellos necesitan. Después, déselo *antes* de que lo pidan. No puede suponer que otros tengan los mismos deseos y expectativas que usted tiene.

Admiro mucho al papa Francisco. Tuve el privilegio de conocerlo y observar su liderazgo de servicio en acción durante unas horas. Recientemente leí un mensaje que él les dio a los diáconos de la iglesia, en el que señaló:

¿Cómo nos hacemos «buenos siervos y fieles» (cf. Mateo 25.21)? Como un primer paso, se nos pide que estemos disponibles. Un siervo aprende diariamente a dejar de hacer todo a su manera y vivir su vida como a él le gustaría. Cada mañana se entrena para ser generoso con su vida y darse cuenta de que el resto del día no será suyo, sino que lo entregará a otros. Alguien que sirve no puede acaparar su tiempo libre; tiene que abandonar la idea de ser el amo de su día. Sabe que su tiempo no es suyo, sino un regalo de Dios que a su vez tiene que volver a ofrecerle a Él. Solo así dará fruto. Alguien que sirve no es esclavo de su propia agenda, sino que siempre está listo para intentar lo inesperado, incluso disponible para sus hermanos y hermanas, y siempre accesible a las constantes sorpresas de Dios. Un siervo sabe cómo abrir las puertas de su tiempo y espacio interior a los que lo rodean, incluidos los que llaman a esas puertas a horas poco decentes, aun si eso conlleva dejar a un lado algo que le gusta hacer o renunciar a un descanso bien merecido. Amados diáconos, si muestran que están disponibles para otros, su ministerio no será interesado, sino evangélicamente fructífero.[7]

Ese es un gran consejo para todos los líderes, no solo para los que están en el ámbito de la fe. Servir a otros comienza por la actitud y después se convierte en acción. Si se pregunta qué necesitan otros y actúa basándose en sus descubrimientos cada día, servir a otros pronto se convertirá en un hábito.

Me encanta una canción que escribieron mis amigos los Goad. Ellos son una familia de cantantes que tienen corazones de siervos. Cuando mi hijo Joel era un adolescente y atravesaba una racha difícil, se lo llevaron de gira con ellos como parte de su equipo técnico. Eso le dio la oportunidad de abrir sus alas y desarrollar sus talentos y habilidades. También lo amaron e invirtieron en él.

La canción que escribieron los Goad se llama «Follow Me» [Sígueme]. Esto es lo que dice:

Quiero ser alguien que mejore las cosas.
Alguien que te ayude a llegar a la cima.
No contenerme nunca, sino hacer más de lo que se me pida.
Voy a poner todo mi empeño.

Sígueme, estoy justo detrás de ti.
Déjame ayudarte a levantar tu carga.
Déjame hacer tus cargas más ligeras
Mientras caminamos por esta senda.

Creo en lo que haces.
Déjame ayudarte a lograrlo.
Haré todo lo posible para que tus sueños se cumplan.
Sígueme, estoy justo detrás de ti.

Intentaré responder a los problemas con soluciones.
Daré mi máximo esfuerzo cada día.

En la dificultad y en la prueba,
Recorreré la milla extra.
Llegaremos a la meta cueste lo que cueste.

Sin poner nunca excusas.
Dándolo todo.
Dispuesto a hacer lo que otros no harán.
Haciendo más de lo que se espere de mí.
Aunque no sea mi trabajo.
La meta es más importante que la función.

Esta letra capta la mentalidad de las personas que dan lo que otros necesitan, aun cuando quizá no se lo pidan. Como líderes, es así que deberíamos pensar.

3. LA PREGUNTA DE LA MEJORA: «¿EN QUÉ PUEDO TRABAJAR QUE ME AYUDE A SERVIR MEJOR A LA GENTE?»

El liderazgo de servicio se trata de la persona a la que usted sirve. Para crecer en eficacia debe valorar lo que es valioso para esa persona. No es suficiente con solo «mejorar». Debemos mejorar en las áreas que son importantes para aquellos a quienes servimos. Como líder, ¿posee usted lo que los miembros de su equipo necesitan, específicamente en las áreas que pueden beneficiar a su gente?

Hace más de veinte años, Charlie Wetzel se situó a mi lado para ayudarme con mi carga en el área de la escritura. Charlie sabía escribir, pero realmente no me conocía bien. Lo primero que hice fue darle un conjunto de cien lecciones que tenía en casetes para que empezara a entender mi estilo de oratoria. Sin embargo, yo sabía que no era suficiente. Tenía que ser proactivo a la hora de servirle para que él pudiera servirme a mí y a mis organizaciones.

Una de las cosas que hice fue darle a Charlie un libro de citas y pedirle que marcara las que él consideraba que eran las mejores. Después de hacerlo, revisé ese mismo libro y marqué las citas que eran las mejores para mí. Luego comparamos nuestras decisiones. Al principio, el noventa por ciento de las elecciones no coincidían. Entonces le expliqué por qué me gustaban las citas que había marcado para que él entendiera mi forma de pensar. Después volvimos a hacer este ejercicio varias veces. Tras hacerlo, nuestras elecciones coincidieron un noventa por ciento de las veces. Si no hubiera asumido la responsabilidad de intentar ayudar a Charlie, su trabajo le habría resultado mucho más difícil.

Para sacar lo mejor de otros, antes tengo que sacar lo mejor de mí. No puedo dar lo que no tengo, y lo mismo ocurre con usted. No obstante, esta es la buena noticia: su respeto hacia sí mismo se fortalecerá a medida que vaya mejorando. Las victorias que experimente por fuera con su equipo serán el resultado de las victorias que usted mismo experimentó primero interiormente. Cada paso de mejora le permitirá sentirse bien consigo mismo y con su viaje. Como dice mi amigo Mark Cole: «El valor del líder-siervo está en por qué hace lo que hace y cuán bien lo hace, no en lo que hace o en la cantidad de veces que lo hace. Esto le permite encontrar valor en quien él o ella es».

Como siervo líder, cuando mejora en áreas que son importantes para las personas a las que lidera, no solo mejora usted, sino que hace que aquellos a los que sirve sean mejores. Eso mezcla su efectividad y la de ellos. Y tiene una gran recompensa tanto en el ámbito personal como organizativo.

> Para sacar lo mejor de otros, antes tengo que sacar lo mejor de mí. No puedo dar lo que no tengo, y lo mismo ocurre con usted.

4. La pregunta de la evaluación: «¿Cómo sabré que estoy sirviendo bien a la gente?»

Una de las lecciones que enseño en *El manual de liderazgo* es esta: para ver si el líder lo está haciendo bien, mire a la gente. A menudo la respuesta a si el líder lo está haciendo bien es evidente para los que observan desde fuera. Sin embargo, ¿cómo descubren los líderes mismos la respuesta? ¿Cómo saben si están sirviendo bien a la gente?

Ayer invertí una hora en asesorar a un joven líder que tiene un gran potencial. Una de las preguntas que me hizo fue: «¿Cuáles son las cosas esenciales que tengo que saber y hacer al empezar a establecer mi liderazgo?». Mi respuesta fue de dos palabras: *preguntas* y *expectativas*. Mi consejo para él también ayuda a los líderes a saber cómo están sirviendo a su gente.

Resulta esencial hacer preguntas como líder. ¿De qué otra forma puede saber dónde se encuentra su gente mental y emocionalmente? ¿De qué otra forma sabrá lo que quieren y necesitan? ¿De qué otra forma sabrá cómo liderarlos? Cuando era un líder joven, solía dar instrucciones y después hacer preguntas. (Las preguntas eran principalmente para verificar que la gente había entendido mis instrucciones). Hoy en día, hago preguntas primero antes de tan siquiera tratar de dar instrucciones.

Establecer las expectativas también es clave. En mis años jóvenes intentaba «infiltrar» las expectativas en el diálogo con los miembros de mi equipo, dándoselas poco a poco, con la esperanza de que con el tiempo las entendieran para no tener que ser muy directo. Demasiadas veces nunca entendían lo que yo quería, y eso nos frustraba a ambos. Hoy aclaro las expectativas en el comienzo de cada esfuerzo. Esto le brinda claridad a todo el equipo. También pido conocer las expectativas de la gente a la que lidero. Tengo que saber qué es una victoria para ellos.

He hablado mucho con Mark Cole, mi director ejecutivo, porque es un líder-siervo maravilloso. Me sirve bien y sirve a la gente de las organizaciones que lidera. En realidad, él va más allá y siempre se esfuerza mucho para superar mis expectativas. Ofrece lo que necesito, y más aún.

Mientras me preparaba para escribir este capítulo, le pregunté a Mark: «¿Cómo haces para superar siempre las expectativas del equipo?». Su respuesta fue muy reveladora. Dijo que hay cinco cosas que hace constantemente:

- Estar cerca de mí para saber lo que estoy pensando; eso le permite comunicarle mi visión al equipo.
- Asegurarse conmigo de que no se está desviando al servir a las empresas.
- Preguntarse: «¿Cómo puedo superar las expectativas de nuestros clientes y del equipo?».
- Preguntarle continuamente al equipo cómo creen ellos que pueden superar las expectativas del cliente.

- Asumir la responsabilidad personal de dar lo que otros necesitan, y más aún.

Mark me dice que tengo un concepto más alto de él que el que él mismo tiene de sí, lo cual le ayuda a avanzar. Siento que eso es lo menos que puedo hacer para servirle. Y como líder, quiero que pase esa creencia a la gente que él lidera.

Si tuviera que evaluarse a usted mismo en cuanto a cómo sirve a su gente, ¿qué calificación se daría? ¿Sabe cuáles son las expectativas que su gente tiene de usted y está compartiendo sus expectativas con claridad? ¿Le está formulando a su gente preguntas para que le digan lo que está haciendo bien y dónde podría mejorar? Si no está evaluando su desempeño a la hora de servirles, probablemente no lo esté haciendo todo lo bien que podría.

5. LA PREGUNTA DEL PUNTO CIEGO: «¿CÓMO SE SIENTEN LAS PERSONAS QUE TRABAJAN CONMIGO?»

Esta pregunta es mi favorita, porque es la que más me ha ayudado. Todos tenemos puntos ciegos, cosas que no vemos de nosotros mismos. No siempre me veo como otros me ven, y no siempre percibo las cosas como otros lo hacen. Estoy seguro de que estas cosas también le suceden a usted.

Si tiene responsabilidades de liderazgo, sus puntos ciegos están mezclados. Como los líderes tienen poder y autoridad, las personas que los rodean a menudo se intimidan y creen que no pueden ser transparentes y honestas con ellos. Y mientras más arriba esté en el liderazgo, más difícil es conocer bien lo que está ocurriendo a su alrededor. La gente a menudo les dice a los líderes lo que ellos quieren oír, no lo que necesitan escuchar. Así que eso significa que, como líder, usted tiene puntos ciegos personales *además* de que no siempre recibe una crítica sincera de la gente que conoce sus defectos.

¿Cómo se puede vencer este reto? Como líder, hago dos suposiciones. En primer lugar, supongo que tengo puntos ciegos que me lastiman. En segundo lugar, reconozco que otros podrían sentirse intimidados y no siempre estar dispuestos a ayudarme con ellos. Por lo tanto, me hago esta pregunta: «¿Cómo será estar al otro lado de la mesa, enfrente de mí?».

Las respuestas que descubro no siempre son cómodas, pero si mantengo una buena actitud, pueden ayudarme a corregirme a mí mismo. Estos son algunos ejemplos de lo que sé acerca de mi persona:

- Siempre pienso que las cosas se pueden hacer más rápido de lo que realmente es posible.
- No aprecio las luchas que la mayoría de la gente tiene.
- Con demasiada frecuencia supongo que la gente entiende al instante mi visión y se alineará con ella.
- Soy impaciente. (Eso es breve y directo).
- Creo que todos serían capaces de hacer lo que yo hago si estuvieran dispuestos a esforzarse.
- Salgo rápidamente de las dificultades y espero que otros hagan lo mismo con la misma velocidad.

Podría seguir y seguir, pero no quiero aburrirlo. Ya entiende la idea.

Para intentar superar mis puntos ciegos siempre me pregunto: «¿Qué me falta?» y «¿Puede usted ayudarme?». Les he dado permiso a las personas que me rodean para decirme las cosas con franqueza. Es la única manera de protegerme de mis puntos ciegos.

Otra pregunta que me hago constantemente es esta: «¿Estoy trabajando para servir a la gente que me rodea o para mi propia ganancia personal?». La respuesta honesta debería ser ambas cosas. Sin embargo, si mi propia ganancia personal siempre supera a servir a otros, hay un problema con mi liderazgo. He perdido la esencia de liderar a otros, y tengo que recordarme que si pongo por delante servir a los demás, entonces la ganancia personal por lo general llegará enseguida de manera automática.

Recientemente leí algunos consejos buenos que me ayudan a mantenerme con los pies en el suelo como siervo líder. Son de Dan Price, el fundador y director ejecutivo de Gravity Payments, una empresa de proceso de tarjetas de crédito que apoya a empresas independientes. Price escribió que para convertirse en líderes-siervos, las personas deberían hacer lo siguiente:

1. En vez de emplear su tiempo definiendo expectativas para su equipo, empléelo en identificar cómo puede apoyarlos.

2. Haga que su equipo no pierda de vista sus acciones como líder en vez de lo contrario.

3. Pida opiniones en vez de decirle a su equipo lo que debe hacer.

4. Resístase a la urgencia de acumular poder. Enfóquese en repartirlo.[8]

¿Cómo son las cosas para la gente que se sienta al otro lado de la mesa o el escritorio frente a usted? ¿Había pensado en ello? Con demasiada frecuencia suponemos que es fácil, pero a menudo no lo es. Mientras más fuerte sea su liderazgo y su personalidad, más difícil es para otros trabajar con usted. Cultive un corazón de siervo y ayude a disminuir las dificultades para la gente a la que lidera.

6. La pregunta del respeto: «¿Cómo puedo conseguir valor mientras añado valor a otros sirviéndoles?»

Hace muchos años, leí *Bringing Out the Best in People* [Cómo sacar lo mejor de las personas], de Alan Loy McGinnis. Fue un libro que leería y volvería a leer, porque su mensaje me pareció impactante. La frase que más me marcó fue: «No hay ocupación más noble en el mundo que ayudar a otro ser humano, ayudar a otra persona a tener éxito».[9]

En 1995, cuando dimití de mi prestigiosa posición como pastor principal de la iglesia Skyline, lo hice porque estaba llevando a cabo una transición intencional. Había desarrollado líderes en mis congregaciones durante veinte años, pero comencé a preguntarme qué ocurriría si pasara *todo* mi tiempo sirviendo a líderes de todo el país. ¿Y si empleara mi tiempo ayudando a otros a llegar a nuevos niveles de éxito en vez de tan solo ser yo quien tuviera éxito?

> «No hay ocupación más noble en el mundo que ayudar a otro ser humano, ayudar a otra persona a tener éxito».
>
> —ALAN LOY MCGINNIS

Hice el cambio y no miré atrás. Ahora, más de veinte años después, puedo decirle sin lugar a duda que es más divertido ayudar a otros a ganar que ganar yo mismo. Marianne Williamson tenía razón cuando dijo: «Éxito significa irse a dormir en la noche sabiendo que nuestros talentos y habilidades fueron usados de una forma que ayudó a otros». Ahora veo un gran valor en añadir valor a los demás.

Servir a otros purifica nuestros motivos. Hacer las cosas bien por la razón correcta nos da un gran valor. Así que cada vez que añado valor, obtengo valor. Como dijo Dieter F. Uchtdorf: «Al perdernos en el servicio a otros, descubrimos nuestra propia vida y nuestra propia felicidad».

7. La pregunta de los dones: «¿Qué es lo que mejor hago que me permite servir mejor a la gente?»

Como líderes, donde mejor servimos a otros es en las áreas en las que más dones tenemos. Al mirar atrás a mi propia vida, puedo ver que los mejores líderes que tuve usaron sus dones para sacar lo mejor de mí. Eso comenzó con mi padre. Él no solo usó sus dones de animar para inspirarme y darme confianza; también usó sus conexiones relacionales para presentarme a líderes de influencia y equiparme para el liderazgo.

Otra persona que me ayudó fue mi mentor Tom Phillippe. Cuando cumplí los treinta años y tuve la oportunidad de hacer una transición en mi carrera, Tom, que era un empresario fantástico, se hizo cargo de mi pequeña empresa novata para que no muriera hasta que yo tuviera de nuevo tiempo suficiente para dedicárselo. Tom y mi padre son solo dos de los muchos líderes que han usado sus mejores dones para servirme.

He intentado hacer lo mismo con otros. Mis mayores dones están en las esferas de hablar, escribir y ser mentor. Mis conferencias no solo sirven a la gente que enseño, sino que también ayudan a mis empresas conectándome con otros líderes y organizaciones. Y he convertido en una práctica regular la supervisión de líderes emergentes. Una hora o dos con un líder de alto potencial un par de veces al año puede ayudarlos a responder a preguntas fundamentales del liderazgo y a navegar por asuntos en los que tengo algo de experiencia.

Piense en lo que mejor sabe hacer que le permita servir mejor a otros. Use estas preguntas como ayuda:

- ¿Cuáles son mis fortalezas? ¿Cómo puedo usarlas para servir a otros?
- ¿Cuál es mi trasfondo? ¿Cómo puedo usarlo para servir a otros?

- ¿Cuáles son mis experiencias? ¿Cómo puedo usarlas para servir a otros?
- ¿Cuáles son mis oportunidades? ¿Cómo puedo usarlas para servir a otros?
- ¿Qué me apasiona? ¿Cómo puedo usarlo para servir a otros?
- ¿Dónde estoy creciendo? ¿Cómo puedo usarlo para servir a otros?

Los líderes que trabajan conmigo se esfuerzan por servir a otros con sus mejores dones. Mark Cole es bueno con la gente, así que pasa la mayor parte de su tiempo haciendo eso. Paul Martinelli, el presidente de John Maxwell Team, mi empresa que capacita a oradores y entrenadores, es muy bueno en la producción estratégica, así que sirve a otros averiguando cómo crecer y mejorar continuamente la organización. Meridith Simes tiene una mente fantástica para el mercadeo, así que ella ayuda a mi organización a conectarse con personas para que tengan acceso a los recursos que necesitan. Sin importar qué sea lo que haga mejor, eso es lo que debería usar para servir más a otros.

8. LA PREGUNTA DEL EJEMPLO: «¿CÓMO PUEDO SERVIR A LA GENTE DE UNA FORMA QUE LES INSPIRE A SERVIR A OTROS?»

Recientemente celebré una reunión en el centro turístico Breakers en Palm Beach. Es un lugar precioso, y el servicio es excelente. Mientras estaba allí, entablé una conversación con el vicepresidente ejecutivo y director de ventas y directivo de mercadeo, David Burke, y me habló sobre el enfoque de la organización en el servicio. «El liderazgo de servicio está en el centro de todo lo que hacemos aquí en Breakers», dijo. «Todos los nuevos miembros del equipo pasan por una orientación de dos días antes de comenzar sus responsabilidades normales. Durante la mitad del día final del proceso de orientación, los nuevos contratados salen acompañados por un ejecutivo veterano a hacer cuatro o cinco horas de servicio a la comunidad en una de las muchas organizaciones del condado: Urban Youth Impact, Homeless Coalition, Banco de Alimentos, the Lord's Place, ARC, y otras. No solo les ofrecemos un servicio a nuestros clientes, sino también nos servimos los unos a los otros y a la comunidad.

Les pagamos a nuestros empleados para que salgan en sus días libres a hacer servicios en la comunidad».

David dijo que cree que lo que hacen por la comunidad constituye su legado, y es más importante que los resultados financieros. Me encantó eso. Y me encanta que sus ejecutivos veteranos lideren el cambio al servir a la gente.

Como líder, siempre soy muy consciente del ejemplo que doy a todos los que lidero y sirvo, y eso a menudo me ayuda a mostrarme más abierto y vulnerable de lo que podría estarlo de no ser así. Cuando me encontraba preparándome para cumplir sesenta años, pasé un tiempo pensando en quién quería ser ahora que entraba en lo que sentía que era una nueva etapa de mi vida. Así que tras pasar un tiempo con Dios, le escribí una oración sobre quién esperaba que Él me ayudara a llegar a ser. Soy muy consciente de mis defectos, y quería la ayuda de Dios para poder agradarle y ser más como Jesús, que no se rehusó a servir a otros, incluso haciendo el trabajo más insignificante de lavar los pies de sus discípulos.

Escribí la oración para mí mismo, pero rápidamente sentí que debía compartirla con otros, aunque eso revelara algunas de mis luchas personales. Y la comparto aquí con usted con la esperanza de que le sea de ayuda. Mi oración a los sesenta era esta:

> *Señor, a medida que me hago mayor, me*
> *gustaría ser conocido como alguien…*
> *Disponible, en vez de un trabajador duro.*
> *Compasivo, más que competente.*
> *Contento, no determinado.*
> *Generoso, en lugar de rico.*
> *Amable, antes que poderoso.*
> *Oidor, más que un gran comunicador.*
> *Amoroso, contrariamente a rápido o brillante.*
> *Fiable, no famoso.*
> *Sacrificado, en lugar de exitoso.*
> *Sereno, en vez de emocionado.*
> *Concienzudo, más que dotado.*
> *¡Quiero ser un lavador de pies!*

Han pasado más de diez años desde que escribí esa oración. Ahora ya estoy en los setenta, y sigo trabajando para convertirme en el siervo que deseo ser. Aún me queda mucho camino por recorrer, pero estoy poniendo todo mi empeño.

Por qué usted lidera y la forma en que lo hace son cosas importantes. Lo definen a usted, su liderazgo y finalmente su contribución. Al humillarse y «bajarse» de su posición, y al hacer del servicio a otros una parte clave de sus valores de liderazgo, irónicamente eleva su juego, porque ayuda y empodera a otros. Quizá por eso el filósofo chino Lao-Tzu escribió: «El tipo de gobernante más alto es aquel que la gente apenas sabe que existe [...] El Sabio es discreto y escaso en palabras. Cuando su tarea se cumple y las cosas se han terminado, toda la gente dice: "Nosotros mismos lo hemos logrado"».[10]

DESARROLLE EL *SIERVO* QUE ESTÁ EN USTED

Para llegar a ser un líder que sirve a otros, necesita enfocarse en hacer cambios en dos áreas.

DESARROLLE EL CORAZÓN DE UN SIERVO

El liderazgo de servicio se desarrolla desde dentro hacia fuera. Las personas pueden sentir su actitud hacia ellas. Pueden saber si las mira con menosprecio o quiere elevarlas. Saben si quiere ayudarlas o usarlas para ayudarse a sí mismo. Sienten si usted es alguien que sube escaleras o alguien que construye escaleras. Por eso servir a otros debe comenzar en su propio corazón.

¿Se preocupa genuinamente por las personas y quiere ayudarlas a ser lo mejor que puedan ser? ¿Quiere que otros tengan éxito *al menos* tanto como quiere el éxito propio? La mayoría somos egoístas (yo incluido).

Todos tenemos que trabajar para desarrollar un corazón de siervo. Si necesita ayuda con el proceso, puede intentar hacer las cosas que menciono en el capítulo:

1. *No confíe en su posición o título:* ¿Cómo debe usted cambiar su modo de liderar para reunirse con la gente en un terreno común en vez de confiar en su posición?

2. *Crea en la gente y su potencial:* ¿Cómo puede animar el éxito en las personas que lo rodean, incluso en los que no le caen bien?

3. *Vea las cosas desde la perspectiva del otro:* ¿Cómo puede conectarse con alguien con quien choca de frente o lo deja helado cuando escucha su perspectiva?

4. *Cree un entorno lleno de ánimo:* ¿Qué cosas positivas puede decir cada día a la gente de su equipo para motivarlos e inspirarlos?

5. *Mida su éxito por el valor que añada a otros:* ¿Qué debe cambiar para que mida el éxito de su día por cómo tuvieron éxito *los demás*?

Comience con estos cambios y vea cuánto mejora su actitud.

DESARROLLE LAS MANOS DE UN SIERVO

Un cambio de corazón es como la gratitud. Si no se expresa, vale de poco. Al buscar desarrollar el corazón de un siervo, asegúrese de incorporar también las *acciones* de un siervo. Despiértese cada mañana pensando en cómo puede ayudar a los miembros de su equipo a tener éxito en el ámbito personal, profesional, del desarrollo, relacional y otros. Si consigue que mejoren o sean más exitosos en algún aspecto, usted está en buen camino.

LA CUALIDAD INDISPENSABLE DEL LIDERAZGO:

VISIÓN

La visión *es* la cualidad indispensable del liderazgo. Sin ella, la energía del equipo decae, la gente comienza a no cumplir las fechas límites, las agendas personales de los miembros del equipo comienzan a dominar, disminuye la producción, y finalmente los miembros del equipo se dispersan. Con ella, la energía del equipo aumenta, la gente cumple sus fechas límites, las agendas personales se desvanecen en un segundo plano, aumenta la producción, y las personas que trabajan juntas se convierten en un equipo próspero.

Como dijo mi amigo Andy Stanley: «La visión le da importancia a los detalles de nuestra vida que de lo contrario serían insignificantes [...] Demasiadas veces la rutina de la vida comienza a hacernos sentir como si trabajáramos con una pala quitando tierra. Sin embargo, tome esas mismas rutinas, esas mismas responsabilidades, y véalas a través de los lentes de la visión y todo se verá distinto. La visión enfoca su mundo. La visión pone orden en medio del caos. Una visión clara le permite ver todo de otra forma».[1]

Una visión clara hace maravillas en un equipo, pero también hace maravillas en el líder. Entre sus mayores beneficios están la dirección y la pasión. Para los líderes, la visión establece la dirección en sus vidas. Es como tener un mapa de ruta. Prioriza tanto la acción como los valores, ayudando a los líderes a mantenerse enfocados. Y crea pasión. Enciende un fuego dentro de los líderes que puede extenderse a otros. Como dijo mi amigo Bill Hybels: «La visión es un cuadro del futuro que produce pasión. No hay tal cosa como una "visión sin emoción"». Quizá por eso, cuando le preguntaron a Helen Keller qué sería peor que nacer ciega, respondió: «Tener vista y no tener visión».

AFIRMACIONES SOBRE LA VISIÓN

Todos los líderes tienen una cosa en común. Ven más y antes que los demás. Lo que hace que eso resulte indispensable es que permite que sus seguidores comiencen a ampliar su visión y actuar en consecuencia con más rapidez. Si el líder no ve la visión, la gente nunca lo hará.

¿Por qué es tan importante la visión para un líder? ¿Por qué debe ser capaz de ver lo que otros no pueden percibir? Hay muchas razones:

1. Lo que usted puede ver determina lo que puede ser

A menudo me he preguntado si la visión hace al líder o si el líder hace a la visión. Tras años de pensar en esto y observar a los líderes, creo que la visión va primero. He conocido a muchos líderes que perdieron la visión y, del mismo modo, perdieron su capacidad para liderar.

La gente hace lo que ve. Este es el mayor principio motivacional del mundo. En otras palabras, las personas dependen del líder para su estimulación visual y dirección. Y cuando se trata de visión, creo que hay cuatro tipos de personas con las que los líderes se encuentran:

- Personas que nunca la ven: son vagabundos.
- Personas que la ven, pero nunca la persiguen por sí mismas: son seguidores.
- Personas que la ven y la persiguen: son realizadores.
- Personas que la ven, la persiguen y ayudan a otros a verla y perseguirla: son líderes.

La gran mayoría de las personas encajan en las dos primeras categorías. No persiguen un sueño por sí solas. Y las que están dispuestas a seguir no van tras el sueño directamente; siguen a los líderes que poseen un sueño y tienen la capacidad de comunicarlo eficazmente. Por eso es tan importante que un líder alimente un sueño o una visión y asuma la responsabilidad de la misma. Solo cuando eso sucede, la visión puede crecer y el líder atraer seguidores. Junte la visión con un líder dispuesto a implementar ese sueño, y comenzará un movimiento.

Cuando era un adolescente, leí *Como un hombre piensa, así es su vida* de James Allen. Me impactó mucho y me ayudó a comenzar a despertar el líder que había dentro de mí. Allan dijo: «Los soñadores son los salvadores del mundo». Eso realmente avivó mi deseo de soñar a lo grande, y comencé a preguntarme cómo podía ayudar a otros de una forma considerable.

Terminé de leer el libro de Allen y obtuve dos grandes lecciones. En primer lugar, necesitaba nutrir mis ideales. Allan escribió:

> Nutra su visión. Nutra sus ideales. Nutra la música que toca su corazón, la belleza que se forma en su mente, el encanto que extrae sus pensamientos más puros, porque de ellos crecerán todas las condiciones agradables, todo el entorno celestial; a partir de ellos, si usted les permanece fiel, su mundo al fin será construido.[2]

En segundo lugar, tenía que cavar para extraer el oro. Allan escribió: «Solo buscando y cavando mucho se consiguen el oro y los diamantes, y el hombre puede encontrar todas las verdades conectadas con su ser si cava hondo en la mina de su alma».[3] La visión que abrazamos como líderes viene de dentro de nosotros, de nuestros mejores pensamientos y nuestros ideales más nobles, pero tenemos que trabajar para sacarlos a la superficie. Tener visión como líder es *mi* responsabilidad.

2. Usted solo ve lo que está preparado para ver

El estadista alemán Konrad Adenauer dijo: «Todos vivimos bajo el mismo cielo, pero no todos tenemos el mismo horizonte». Cada persona tiene el potencial de poseer una visión, pero no todo el mundo la tiene. Y esa es una función de su perspectiva.

En *A Savior for All Seasons* [Un salvador para todo tiempo], William Barker cuenta la historia de un obispo de la costa este que hizo una visita a una pequeña universidad religiosa del medio oeste a principios del siglo veinte. Se quedó en la casa del presidente de la universidad, quien también trabajaba como profesor de física y química en el centro de estudio. Tras la cena, el obispo mencionó que pensaba que ya se había descubierto casi todo en la naturaleza y se habían ideado ya todos los inventos posibles.

> «Todos vivimos bajo el mismo cielo, pero no todos tenemos el mismo horizonte».
>
> —KONRAD ADENAUER

El presidente de la universidad educadamente discrepó y dijo que él sentía que aún había muchas más cosas por descubrir. Cuando el obispo retó al presidente a que le mencionara tan solo un invento, el presidente respondió que estaba seguro de que en el transcurso de cincuenta años los hombres serían capaces de volar.

«¡Eso es una tontería!», respondió el obispo. «Solo los ángeles están hechos para volar».

El nombre del obispo era Milton Wright, y tenía dos hijos en casa que demostrarían tener una visión mayor que la de su padre: Orville y Wilbur.[4] El padre y sus hijos vivían bajo el mismo cielo, pero no todos tenían el mismo horizonte.

Si queremos poseer una visión para nuestro liderazgo, tenemos que prepararnos para ella. Tenemos que anticiparla. Cuando tenemos una anticipación positiva sobre lo que viene por delante, estamos muy motivados y nos preparamos diligentemente. Cuando hacemos esto con regularidad, nuestro sentido de la anticipación se convierte en un catalizador de la inspiración.

3. LO QUE USTED VE ES LO QUE LOGRA

Lo tercero que debe saber sobre la visión —además de saber que lo que usted ve determina lo que puede ser y que lo que ve es lo que está preparado para ver— es que lo que recibe está basado principalmente en lo que percibe. Los líderes entienden que tienen que creerlo para verlo, mientras que la mayoría de las personas van por la vida diciendo: «Tengo que verlo para creerlo».

Una gran ilustración de este concepto está contenida en el libro de Luis Palau, *Dream Great Dreams* [Sueñe grandes sueños]. Palau escribió:

Piense en lo bonito y refrescante que es degustar una Coca-Cola fría. Cientos de millones de personas en todo el mundo han tenido esta experiencia gracias a la visión de Robert Woodruff. Durante su período como presidente de Coca-Cola (1923-1955), Woodruff declaró enfáticamente: «Veremos que todo hombre uniformado consigue una botella de Coca-Cola por cinco centavos dondequiera que esté y cualquiera que sea el costo». Cuando había terminado la Segunda Guerra Mundial, Woodruff dijo que antes de morir quería que cada persona del mundo hubiera probado la Coca-Cola. ¡Robert Woodruff era un hombre de visión!

Con una cuidadosa planificación y mucha persistencia, Woodruff y sus colegas alcanzaron a su generación y a todo el planeta para Coca-Cola.

Cuando se inauguró Disney World, le pidieron a la señora de Walt Disney que hablara en la gran apertura, ya que Walt había muerto. La presentó un hombre que dijo: «Señora Disney, me encantaría que Walt pudiera haber visto esto». Ella se levantó y dijo: «Él lo vio», y se sentó. Walt Disney lo sabía. Robert Woodruff lo sabía. ¡Incluso Flip Wilson lo sabía! Lo que usted ve es lo que usted logra.[5]

Como líder, debe esforzarse por ver más y antes que los demás. Necesita tener aspiraciones. Debe ser lo opuesto a lo que el escritor Kenneth Hildebrand llamó el «hombre mundano», a quien describía como aquel que cree «solo lo que ve, solo lo inmediato, solo lo que puede tocar con sus manos». Él continuó diciendo:

El hombre mundano carece de profundidad. Le falta visión. El más pobre de todos los hombres no es el que no tiene ni una moneda a su nombre. Es la persona que no tiene un sueño. El hombre mundano se asemeja a un gran barco hecho para el imponente océano, pero que intenta navegar en una represa de molino. No tiene un puerto lejano en el que atracar, no tiene un horizonte elevado, no tiene un cargamento precioso que llevar. Sus horas están absorbidas en la rutina y las tiranías insignificantes. No es extraño si se siente insatisfecho, combativo y «hastiado». Una de las mayores tragedias de la vida es una persona con una capacidad de diez por doce y un alma de dos por cuatro.[6]

Los buenos líderes no se permiten ser arrastrados a un territorio mundano. Ponen sus ojos en el horizonte y su corazón en la gente. Saben que mucho depende de su visión. Por eso mi amigo, el pastor Rick Warren, haciéndose eco del consejo de uno de sus profesores, sugiere que si quiere conocer la temperatura de su organización, debería poner un termómetro en la boca del líder.[7] Los líderes no pueden llevar a su gente más lejos de lo que ellos pueden ver. Por eso su visión tiene que ser clara.

> «Si quiere conocer la temperatura de su organización, debería poner un termómetro en la boca del líder».
>
> —RICK WARREN

CÓMO AUMENTAR SU «MÁS Y ANTES»

El escritor Napoleón Hill dijo: «Cuide de sus visiones y sueños como si fueran los hijos de su alma: las huellas de sus últimos logros».[8] Los buenos líderes ven más y antes que otros, y trabajan para aumentar esa capacidad continuamente. Eso puede resultar un reto. Muchas personas creen que esto es algo que se tiene o no se tiene. Yo discrepo de esa idea. Creo que todos poseen la capacidad de mejorar en esta área. He aquí la manera:

1. SEPA QUE HAY MÁS «MÁS Y ANTES» AHÍ FUERA

Mi vida ha consistido en una continua expansión de la visión. Añadirle valor a la gente fue el nacimiento de mi visión. Hoy, esa visión ha adoptado muchas formas y se ha extendido mucho más allá de mis esperanzas y sueños iniciales. Cuando medito en ello, pienso en dos momentos concretos en los que me vi tentado a pensar que no había ningún «más y antes» en mi visión.

El primero fue al comienzo de mi carrera durante el nacimiento de mi sueño original de tener una iglesia que pudiera ayudar a la gente. Mi sueño estaba en su momento más vulnerable en ese tiempo. ¿Por qué? Porque la visión era nueva para mí. No tenía antecedentes de éxito en llevar a cabo una visión, y me faltaba la experiencia necesaria para vencer los retos de la visión que tenía ante mí. Además, era susceptible a las opiniones de mis amigos. Si ellos eran negativos, y muchos lo eran, yo estaba en peligro de descartar el «más y antes» que había visto en mi interior, y podría tacharlo de inalcanzable. Desearía haber conocido en ese entonces una cita de Jonas Salk, quien desarrolló la vacuna de la polio. Él dijo: «Primero, las personas le dirán que está equivocado. Después le dirán que está en lo cierto, pero que lo que está haciendo no es realmente importante. Finalmente, admitirán que está en lo cierto y que lo que está haciendo es muy importante; pero que al fin y al cabo, ellas lo sabían desde el principio».[9]

La segunda vez que me vi tentado a abandonar en lo que respecta al aumento de mi habilidad para ver más y antes se produjo cuando tenía unos cuarenta y cinco años. Me había establecido profesionalmente en mi tercera iglesia, tenía una posición de influencia y podía haberme asentado de por vida. Me sentía como si estuviera viviendo en la cima de una montaña. ¿Qué iba a hacer? ¿Me acomodaría? ¿O seguiría esforzándome?

La psicóloga Judith Meyerowitz señaló que a muchas personas les ocurre algo alrededor de los cuarenta y cinco años. Ellas pierden la visión de un futuro mejor para sí mismas. Algunos dejan de trabajar y en cambio comienzan a fantasear.[10] Yo no quería hacer eso. No quería conformarme con la montaña que había escalado. Miré a mi alrededor en busca de una cima más alta y me dispuse a escalarla.

En la actualidad, dos cualidades me ayudan a seguir enfocado en las formas de aumentar mi «más y antes»: la creatividad y la flexibilidad. Emplear la creatividad me ayuda a creer que siempre hay una respuesta. Esa mentalidad me permite ver las cosas antes que otros las vean porque espero verlas. La flexibilidad me recuerda que hay siempre más de una respuesta. Esa mentalidad me permite ver más de lo que otros ven. Estos dos conceptos influyen mucho en cómo veo el futuro. Me permiten pensar con abundancia y no escasamente. Me convencen de que no hay situaciones imposibles, solo personas que piensan que no hay esperanza.

Lo animo a adoptar estas dos cualidades. Y nunca permita que nadie determine su visión. Si otros lo hacen, es muy probable que también la reduzcan demasiado.

2. Desarrolle un proceso para encontrar más «más y mejor»

La Ley del Diseño en *Las 15 leyes indispensables del crecimiento* dice: «Para maximizar el crecimiento, desarrolle estrategias».[11] Ese concepto funciona igual de bien con la visión como lo hace con el crecimiento personal. Como las estrategias no son otra cosa que sistemas para obtener resultados específicos, resultan como autopistas. Ellas pueden ayudarlo a llegar a donde quiere ir de forma rápida.

En el capítulo 6 escribí sobre el proceso que usa Paul Martinelli para poner en acción la actitud: Prueba → Fracaso → Aprender → Mejorar → Reingresar. Ese es también un gran proceso para aumentar el «más y antes» en su visión.

- **Prueba:** Salga de su zona de comodidad compartiendo su visión. ¿Con quién la puede poner a prueba para ver si hay una respuesta positiva? ¿Dónde puede compartirla que no lo haya hecho antes? Nunca se sabe quién se podría beneficiar de su visión hasta que la pruebe.
- **Fracaso:** El fracaso le permite descubrir lo que no funciona. Eso es muy importante. Nunca eliminará lo que no funciona hasta que sepa lo que es. ¿Por qué no hacemos eso más veces?
- **Aprender:** Un espíritu dispuesto a aprender más humildad fomenta la experiencia de aprendizaje que es esencial para ampliar su visión.
- **Mejorar:** Como líder, tiene que preguntarse continuamente: «¿Estoy mejorando?». Esa es la pregunta que está en la mente de toda persona de éxito cada día. Representa la senda hacia la mejoría.
- **Reingresar:** Nada de esto importa a menos que vuelva a entrar en el juego. La persona que se cae y se vuelve a levantar puede ser admirada por su tenacidad, pero eso no sirve de mucho a menos que aprenda, mejore y aplique lo que aprende.

Warren Bennis dijo: «El liderazgo es la capacidad de convertir en realidad la visión».[12] El proceso que acabo de bosquejar lo ayudará a hacer exactamente eso.

3. PASE TIEMPO CON PERSONAS QUE LO INSPIREN A VER «MÁS Y ANTES»

En el capítulo 5 mencioné que el escritor Jim Collins me enseñó acerca de un concepto que él llamaba «suerte relacional», que implica la idea de que la gente a la que usted conoce produce un impacto en su vida. Creo que la suerte relacional es la suerte más importante de todas. Yo puedo mirar hacia atrás en mi vida y verificar qué impacto ha causado. En 1971, siendo un pastor joven, llamé a los pastores de las diez iglesias más grandes de Estados Unidos y les pedí una cita de treinta minutos para hacerles preguntas sobre su liderazgo y su éxito. Dos de los diez dijeron que sí, y mi viaje de la suerte relacional comenzó. Mis conversaciones con ellos me ayudaron a ver más y antes. Y esos dos líderes también me ayudaron a conocer a los otros ocho que en principio habían dicho que no.

Puedo señalar una ocasión tras otra en mi vida en la que estuve con personas que ampliaron mi visión y me hicieron querer ser más de lo que era. Desde mi reunión con esos dos líderes, he buscado intencionalmente personas y experiencias que amplíen mis dones de liderazgo y agranden mi visión. Y esto es lo que he descubierto:

> «El liderazgo es la capacidad de convertir en realidad la visión».
>
> —WARREN BENNIS

- Cuando estoy con las personas correctas y en los sitios correctos, no gasto el tiempo; lo invierto. De esto obtengo mi mayor rendimiento de la inversión.
- La suerte relacional es 90% intencional y 10% accidental. No puede conformarse con tener la *esperanza* de conocer a gente que pueda ayudarlo a desarrollarse. La esperanza no es una estrategia.
- Es imposible estar alrededor de personas superiores a usted y que no crezca. Este tipo de experiencias puede cambiar su vida.

- La mejor forma de conocer a las personas correctas es haciendo las preguntas correctas: «¿A quién conoce usted que yo debería conocer?».

- Prepararse de antemano y meditar después maximizan estas experiencias.

- Incluir a miembros de mi equipo es la mejor forma de que crezcamos juntos. Siempre que sea posible, llévese a su gente con usted.

- La segunda reunión con la persona correcta es la reunión más importante. Ese encuentro indica que ambos ven el valor de volver a reunirse, y eso quizá es el comienzo de una relación continuada.

¿Está buscando activamente personas que puedan desarrollarlo tanto a usted como a su visión? ¿Es una de sus grandes prioridades? Si no lo es, debería serlo.

4. Haga preguntas que lo ayudarán a aumentar su «más y antes»

En mi libro *Buenos líderes hacen grandes preguntas*, escribí que las preguntas son las llaves que abren las puertas de la oportunidad.[13] Mientras estaba en Nueva York recientemente, un periodista me preguntó: «¿Cuál es la mayor diferencia entre su liderazgo a los treinta años y hoy?». Tras un momento de reflexión, respondí: «A los treinta años daba muchas instrucciones. Hoy hago muchas preguntas».

Cuando encontramos nuestra visión, encontramos nuestro camino. Sin embargo, debemos hacer otro descubrimiento que es igualmente importante: la gente que se unirá a nosotros en el viaje para cumplir esa visión. Las preguntas nos permiten conocer a la gente cuando nos reunimos y si deberíamos o no hacer ese viaje juntos. Las preguntas también abren la puerta para el intercambio de grandes ideas, lo cual ayudará a moldear y conformar su visión.

Liderar mediante suposiciones por lo general termina siendo una pesadilla de liderazgo. Las preguntas correctas matan las suposiciones erróneas. Mientras más éxito tenga la persona que conozca, mejores preguntas tiene que hacerle, y mejores serán las respuestas que recibirá.

5. CREZCA INTENCIONALMENTE CADA DÍA AUMENTANDO SU CAPACIDAD DE «MÁS Y ANTES»

El crecimiento personal es mi pasión, porque ha aumentado constantemente mi capacidad y mi visión. Hace muchos años, cuando le escuché decir a Earl Nightingale: «Si una persona pasa una hora cada día durante cinco años enfrascada en un tema, esa persona se convertirá en un experto en ese tema», decidí seguir su consejo en el área del liderazgo. Así que, durante una hora al día, todos los días estudiaba sobre liderazgo.

Durante los dos primeros años seguía preguntándome: «¿Cuánto tardaré?». Quería «llegar» como experto. Pero entonces me ocurrió algo maravilloso. Comencé a experimentar el gozo del crecimiento personal. Pude ver mi progreso. Mejor aún, otros también podían verlo. Fue en ese momento que me enamoré del viaje del crecimiento. Y mi pregunta cambió de «¿Cuánto tardaré?» a «¿Hasta dónde puedo llegar?». Me he estado haciendo esa misma pregunta durante los últimos cuarenta y cinco años. No he encontrado aún la respuesta, y no creo que la encuentre nunca. No creo que quiera. Sigo creciendo, y me encanta.

Steve Jobs dijo: «Si está trabajando en algo emocionante que realmente le importa, no tendrán que empujarlo. La visión tira de usted». Tiene razón. Sigo sintiendo el tirón del crecimiento personal, y me está haciendo avanzar como líder.

> «Si está trabajando en algo emocionante que realmente le importa, no tendrán que empujarlo. La visión tira de usted».
>
> —STEVE JOBS

PROPIEDAD PERSONAL DE LA VISIÓN

En mi libro *¡Vive tu sueño!*, una de las preguntas que hago tiene que ver con la propiedad: ¿mi sueño es realmente mío? ¿Por qué? Porque no puede alcanzar un sueño del que no se haya apropiado.[14] Dele un vistazo a las diferencias que experimentará teniendo en cuenta si se ha apropiado o no de su sueño:

Cuando otro se apropia de su sueño	Cuando usted se apropia de su sueño
No lo hará sentirse bien.	Se sentirá a gusto con él.
Será un peso sobre sus hombros.	Le dará alas a su espíritu.
Drenará sus energías.	Lo enardecerá.
Lo dormirá.	Le impedirá dormir por la noche.
Lo sacará de su zona de fortalezas.	Lo sacará de su zona de comodidad.
Será satisfactorio para otros.	Será satisfactorio para usted.
Harán falta otros para que usted lo haga.	Le parecerá que fue creado para eso.

Nunca alcanzará un sueño o una visión a menos que se apropie de ellos. Además, como líder, no podrá hacer que otros acepten una visión de la que usted no se haya apropiado.

A lo largo de los años, una de las preguntas más comunes que me han hecho en las conferencias de liderazgo es: «¿Cómo consigo una visión para mi organización?». Cuando oigo esta pregunta, lo siento por el líder que la hace, porque sé que significa que la persona ha sido colocada en una posición de liderazgo, pero le falta la cualidad indispensable de un líder. Hasta que no se responda a la pregunta de la visión, la persona solo será un líder de nombre. Espero que usted ya tenga una visión propia para su equipo, departamento u organización. Sin embargo, si no la tiene, quiero ayudarlo. Aunque no puedo darle una visión, puedo compartir el proceso de buscar una para usted y los que le rodean. Y puedo ayudarle a pensar en el proceso de implementación de la misma.

MIRE EN SU INTERIOR: «¿QUÉ SIENTE?»

No puede tomar prestada la visión de otro. Esta debe proceder de su interior. Lo que hace que surja es la pasión. ¿Qué lo enardece? ¿Qué es tan importante para usted que lo mantiene despierto por la noche, que le hace hervir la sangre o le da mucha alegría? Esas son pistas de la visión.

Uno de los líderes que más admiro es Winston Churchill. Siempre que visito Londres, voy a las salas de guerra de Churchill, las oficinas subterráneas donde el primer ministro y otros líderes británicos hicieron sus planes para luchar con los nazis durante la Segunda Guerra Mundial.

Contra todo pronóstico, Churchill lideró a Gran Bretaña en algunos de sus momentos más negros, inspirando a millones de personas a «¡no rendirse jamás, jamás, jamás!». Él señaló: «Para poder inspirar con emoción, usted mismo debe estar saturado de ella. Para poder sacar las lágrimas de los demás, deben fluir las suyas. Para convencer a otros, usted mismo debe creer».

Al buscar la visión, ¿por qué es importante comenzar dentro de nosotros? Hay tres razones principalmente. Primero, habrá presión desde afuera que diluirá la visión o lo distraerá de la misma. Quizá reciba una visión gratis, pero el viaje para cumplir esa visión nunca lo será. Cada día alguien o algo se interpondrán en el camino por donde su visión quiere llevarlo. Los obstáculos y oposiciones son constantes. Pueden desgastarlo. ¿El resultado? A menudo, la visión comienza a «escaparse». Cuando lo hace, debe apoyarse en la fuerza de su interior para que la sostenga.

Segundo, una visión nacida dentro de usted suena sincera y tiene autenticidad cuando se comparte con otros. Theodore Hesburgh, el antiguo presidente de la Universidad de Notre Dame, dijo: «Una visión debe articularse clara y contundentemente en cada ocasión. No puede tocar una trompeta con un sonido incierto». Un «sonido incierto» por lo general es el resultado de un líder que intenta lanzar la visión de otros sin una honda convicción.

Y finalmente, solo una visión que viene de adentro posee el «peso» necesario para hacer algo importante. Las visiones sin peso se descartan fácilmente. Igual de fácil que llegan, se van. Una visión con peso no parece opcional; resulta esencial. Conlleva oportunidades, pero también consecuencias si el líder la ignora. Las visiones con peso están siempre presentes para los líderes que las poseen. Y el peso de esa visión puede convertirse en su estrella polar. Los guía. Les brinda credibilidad. Les da seriedad. Y les da gozo en el viaje. Una visión sin peso a menudo es una ilusión. Un peso sin visión a menudo conduce a la depresión.

El psiquiatra Carl Jung señaló: «Su visión será clara solo cuando mire a su corazón. El que mira hacia fuera, sueña. El que mira hacia

> «Su visión será clara solo cuando mire a su corazón. El que mira hacia fuera, sueña. El que mira hacia adentro, despierta».
>
> —CARL JUNG

adentro, despierta». Mire en su interior, préstele atención a lo que siente, y comience a despertar a su sueño, su visión como líder.

MIRE HACIA ATRÁS: «¿QUÉ HA APRENDIDO?»

Toda visión significativa que tienen los líderes se construye sobre su pasado: sobre las lecciones que han aprendido, el dolor que han experimentado, las observaciones importantes que han hecho. Por ejemplo, cuando comencé mi carrera como pastor, creía que tenía que dedicar la mayor parte de mi tiempo y atención a las tareas administrativas. Los modelos de liderazgo que había observado mientras crecía dedicaban su atención a esta área. Sin embargo, enseguida descubrí que no tenía talento, ni siquiera paciencia, para la administración. No importaba lo mucho que me esforzara o cuánto trabajara en ello. Eso me hizo frustrarme mucho. Finalmente, tuve que admitir que no iba a mejorar y que necesitaba encontrar otras formas de llevar a cabo las tareas administrativas de la iglesia aparte de mí. Pronto empecé a solicitar la ayuda de voluntarios que tenían habilidades administrativas y se sentían realizados llevándolas a cabo. Y en mi segunda iglesia, pude contratar a una ayudante administrativa. ¡Qué día tan feliz!

Aprendí la lección en esa primera posición de liderazgo. Si usted observara mi pasado para ver la manera en que he liderado cada organización desde entonces, vería que ni siquiera *hice el intento* de realizar ni un solo trabajo administrativo. Eso se lo dejé a las personas que tenían experiencia en esa área. De ese modo me he liberado para ser un líder mejor. Yo me enfoco en mis fortalezas.

¿Qué experiencias de su pasado modelan su visión? ¿Qué le han enseñado sus éxitos, y especialmente sus fracasos, sobre la vida y el liderazgo? Estas cosas tienen que ser parte de su visión como líder.

MIRE A SU ALREDEDOR: «¿QUÉ LES ESTÁ SUCEDIENDO A OTROS?»

Una vez que nace la visión en usted, debe prestarles atención a las personas que desea que lo ayuden a implementarla. ¿Por qué? La Ley del Apoyo en *Las 21 leyes irrefutables del liderazgo* dice: «La gente apoya al líder, luego a la visión». Si no consigue el apoyo de la gente, la visión no irá a ningún lado.

Los buenos líderes observan a las personas para saber cómo y cuándo presentar la visión. Escuchan a la gente, aprenden de ella, y después disciernen cómo liderarla. Prestan atención al tiempo, porque como dice la Ley del Momento Oportuno: «Cuando ser un líder es tan importante como qué hacer y dónde ir».[15]

Cuando se trata de la oportunidad, me encanta la historia de un niño que asistió a su primer concierto sinfónico. Estaba emocionado por la sala tan espléndida, las personas vestidas con sus atuendos más finos y la música de la orquesta profesional. De todos los instrumentos, su favorito eran los platos. Su primer sonido lo cautivó. No obstante, después observó que el músico que tocaba los platos la mayor parte del tiempo estaba de pie sin hacer nada y solo de vez en cuando hacía su contribución musical. E incluso entonces era muy breve.

Después del concierto, los padres del niño lo llevaron tras el telón para saludar a algunos de los músicos. El niño inmediatamente buscó al percusionista que tocaba los platos.

«¿Cuánto tiene usted que saber para tocar los platos?», preguntó él.

El músico se rio y respondió. «Para los platos, no tienes que saber mucho. Solo tienes que saber cuándo».

Una buena idea puede convertirse en genial cuando la gente está preparada. Los líderes que son impacientes con las personas e intentan forzar una idea antes de que se acepte se frustrarán en sus esfuerzos por ver que su visión se convierte en una realidad. La evidencia de la fortaleza de su liderazgo no reside en avanzar a la fuerza, sino en adaptar su zancada al paso más lento de otros sin perder el liderazgo. Como líderes, si corremos demasiado rápido y nos adelantamos, perdemos nuestro poder para influenciar a la gente.

Mire hacia arriba: «¿Qué espera Dios de usted?»

Antes de pasar al siguiente y último lugar donde mirar para definir y apropiarse personalmente de su sueño, quiero decirle cómo entra Dios en juego en mi vida. Hago esto porque soy una persona de fe, y para ser fiel a mí mismo y a cómo opera la visión en mi vida, tengo que incluir a Dios. Si esto lo ofende, por favor, sáltese esta sección y vaya al siguiente punto.

Creo que el don de Dios para mí es mi potencial. Mi regalo para Él es lo que yo haga con ese potencial. Creo que los grandes líderes sienten un llamado más alto, uno que los eleva por encima de la multitud. Este los impulsa a intentar lograr algo significativo, algo importante para otros. Para la gente de fe, ese llamado es ordenado por Dios.

Qué terrible pérdida de vida sería subir por la escalera del éxito solo para descubrir al llegar a lo más alto de la misma que estaba apoyada sobre el edificio equivocado. Por eso le pido a Dios que me dirija. Por eso mi definición de éxito es:

- Conocer a Dios y sus deseos para mí,
- Crecer hasta mi máximo potencial, y
- Sembrar semillas que beneficien a otros.

Si desea la ayuda de Dios con su visión y llamado, simplemente pídale que lo ayude. Yo incluso he animado a mis amigos ateos a hacer esto. Inténtelo, y vea lo que ocurre.

MIRE HACIA DELANTE: «¿CUÁL ES EL CUADRO GENERAL?»

Si le ha prestado atención a lo que siente, lo que ha aprendido, lo que les está ocurriendo a otros, los recursos que tiene disponibles y lo que Dios espera de usted, entonces está listo para mirar el cuadro general. Esta es la última idea para la formación de una visión.

Recientemente estaba haciendo un podcast para Growing Leaders, una organización liderada por mi amigo Tim Elmore. El tema era «Fast Forward» [Avance]. El entrevistador me preguntó qué pensaba yo sobre ese tema, y me hizo reflexionar en la velocidad cada vez mayor de la vida. Al mirar hacia adelante, vemos el futuro venir más rápido, no más lento. Mientras mayor soy, más pienso en la vida como un rollo de papel higiénico. ¡Mientras más cerca está del final, más rápido avanza!

Era más fácil ver el cuadro general hace cincuenta años, cuando comencé como líder. En aquel entonces se nos animaba a tener planes a largo plazo (diez años), planes a medio plazo (cinco años) y planes a corto plazo (uno o dos años). Hoy en día en muchas empresas un plan a largo plazo podría ser solo de dos años, porque la necesidad de cambio y adaptación es muy fuerte. Con ese tipo de ritmo, la habilidad de un líder de ver más y antes que otros le permite no fijarse solo en el ahora, sino enfocarse en lo que será en el futuro. Cuando comencé como líder, ver más era más importante que ver antes. Hoy creo que eso está cambiando. Ver antes que otros resulta esencial para tener éxito como líder. Actualmente, por lo general no suele haber personas que terminan en primera, segunda y tercera posición. Solo existe el que termina primero. Todos los demás se quedan sin recompensa.

DIBUJE UN CUADRO DE LA VISIÓN PARA ELLOS

Si entiende el valor de la visión, está dedicado a ver más y antes que otros, y ha hecho el trabajo a veces difícil de descubrir y desarrollar una visión, ¿qué viene ahora? No ocurrirá nada a menos que esté dispuesto y sea capaz de dibujar un cuadro claro de su visión para las personas y las movilice a fin de que se unan a usted. Como dice mi amigo Andy Stanley, si la visión no es clara, entonces la neblina en su mente se convertirá finalmente en una niebla en su organización.[16]

Una imagen de su visión vale mil palabras, ya que la gente piensa y recuerda en imágenes. A menudo los líderes hacen esto verbalmente. El escritor Donald T. Phillips, que ha estudiado profundamente a los líderes y oradores, señala: «De todos los sentidos humanos, el sonido es el principal estimulante intelectual, mientras que la visión es secundaria. Un discurso combina sonido y visión, por lo tanto, puede ser generalmente un método eficaz de comunicación para una gran audiencia».[17]

Cada gran visión tiene ciertos componentes, y los mejores líderes se aseguran de incluirlos en el cuadro para que su gente los experimente.

> «Si la visión no es clara, entonces la neblina en su mente se convertirá finalmente en una niebla en su organización».
>
> —ANDY STANLEY

EL HORIZONTE

La visión del horizonte distante de un líder le permite a las personas ver las alturas de sus posibilidades. Aunque es cierto que los individuos con los que usted se conecta determinarán lo lejos o lo alto que quieran ir, es su responsabilidad como líder pintar bastante cielo en su cuadro. Paul Harvey dijo que el mundo de un ciego está atado por los límites de su tacto; el mundo de un ignorante por los límites de su conocimiento; y el mundo de un gran hombre por los límites de su visión. Como líder visionario que pinta un cuadro del futuro para su gente, puede ampliar los horizontes de las personas.

EL SOL

Todo el mundo desea calor y esperanza. Cuando dibuja un futuro brillante para la gente, las personas sienten el calor, y el sentimiento de optimismo que viene de la «luz» que usted proporciona. Una función principal de cada líder es mantener viva la esperanza.

MONTAÑAS

Toda visión tiene sus retos. Edwin Land, fundador de Polaroid, señaló: «Lo primero que usted hace es enseñarle a la persona a sentir que la visión es muy importante y casi imposible. Eso provoca el deseo en el ganador».

Como líder, no finja que los retos no existen. La gente verá su engaño. En lugar de eso, reconozca esos retos y obstáculos, y asegúrele a su gente que están todos unidos en ellos y que los superarán como equipo.

AVES

Ver a un águila elevarse hace que la gente sienta volar su propio espíritu. Las personas necesitan este tipo de inspiración. Necesitan que se les recuerde el poder del espíritu humano para elevarse. Como dijo el General George S. Patton: «Las guerras se pueden luchar sin armas, pero se ganan con hombres. Es el espíritu de los hombres que siguen y del hombre que lidera lo que consigue la victoria».[18]

FLORES

Lograr una gran visión lleva tiempo, y requiere mucha energía y esfuerzo. No se puede lograr de un gran golpe. Por esa razón, debe permitir que la gente se detenga a oler las flores por el camino. Necesitan paradas para descansar, lugares donde puedan refrescarse mental, emocional y físicamente. Créame, mi inclinación natural es seguir avanzando. Tuve que aprender a dejar que la gente respire cuando lo necesita.

El camino

Las personas necesitan dirección. Quieren un camino que seguir. Y desean saber que usted conoce el camino por el que avanza, que puede llevarlas desde donde están hasta ese lugar al que quieren ir. Usted debe ser como el guía nativo americano, que cuando le preguntaron cómo podía dirigir el camino por las cimas escarpadas, los bosques y los senderos peligrosos, respondió: «Tengo la visión de cerca y la visión de lejos. Con una veo lo que hay justo delante de mí; con la otra me guío por las estrellas».

Usted mismo

Nunca dibuje la visión sin colocarse usted mismo en el cuadro. Esto mostrará su compromiso con la visión y su deseo de caminar junto a su gente durante todo el proceso. Usted no es solo el guía, sino también el modelo a seguir y la persona que tiende una mano cuando necesitan ayuda para escalar. Como dijo Warren R. Austin, el antiguo embajador de las Naciones Unidas: «Si quiere elevarme, debe estar en un terreno más elevado que el mío».

> «Si quiere elevarme, debe estar en un terreno más elevado que el mío».
>
> —WARREN R. AUSTIN

Las cosas que le gustan a la gente

Nunca olvide que lo que más motiva a la gente son las personas y las cosas que les agradan. Y por eso debemos acordarnos de incluir estos elementos en el cuadro que pintemos. Eso es lo que se hizo en las fábricas de paracaídas durante la Segunda Guerra Mundial. Había que construir miles de paracaídas, pero era un trabajo tedioso. Conllevaba estar inclinado sobre una máquina de coser durante ocho o diez horas al día y dar puntadas interminables en cantidades enormes de un tejido monocromático. Incluso aunque las costureras hacían progresos en un paracaídas, parecía que trabajaban en un montón de tela sin forma.

¿Cómo combatieron los líderes el aburrimiento e impidieron los posibles errores? Todas las mañanas se les recordaba a las trabajadoras que cada puntada que daban era parte de una operación de salvamento. Se les pedía que pensaran mientras cosían en que cada paracaídas podía ser el que llevara su esposo, hermano o hijo. Aunque el trabajo era muy duro y las horas largas, las mujeres y los hombres en el frente civil entendieron cuál era su aportación al gran cuadro. Estaban cumpliendo una visión que ayudaba a las personas que más amaban.

Me encanta la manera en que Colón desafió la sabiduría prevaleciente con sus osadas acciones. Cuando se lanzó al mar hacia el occidente por el Océano Atlántico, la bandera de España bajo la que viajaba tenía el eslogan *Ne Plus Ultra*, que significa «Nada más lejos». Tradicionalmente, esas palabras describían el estrecho de Gibraltar de España, también conocido como los Pilares de Hércules. No obstante, tras los viajes de Colón y su descubrimiento del Nuevo Mundo, Carlos V de España cambió el eslogan de la nación a *Plus Ultra*, que significa «Más allá» o «Algo más». Toda la nación, y en realidad todo el mundo occidental, cambió y movilizó sus recursos debido a que cambió la visión que la gente tenía del mundo.

Steve Jobs, el cofundador de Apple, dijo: «La única forma de hacer un gran trabajo es amar lo que uno hace. Si aún no lo ha encontrado, siga buscando. No se conforme. Como ocurre con todos los asuntos del corazón, sabrá cuándo lo ha encontrado».[19] Como líder, cuando descubre su visión, esta se convierte en su fuego, su inspiración y su guía. Si aún no la ha descubierto, no se rinda. Siga buscando. Lo sabrá cuando la encuentre.

Y cuando lo haga, nútrala, acéptela, aprópiese de ella y dibuje un cuadro atractivo de la misma para otros, porque la visión es la cualidad indispensable del liderazgo. Sin ella, nunca desarrollará al máximo el líder que está en usted.

DESARROLLE EL VISIONARIO QUE ESTÁ EN USTED

Como la visión es la cualidad indispensable del liderazgo, no es bueno para usted verse en una posición de liderazgo o con responsabilidades como líder sin ella.

Identifique su visión

Si no tiene una visión clara para su liderazgo, entonces pase algún tiempo preguntándose y respondiendo a las cinco preguntas contenidas en este capítulo:

Mire en su interior: ¿Qué siente?

Mire hacia atrás: ¿Qué ha aprendido?

Mire a su alrededor: ¿Qué les está ocurriendo a otros?

Mire hacia arriba: ¿Qué espera Dios de usted?

Mire hacia delante: ¿Cuál es el cuadro general?

Aumente su visión

¿Ve usted más y antes que la gente a la que lidera? ¿Tiene claro el cuadro general y percibe los problemas antes que otros? ¿O a menudo tiene puntos ciegos? ¿Su gente le tiene que mencionar los problemas y retos que les esperan?

Si no se adelanta a su gente, finalmente perderá su valor como líder para ellos. Tiene que mejorar su capacidad para ver más y antes. A fin de hacer esto, enfóquese en estas tres áreas:

- *Pase tiempo con personas que lo inspiren a soñar más grande:* ¿A quién conoce que piense y sueñe a lo grande? Pídale una reunión o péguese a él como una lapa cuando pueda.
- *Haga preguntas que lo ayuden a ver más lejos y más amplio:* No se tome las cosas al pie de la letra. Cultive una mente interrogativa. Salga de su zona de comodidad.
- *Desarrolle un plan de crecimiento de la visión:* ¿Qué puede hacer para hacer crecer la visión? ¿Puede leer biografías de grandes líderes e innovadores? ¿Tiene que ampliar sus capacidades técnicas? ¿Debería exponerse a otras culturas? Amplíe su pensamiento y sus expectativas. Aprenda a pensar en grande.

EL PRECIO DEL LIDERAZGO:

AUTODISCIPLINA

El presidente Harry S. Truman dijo: «Al leer las vidas de muchos grandes hombres, he descubierto que la primera victoria que obtuvieron fue sobre sí mismos [...] La autodisciplina en todos ellos llegó primero». Eso es cierto no solo en el caso de los grandes vencedores, sino también de los líderes eficaces. Los buenos líderes practican el autocontrol antes de intentar involucrar a otros. La autodisciplina viene antes que el éxito en el liderazgo. Ese es el precio del liderazgo.

Cuando estaba en la universidad, estudié griego y hebreo. Una de las palabras para autocontrol en griego es *egkráteia*. Creo que esta palabra revela mucho acerca de lo que alguien necesita para liderar con eficacia. La palabra significa dominarse.[1] Describe a las personas que están dispuestas a dominar su propia vida y tomar el control de áreas que les aportarán éxito o fracaso. Esto es vital, porque tengo que dominarme a mí mismo antes de intentar dominar la tarea de liderar a otros.

Como líderes, nuestro mayor reto en el liderazgo es dirigirnos a nosotros primero. No podemos esperar llevar a otros más lejos de lo que nosotros mismos hayamos ido. Debemos viajar hacia adentro antes de poder viajar hacia afuera. Muchos líderes con grandes dotes se han detenido antes de alcanzar su máximo potencial porque no estuvieron dispuestos a pagar el precio. Intentaron tomar el carril rápido hacia el liderazgo solo para descubrir que los atajos nunca merecen la pena a largo plazo.

LA AUTODISCIPLINA HACE POSIBLE
LA ESCALADA HACIA EL LIDERAZGO

Hay una verdad que usted tiene que reconocer, no solo para el liderazgo, sino para todo en la vida. Durante el último año aproximadamente la he estado enseñando mucho a las personas en cada sitio a donde voy. ¿Está preparado? Ahí va. *Todo lo que vale la pena es cuesta arriba.*

> Como líderes, nuestro mayor reto en el liderazgo es dirigirnos a nosotros primero.

Quizá diga: «Ahora que lo dice, me doy cuenta de que es cierto. Bien. No hay problemas. Sigamos. ¿Qué viene ahora?». No obstante, quiero que se detenga por un momento y piense en ello. *Todo* lo que vale la pena es cuesta arriba. La palabra *todo* es inclusiva. No deja nada afuera. Únala con *lo que vale la pena*: las cosas deseables, apropiadas, buenas para usted, atractivas, beneficiosas. Así que cuando piensa en ello, resulta muy importante. Todo lo que desee en la vida, todo aquello por lo que le gustaría esforzarse, es *cuesta arriba*, lo cual significa que la búsqueda de ello es desafiante, agotadora, trabajosa, extenuante y difícil.

Las implicaciones son simples: no existe tal cosa como los logros accidentales. Nadie que haya escalado la montaña del éxito dijo nunca: «No tengo ni idea de cómo llegué a la cima de esta montaña. Tan solo me desperté un día, y aquí estaba». Ningún líder que haya liderado a las personas para hacer algo importante lo hizo sin un gran esfuerzo. Cualquier cuesta arriba se debe hacer de forma deliberada, coherente y determinada. Es algo muy intencional.

La frase «Todo lo que merece la pena es cuesta arriba» no solo describe la vida, sino que también explica la razón por la que la autodisciplina es tan esencial para una vida de éxito. Y es por eso que

> Todo lo que merece la pena es cuesta arriba.

quiero dedicar este capítulo a explicar algunos principios sobre la autodisciplina, porque si usted los recibe y los pone en práctica, será empoderado para vivir un emocionante viaje de escalada, y será capaz de pagar el precio del liderazgo. Así que empecemos.

1. La autodisciplina le permite hacer la subida

Si yo le preguntara: «¿Quiere mejorar su vida?», por supuesto que su respuesta sería sí. La pregunta no es *si* quiere que eso suceda. La pregunta es *cómo* hace que suceda. La respuesta es viviendo cada día de forma intencional. Eso requiere que se convierta en una persona autodisciplinada.

La autodisciplina lo lleva de las buenas intenciones a las buenas acciones. Esta es lo que separa las palabras e ideas de los resultados. Una de las mayores brechas en la vida se produce entre sonar bien y hacer el bien. Finalmente se nos mide por lo que hacemos y por cómo nuestras acciones moldean el mundo que nos rodea.

Sin resultados, todas las mejores intenciones del mundo son a lo sumo solo una forma de entretenernos, y a veces una forma de engañarnos. La autodisciplina allana el camino para obtener resultados.

¿Conoce a personas que siempre se están preparando para prepararse? ¿Conoce a personas que empiezan, pero nunca terminan? Yo también. Ellos necesitan prestarle atención al consejo del poeta Edgar A. Guest, que escribió un poema llamado «Keep Going» [Continúa]. Dice así:

> **La autodisciplina lo lleva de las buenas intenciones a las buenas acciones.**

Cuando las cosas van mal, como a veces ocurre,
Y el camino por el que avanza parece cuesta arriba,
Cuando los fondos son escasos y las deudas abundantes,
Y quiere sonreír, pero tiene que suspirar,
Cuando la preocupación empieza a pesarle,
Descanse si tiene que hacerlo, pero no se rinda.
La vida es rara con sus giros y curvas,
Como todos hemos experimentado a veces,
Y a muchos, un fracaso les hace dar la vuelta
Cuando habrían ganado si se hubieran quedado.
No se rinda aunque el paso parezca lento,
Quizá tenga éxito con otro intento.
El éxito es un fracaso al que se le ha dado la vuelta,
El tono plateado de las nubes de duda,

Y nunca podrá saber lo cerca que está,
Puede estar cerca cuando parece estar lejos;
Así que siga en la lucha cuando reciba el golpe más fuerte,
Es cuando las cosas pintan peor que no debe rendirse.[2]

Mientras era un líder joven, cuando estaba muy enfocado en desarrollar la autodisciplina, a menudo pensaba y hablaba sobre lo que me estaba sucediendo. Sentía la dificultad de las tareas de liderazgo que estaba realizando, sentía la dificultad de hacer la escalada, y quería que la gente a mi alrededor supiera que estaba dispuesto a pagar el precio para mejorar. Quizá en ese entonces esperaba poder llegar a un punto en el que no tuviera que seguir escalando. Sin embargo, no funciona así. Hoy sigo escalando. No obstante, la autodisciplina que se necesita ya no trae consigo ese arduo sentimiento de: «Nadie sabe por lo que he pasado; nadie conoce mis tristezas». He madurado bajo el peso del viaje. Imagino que es como la condición que desarrolla un escalador experimentado. ¡Y mi perspectiva ha cambiado de tal forma que mi enfoque no está en lo que estoy *atravesando*, sino en lo que *viene*! La cima de la montaña me llama y me acerca hacia arriba.

Mi amigo Jim Whittaker ha escalado las grandes montañas del mundo. Un día en el almuerzo me comentó que su mayor logro como escalador fue el número de personas que había llevado hasta la cima con él. Y después me dio un consejo sobre la escalada que quiero darle a usted. Él me dijo: «Uno nunca conquista la montaña. Uno solo se conquista a sí mismo». Ese es el viaje de liderazgo más importante que cada uno de nosotros debe hacer.

2. LA AUTODISCIPLINA DETERMINA LA DIFERENCIA ENTRE EL ÉXITO TEMPORAL Y EL ÉXITO SOSTENIDO

Quiero añadir algo importante a mi frase de que todo lo que merece la pena es cuesta arriba. Tres palabras: *todo el tiempo*. ¿Por qué es esto importante? Cualquiera puede escalar un rato. Casi todo el mundo lo hace, al menos una vez. Sin embargo, ¿puede mantenerse haciéndolo? ¿Puede subir cada día, día tras día, año tras año? No le pregunto esto para desanimarlo. Lo hago porque quiero que entienda lo que supondrá llegar a su potencial como persona y como líder. Por eso digo que el precio del liderazgo es la autodisciplina.

Brian Tracy escribió sobre un encuentro fortuito que tuvo con el legendario escritor exitoso Kop Kopmeyer. Cuando Tracy le preguntó al escritor cuál fue el más importante de todos los miles de principios de éxito que había descubierto, Kopmeyer respondió: «El principio del éxito más importante de todos lo expresó Thomas Huxley hace mucho años. Él dijo: "Haga lo que debería hacer, cuando debería hacerlo, tenga ganas de hacerlo o no"». Kopmeyer siguió diciendo: «Hay otros 999 principios de éxito que he encontrado en mi lectura y experiencia, pero sin la auto-disciplina, ninguno de ellos funciona».[3]

Mi amigo Kevin Meyer, pastor de 12Stone Church, lo dice de este modo: «Todos quieren un arreglo rápido, pero lo que realmente necesitan es aptitud. Las personas que buscan arreglos dejan de hacer lo correcto en cuanto la presión que sienten se alivia. Las personas que buscan la aptitud hacen lo que deberían hacer independientemente de las circunstancias».

Cada día nos vemos ante la decisión de si vamos a pagar o no el precio del liderazgo. Me gusta cómo consideró este asunto Rory Vaden en su libro *Take the Stairs* [Suba por las escaleras]. Él lo llamó la Paradoja del Dolor. ¿Vamos a hacer lo que es fácil y nos hace *sentir bien* a corto plazo? ¿O vamos a hacer lo difícil y que en verdad es bueno a largo plazo? Vaden dijo que debemos preguntarnos:

> «Haga lo que debería hacer, cuando debería hacerlo, tenga ganas de hacerlo o no».
>
> —THOMAS HUXLEY

«¿Debería comprarme ese artículo o ahorrar mi dinero para un día de lluvia?».

«¿Debería pedirme ese postre extravagante o renunciar a él esta noche?».

«¿Debería esforzarme más aquí o emplear solo el esfuerzo mínimo requerido?».[4]

Estas preguntas, explicó Vaden, revelan la Paradoja del Dolor de la toma de decisiones, la cual declara:

Lo fácil a corto plazo lleva a lo difícil a largo plazo, mientras que lo difícil a corto plazo lleva a lo fácil a largo plazo. La gran paradoja es que lo que pensamos que era la forma fácil, lo que parece la forma fácil, lo que se ve como la forma fácil, muy a menudo nos lleva a crear una vida que no podría ser más opuesta a lo fácil. Y a la inversa, las cosas que pensamos que eran muy difíciles, los retos que parecen ser los más duros, y los requisitos que nos parecen más rigurosos son las actividades que nos llevan a la vida fácil que todos queremos.[5]

Vaden dijo que la batalla que luchamos es entre nuestras emociones, las cuales por lo general tienen más poder en el momento, y la lógica, que asume una visión más larga de la vida. Eso me habla en lo personal, porque yo tengo una personalidad sanguínea, y es muy fácil para mí vivir en el momento y querer divertirme. Descubrí esto acerca de mí enseguida, así que necesité una estrategia que me ayudara a enfocarme en el largo plazo y luchar por un éxito futuro. Escribí sobre mi respuesta a esto en mi libro *Hoy es importante*. Le daré el punto esencial de la idea aquí. Identifiqué doce grandes área de decisión en mi vida basándome en mis valores, y tomé una decisión lógica y bien meditada para cada una de ellas. Les llamo a estas decisiones mi Docena Diaria, porque mi meta es tomar mis decisiones diarias del momento en base a estos doce valores:

> «Lo fácil a corto plazo lleva a lo difícil a largo plazo, mientras que lo difícil a corto plazo lleva a lo fácil a largo plazo».
>
> —RORY VADEN

Solo hoy... escogeré y mostraré las actitudes correctas.

Solo hoy... aceptaré y practicaré buenos valores.

Solo hoy... hablaré con mi familia y la cuidaré.

Solo hoy... conoceré y seguiré pautas saludables.

Solo hoy... decidiré y actuaré con respecto a las prioridades importantes.

Solo hoy... aceptaré y mostraré responsabilidad.

Solo hoy... haré los compromisos adecuados y cumpliré con ellos.

Solo hoy... iniciaré relaciones sólidas e invertiré en ellas.

Solo hoy...   ganaré y manejaré adecuadamente las finanzas.

Solo hoy...   ahondaré y pondré en práctica mi fe.

Solo hoy...   desearé y experimentaré la mejora personal.

Solo hoy...   planificaré y modelaré la generosidad.

Solo hoy...   actuaré en base a estas decisiones y practicaré
                   estas disciplinas, y

Entonces un día... veré los resultados combinados de un día bien
                   vivido.

Cuando siento el impulso emocional de hacer lo que no es lo mejor para mí, decido poner en práctica la autodisciplina realizando estas doce acciones que son las correctas para mí. Si las practico con regularidad, entonces algún día el éxito en esas áreas se presentará. El énfasis aquí está en la constancia, porque la constancia edifica.

3. LA AUTODISCIPLINA HACE QUE EL HÁBITO
SEA SU SIERVO Y NO SU AMO

Cada persona posee esperanzas y aspiraciones ascendentes. Todos tenemos sueños ascendentes, pero también confrontamos un problema. Todos tenemos también hábitos descendentes, y esos son a menudo los que nos impiden hacer el ascenso autodisciplinado hasta un terreno más elevado. ¿Por qué? Porque los hábitos tienen poder sobre nosotros. Dele un vistazo a esta pieza reveladora escrita por Dennis P. Kimbro que encontré hace varios años:

Soy tu compañero constante.

Soy tu mayor ayudador o tu carga más pesada.

Te empujaré hacia delante o te arrastraré al fracaso.

Estoy a tus órdenes completas.

La mitad de las cosas que haces,

Es posible que me las entregues,

Y podré hacerlas de forma rápida y correcta.

Soy fácil de manejar...

Solo tienes que ser firme conmigo.

Enséñame exactamente cómo quieres hacer algo,

Y tras unas pocas lecciones

Lo haré de forma automática.

Soy el siervo de todas las grandes personas.

Y cuidado, también de todos los que han fracasado.

A los que son grandes,

Yo los he hecho grandes.

A los que son un fracaso,

Yo los he hecho un fracaso.

No soy una máquina,

Aunque trabajo con la precisión de una máquina,

Y además, con la inteligencia de un humano.

Puedes hacerme funcionar para un beneficio,

   o hacerme funcionar para la ruina.

Para mí no hay diferencia.

Tómame, entréname, sé firme conmigo,

Y pondré el mundo a tus pies.

Sé indulgente conmigo, y te destruiré.

¿Quién soy?

Soy un hábito.[6]

Los hábitos que tenemos nos levantan o nos hunden. Nosotros escogemos.

Todo líder se ve ante dos desafíos: primero, ¿cómo puedo convertir mis hábitos descendentes en hábitos ascendentes? Segundo, ¿cómo puedo ayudar a las personas que lidero a cambiar sus hábitos descendentes por ascendentes? Así que la pregunta es: ¿cómo podemos convertir los hábitos descendentes en hábitos ascendentes que nos sirvan en lugar de que nos esclavicen?

El primer paso para cambiar sus hábitos es cambiar su manera de pensar. Si puede ayudar a otros a cambiar su pensamiento, entonces puede ayudarlos a cambiar también sus hábitos. Lo que pensamos determina lo que somos. Quienes somos determina lo que hacemos. El mal pensamiento da como resultado malos hábitos. El buen pensamiento da como resultado buenos hábitos. Si pudiera hacer una cosa por las personas, sería ayudarlas a pensar de tal forma que sus decisiones dieran como resultado unos hábitos ascendentes.

El pensamiento ascendente es deliberado, regular y voluntarioso. El pensamiento descendente no es intencional, es incoherente e insípido. El pensamiento ascendente lleva a un ascenso cuesta arriba. El pensamiento descendente lleva a un descenso resbaladizo. Dele un vistazo a la diferencia:

Ascenso cuesta arriba	Descenso resbaladizo
Todo lo que merece la pena	Nada de lo que merece la pena
Gana	Pierde
Prepara	Repara
Moral alta	Moral baja
Gran respeto a uno mismo	Poco respeto a uno mismo
Automejora	No hay mejora
Con propósito	Sin propósito
Recompensa	Vacío
Produce un impacto	No produce un impacto
Acciones intencionales (hacer)	Buenas intenciones (saber)
Hábitos ascendentes	Hábitos descendentes

Permítame explicarle cómo se desarrolla esto a menudo. Si tengo un problema o un desafío, y creo que no hay una solución positiva, ¿cómo responderé? Probablemente postergándolo. O quizá empiece a poner excusas en cuanto a por qué no pasaré a la acción. Sin embargo, las excusas son señales de salida que nos alejan de la carretera del progreso. A veces los resultados son trágicos. Otras veces son cómicos. Por ejemplo, estas son algunas de las excusas que se dieron para reclamaciones hechas a compañías de seguros:

«Al llegar a la intersección, apareció un arbusto y me obstaculizó la visión». (¿No odia esos arbustos instantáneos?).

«Un automóvil invisible salió de la nada, chocó contra mi auto, y desapareció». (Como un superhéroe).

«El poste de teléfono se acercaba a gran velocidad. Intentaba apartarme de su camino cuando chocó contra la parte frontal de mi vehículo». (Esos postes de teléfono tienen vida propia. Son muy impredecibles).

«La causa indirecta de este accidente fue un tipo bajito en un auto pequeño con una boca muy grande». (Me imagino la escena).

«Había estado conduciendo mi auto durante cuatro años cuando me dormí al volante y tuve un accidente». (Eso debe ser un récord).

«Para evitar chocar contra el parachoques del automóvil que tenía delante... ¡atropellé al peatón!». (¡Esa es una decisión interesante!).

«Iba de camino al médico con problemas en la parte trasera cuando mi cardán cedió, haciendo que tuviera un accidente». (¡No quisiera tenerlo cerca de ninguna manera!).

Si mi pensamiento es negativo, entonces desarrollo los hábitos de postergar y poner excusas. No obstante, si mi pensamiento es positivo, entonces asumo la responsabilidad y paso a la acción. Mi pensamiento determina mis hábitos.

En el centro de cómo pensamos reside nuestra actitud general hacia la vida. Muchas personas piensan que la vida debería ser fácil, y ese pensamiento las hace esperar que todo llegue a ellas sin esfuerzo. Observan y esperan, con la esperanza de que el éxito venga y las encuentre. No lo hará. Podemos sentarnos y suponer que todo nos llegará, o podemos tomar el control de nuestra vida y hacer que las cosas sucedan. Si no tomamos el control de nuestra vida, alguien más lo hará, y es posible que esa persona no quiera lo mismo que nosotros para nuestra vida.

Dan Cathy, presidente y director ejecutivo de Chick-fil-A, recientemente compartió conmigo que el índice de cambio interno debe ser más rápido que el índice de cambio externo. Esa es la manera correcta de considerarlo. Siga creciendo y cambiando por dentro, comenzando por su manera de pensar, porque la autodisciplina en el área del pensamiento lo ayudará a pasar de los hábitos descendentes a las esperanzas ascendentes. La antigua sabiduría es cierta: Porque cual es su pensamiento en su corazón, tal es él.[7]

4. La autodisciplina se desarrolla, no se recibe

Uno de mis campos de golf favoritos está en el Highlands Country Club, en Highlands, Carolina del Norte. Es el campo de golf en el que jugó Bobby Jones durante muchos años. En realidad, él inauguró las calles golpeando la primera bola allí en 1928.

Bobby Jones fue un prodigio del golf que llegó a convertirse en una leyenda. Comenzó a jugar en 1907 a los cinco años. A los doce, ya terminaba el campo bajo par, un logro que la mayoría de los golfistas no consigue en toda su vida. A los catorce clasificó para el campeonato amateur de Estados Unidos. Sin embargo, Jones no ganó ese torneo. Su problema se describe muy bien por medio del apodo que adquirió: «lanzador de palos». Jones a menudo perdía su temperamento... y su capacidad para jugar bien. Su temperamento fue lo que le impidió alcanzar su verdadero potencial para el golf, no nada relacionado con su habilidad. Una mala autodisciplina tuvo el potencial de ser su ruina.

Un viejo golfista al que Jones llamaba Abuelo Bart había dejado el juego debido a la artritis, pero siguió trabajando a tiempo parcial en la tienda profesional. Un día le dijo a Jones: «Bobby, eres lo suficiente bueno para ganar ese torneo, pero nunca lo lograrás hasta que no controles tu temperamento. Fallas un golpe, te desanimas, y después pierdes».

> La autodisciplina en el área del pensamiento lo ayudará a pasar de los hábitos descendentes a las esperanzas ascendentes.

Jones escuchó el consejo del anciano y comenzó a trabajar para disciplinar sus emociones. A los veintiuno, floreció y pasó a ser uno de los mejores golfistas de la historia. Se retiró tras ganar el *grand slam* de golf. Tenía solo veintiocho. El comentario de Abuelo Bart lo dijo todo: «Bobby dominó el golf a los catorce años, pero se dominó a sí mismo a los veintiuno».

La falta de disciplina es el freno del potencial de muchas personas. Esa es la mala noticia. Sin embargo, también hay buenas noticias: la autodisciplina no es algo con lo que uno tiene que nacer. Es algo que se puede desarrollar. Se gana, no se recibe. En otras palabras, si la falta de autodisciplina ha sido un freno para usted, como le ocurrió a Bobby Jones, puede eliminarlo. Tiene el poder de hacerlo.

El primer paso para desarrollar la autodisciplina es la conciencia. Tiene que ver dónde está fallando. Jones tuvo la fortuna de que alguien estuvo dispuesto a hablarle y señalar su problema. No todos somos así de afortunados. Quizá tengamos que buscar personas que nos conozcan y estén dispuestas a decirnos la verdad.

Quiero darle tres consejos para ayudarlo a desarrollar la autodisciplina si esta ha sido un área difícil para usted.

Las personas autodisciplinadas evitan la tentación

Recientemente, durante un tiempo en el que estaba poniendo mucho empeño en perder peso, mi amigo Traci Morrow, que me estaba ayudando, dijo: «John, el éxito de tu dieta se decide en el supermercado. No lleves a casa comida que no sea buena para ti. Déjala en las estanterías del supermercado, no en las estanterías de tu cocina».

Las personas que desarrollan la autodisciplina y hábitos positivos no se ponen en la línea de fuego. Si quieren perder peso, no guardan comida basura en los cajones de su escritorio. Si están intentando dejar de gastar dinero, no se van a dar una vuelta al centro comercial. Ellos evitan la tentación *de forma intencional*.

Las personas autodisciplinadas saben cuándo emplear sus energías

Es imposible estar al cien por ciento todo el día, todos los días, y tampoco es necesario. Saber cuándo estar al cien por ciento resulta esencial para la autodisciplina. ¿Por qué? Porque usted solo tiene cierta cantidad de energía y necesita escoger bien cuándo usarla.

Cada día observo mi calendario y me pregunto: «¿Cuándo tengo que estar en mi mejor momento?». Tras identificar esas ocasiones, reviso mi energía y esfuerzo para sacar lo máximo de mí mismo durante esos momentos vitales. Aplico la energía que se requiere de mí para practicar la autodisciplina en esos tiempos que más la necesito.

Gary Keller, el fundador de Keller Williams Realty, dijo: «Asegúrese de que cada día [...] sepa qué es lo más importante».[8] Ese es un consejo magnífico. Pensar con antelación y destinar su energía a las cosas que más importan.

Las personas autodisciplinadas entienden y practican el principio de pagar ahora y disfrutar después

Hay dos tipos de personas en el área de la disciplina. Un tipo deja a un lado lo que hay que hacer y disfruta ahora, prefiriendo evitar hacer lo que debe. El otro tipo paga ahora haciendo lo que hay que hacer, aunque no sea placentero, y está dispuesto a dejar la diversión y el disfrutar para después. Lo que tiene que saber es que todo el mundo paga. Todo lo que deje a un lado para después, siempre se intensifica. Si deja a un lado disfrutar, disfrutará más después. Si deja a un lado pagar, tendrá que pagar más después. No hay forma de engañar a la vida.

> «Asegúrese de que cada día [...] sepa qué es lo más importante».
>
> —GARY KELLER

Intuitivamente, usted sabe que esto es cierto. Si paga a sus fondos de jubilación e invierte temprano en la vida, tendrá más dinero disponible en sus años de la tercera edad. Si se lo gasta todo mientras es joven, no podrá disfrutar cuando sea anciano. Si paga comiendo bien y haciendo ejercicio desde temprano en su vida, cuando sea mayor su salud será mejor. Si es negligente con estas cosas, pagará por ello a medida que se hace más viejo. Es su decisión.

Recientemente le comenté a un grupo de estudiantes: «Si solo hacen lo que quieren, nunca harán lo que realmente quieren hacer». La autodisciplina se desarrolla diciendo sí cuando queremos decir no y diciendo no cuando queremos decir sí. Hay dos tipos de dolor en la vida: el dolor de la autodisciplina, que se calma haciendo lo correcto, y el dolor del lamento, que duele hasta que nos morimos.

5. LA AUTODISCIPLINA SE DESARROLLA MÁS FÁCILMENTE EN ÁREAS DE FORTALEZA Y PASIÓN

El dramaturgo alemán Carl Zuckmayer dijo: «La mitad de la vida es suerte; la otra mitad es disciplina, y esa es la mitad importante, porque sin disciplina nunca sabrá qué hacer con la suerte». ¿Cómo encuentra la disciplina que conduce al éxito? Haciendo lo *correcto* cada día. Lo correcto por lo general implica sus fortalezas y su pasión. Lo que le encanta y aquello en lo que usted es bueno por lo general le indican qué es lo correcto para usted.

La autodisciplina siempre necesita combustible. El combustible más fuerte viene de la inspiración y la motivación, las cuales suelen estar conectadas con sus fortalezas. Lo que hace bien por lo general lo inspira a usted y a otros. Y la motivación es un subproducto de su pasión. Si le encanta hacer algo, casi siempre está motivado a hacerlo.

Si se está enfocando en desarrollar su autodisciplina en las áreas de sus fortalezas y su pasión, la carrera de la vida parece más fácil de correr, y la corre más deprisa. Si está intentando desarrollar disciplina en las áreas donde no tiene dones o le falta pasión, la carrera le parecerá larga y ardua. La disciplina alimentada por sus fortalezas y su pasión es más fácil de convertir en hábitos positivos también. Y aunque no sea muy bueno en nada de lo que haga por primera vez, si la tarea está conectada con sus dones o su pasión, aprenderá a hacerlo bien de forma rápida y con un mayor grado de habilidad.

Durante años he pasado la mayor parte de mi tiempo desarrollando la autodisciplina en las áreas de mis fortalezas debido a que complementan mi propósito. Cuando estoy trabajando dentro de mi *porqué*, mi razón de estar en este planeta, soy capaz de seguir motivado mucho después de que se pase el primer entusiasmo y la emoción del momento. Imagino que a esto se le podría llamar el *poder del porqué*, que puede llevarlo hacia adelante cuando la fuerza de voluntad no sea suficiente.

Si el tiempo, la energía y los recursos de su vida están enfocados en áreas no relacionadas con sus fortalezas o pasión, quiero animarlo a que piense dos veces lo que está haciendo. Quizá es el momento de:

- Dejar algo que no hace bien para hacer algo que hace bien.
- Dejar algo que no lo apasiona para hacer algo que lo llena de pasión.
- Dejar algo que no está produciendo un impacto positivo para hacer algo que sí.
- Dejar algo que no es su sueño para hacer algo que sí lo es.

Si cambia lo que hace, ¿será siempre agradable o fácil? No. Sin embargo, todos deberíamos decirle no a lo bueno para poder decirle sí a lo mejor.

6. LA AUTODISCIPLINA Y EL RESPETO ESTÁN CONECTADOS

Pocas cosas edifican el respeto por uno mismo como lo hace la autodisciplina. El escritor y orador Brian Tracy señaló: «Disciplinarse a uno mismo para hacer lo que sabe que es lo correcto y lo importante, aunque sea difícil, constituye el camino del éxito para el orgullo, la autoestima y la satisfacción personal».

El respeto es el fruto de la vida disciplinada, tanto el respeto hacia uno mismo como el respeto hacia los demás. Cuando hablo de desarrollar relaciones con otros, a menudo suelo decir que el respeto se gana en terrenos difíciles. Sin embargo, nos ganamos el respeto por uno mismo en terrenos difíciles también. La autodisciplina es su propia recompensa.

Personas dirigidas por la disciplina	Personas dirigidas por la emoción
Hacen lo correcto, después se sienten bien	Se sienten bien, después hacen lo correcto
Están dirigidas por el sentido del compromiso	Están dirigidos por la conveniencia
Toman decisiones basadas en principios	Toman decisiones basadas en lo popular
La acción controla la actitud	La actitud controla la acción
Lo creen, después lo ven	Lo ven, después lo creen
Crean ímpetu	Esperan a que llegue el ímpetu
Preguntan: «¿Cuáles son mis responsabilidades?»	Preguntan: «¿Cuáles son mis derechos?»
Continúan cuando surgen los problemas	Abandonan cuando surgen los problemas
Son firmes	Son cambiantes
Pueden ser líderes	Serán seguidores

El difunto Louis L'Amour es uno de los escritores más exitosos de todos los tiempos. Se han vendido en todo el mundo más de novecientos millones de ejemplares de sus libros, e incluso aunque murió en 1988, cada una de sus obras

> Nos ganamos el respeto por uno mismo en terrenos difíciles.

sigue imprimiéndose.[9] Cuando le preguntaron cuál era la clave de su estilo de escritura, respondió: «Comenzar a escribir, pase lo que pase. El agua no corre hasta que no se abre el grifo». Abrir el grifo es el comienzo. El respeto es un resultado de mantenerlo abierto. La autodisciplina le permite hacer eso.

7. LA AUTODISCIPLINA HACE POSIBLE LA CONSTANCIA, Y LA CONSTANCIA EDIFICA

Constancia no es una palabra atractiva. ¿Por qué? La constancia no se reivindica rápidamente, y no se recompensa de inmediato. En la cultura de hoy, la gente se cautiva más con el carisma, el genio, la emoción, la creatividad y la innovación, pero puedo decirle tras cincuenta años de esforzarme por la constancia que los dividendos pueden ser extraordinarios. Estas son solo algunas de las cosas que la constancia puede hacer por usted:

La constancia establece su reputación

Cualquiera puede ser bueno de vez en cuando. Solo las personas autodisciplinadas son regularmente buenas. Y esa constancia hace que la gente se fije en usted y espere que cumpla. El 6 de agosto de 1999 viajé con mi yerno, Steve Miller, a Montreal, Canadá, debido a la reputación de alguien que regularmente cumplía. Su nombre era Tony Gwynn, un jardinero de los San Diego Padres. Como uno de los mejores bateadores que hayan jugado jamás en la liga mayor de béisbol, Gwynn estaba a punto de conseguir su batazo número 3.000 contra los Expos. Solo treinta jugadores en la historia del béisbol profesional han conseguido esta hazaña.[10] Casi todos ellos están en el Salón de la Fama. ¿Cómo lo consiguió Tony? Batazo a batazo, partido a partido, año tras año.

La constancia es un prerrequisito para la excelencia

Siempre que usted intente algo por primera vez, no será bueno en ello. Así son las cosas. Entonces, ¿por qué probar algo nuevo? Porque todos tenemos que empezar en algún lugar. El primer paso es dominar lo básico.

¿Pero después qué? No se llega rápido a la excelencia. El camino para llegar allí es la constancia. La mejora es posible solo mediante un entrenamiento o una práctica regular.

La constancia les provee seguridad a otros

Como líderes, una de las cosas que podemos proveerles a las personas que lideramos es un sentimiento de estabilidad. Quizá el mayor elogio que podemos recibir como líderes son las palabras: «Puedo confiar en usted». Cuando las personas ven su constancia y saben que pueden confiar en usted, eso les da un sentimiento de seguridad.

La constancia refuerza su visión y sus valores

El liderazgo eficaz es muy visual. ¿Por qué? Las personas hacen lo que ven. Los líderes son modelos de conducta para aquellos a quienes lideran. Cuando los miembros del equipo ven a su líder hacer algo, a menudo imitan sus pasos, para bien o para mal. Si el líder escatima, ellos escatiman. Si el líder llega tarde, ellos llegan tarde. Si el líder solo trabaja cuando le apetece, ellos trabajan solo cuando les apetece. Sin embargo, cuando el líder paga el precio, llega a tiempo, cumple lo que promete y hace lo correcto *constantemente,* entonces la mayoría de la gente del equipo se esforzará por hacer lo mismo.

La constancia suma

Empecé a hablar en público en 1968. Hice el compromiso de entrenar líderes en 1976. Comencé a escribir libros en 1979, y comencé a desarrollar y crear recursos en 1984. Cada vez que añadía otro objetivo de liderazgo, nunca descuidaba el anterior. Seguía trabajando en ello. Ahora miro atrás y me sorprendo de lo que he conseguido. He hablado más de doce mil veces. Mis organizaciones han entrenado a más de cinco millones de líderes de todos los países del mundo. He escrito más de cien libros. Mi éxito ha llegado porque comencé joven, he trabajado constantemente y ahora tengo setenta años. Ese es el potencial compuesto de la constancia.

Recuerdo las veces en que me vi tentado a tomar atajos. Cuando tenía veintitrés, me di cuenta de que podía improvisar cuando hablaba en lugar de hacer el duro trabajo de prepararme antes de dirigirme a una audiencia. Podría haber decidido tomar ese camino fácil. *Quería* tomar ese camino fácil, porque me permitía tener más tiempo para llevar a cabo otras cosas que deseaba hacer, pero sabía dentro de mí que hacerlo sería un error. Si confiaba en el talento que tenía para continuar, no sería capaz de construir sobre ese talento y mejorar, así que hice el trabajo duro. La decisión me ha recompensado una vez tras otra durante los años.

La gente exitosa hace diariamente lo que la gente que no tiene éxito hace solo en ocasiones. Los extremos del éxito son empezar bien y terminar bien. ¿Qué hay entre ellos? La constancia. Si quiere convertirse en el líder que *potencialmente* puede llegar a ser, tiene que pagar el precio de la autodisciplina.

Una última idea sobre la autodisciplina antes de pasar al capítulo final: la mayoría de los buenos líderes que conozco tienen un fuerte deseo de ayudar a otros. Quieren invertir en los miembros de su equipo, quieren que sus organizaciones crezcan, y quieren liderar a otros para que hagan algo significativo. Usted probablemente también tiene esos deseos. Quizá desea fervientemente producir un impacto positivo en este mundo. Si es así, hay algo que debe saber. Los líderes son responsables de ayudarse a sí mismos y mejorarse antes de intentar ayudar a otros.

> La gente exitosa hace diariamente lo que la gente que no tiene éxito hace solo en ocasiones.

Si alguna vez ha volado en avión, habrá escuchado las instrucciones de seguridad de las azafatas de vuelo. ¿Qué dicen? Pónganse las máscaras de oxígeno ustedes mismos antes de colocársela a su niño o a alguien que pueda requerir su ayuda. ¿Por qué? Porque es imposible ayudar a otros con eficacia si no se ha ayudado a sí mismo en primer lugar. La autodisciplina es lo que le permite hacerlo. Si hay algo por lo cual luchar como líder, es esto, porque abre la puerta a muchas otras habilidades: carácter, prioridades, influencia y servir a la gente. Si gana las batallas en su interior, todas las demás victorias quedarán a su alcance.

DESARROLLE LA PERSONA *AUTODISCIPLINADA* QUE HAY EN USTED

La autodisciplina no es algo por lo que usted lucha una vez y dice: «Vaya, estoy contento de haber terminado con esto». Es algo en lo que tiene que seguir trabajando día a día. Sin embargo, esta es la buena noticia: mientras más batallas de autodisciplina gane, más fáciles serán las batallas siguientes. Una victoria se construye sobre la otra, y cada disciplina que practica le ayuda con las otras que desea lograr.

COMIENCE EN ALGÚN LUGAR; TENGA VICTORIAS EN SU HABER

Como mencioné en el capítulo, la autodisciplina no se recibe. Cada individuo que la posee la debe desarrollar. Si la disciplina es algo que usted ha desatendido o le ha costado en el pasado, tiene que prepararse para el éxito con las pequeñas victorias. Intente comenzando en estas áreas:

- *Evite las tentaciones:* ¿En qué áreas de su vida debe trazar la línea de seguridad lejos del punto de tentación? Tracy me enseñó a no comprar comida basura cuando fuera a la tienda para no verme ante la tentación de comer los alimentos erróneos en casa. ¿Dónde puede usted dibujar la línea?
- *Pague ahora, disfrute después:* Escoja tareas pequeñas y alcanzables que pueda hacer *antes* de recompensarse con diversión o relajación. Siempre que pueda demorar la gratificación y practicar la autodisciplina, usted ha ganado. Permítase sentirse bien al respecto, y use esto para que lo ayude a *querer* practicar la autodisciplina.
- *Vuelva a la carga:* Todos fallamos, y eso puede desanimarnos. No permita que un error o un fallo en la disciplina lo haga rendirse. Reconozca el fallo, aprenda de él, identifique las tentaciones a evitar, y vuelva a la carga en lo que respecta a la autodisciplina.

DESARROLLE DISCIPLINA EN SUS FORTALEZAS

Mientras crea o refuerza un fundamento firme de la disciplina en su vida, comience a edificar sobre sus fortalezas. ¿Qué hace bien? ¿Cuáles son sus talentos? ¿Qué lo apasiona? ¿Cómo puede hacer uso de esas cosas en su vida y su liderazgo?

Escoja un área de su vida donde ganar sea más fácil, e identifique una disciplina que podría practicar para fortalecer esa área. Planifique, añádalo a su agenda y haga un seguimiento de ello *constantemente*.

LA EXPANSIÓN DEL LIDERAZGO:

CRECIMIENTO PERSONAL

En mi cuarenta cumpleaños escribí una lección titulada «Tengo 40 y subiendo». Era una lección reflexiva en la que examinaba mi vida, evaluaba cómo había actuado unas veces mal y otras bien, y enseñaba las diez cosas que creía que todas las personas debían tener en su haber al cumplir los cuarenta. Escribir la lección fue muy gratificante, y la respuesta resultó tan positiva que cuando cumplí cincuenta, hice una lección llamada: «Tengo 50 y reflexionando: Las lecciones más importantes que he aprendido en mi vida». Cuando cumplí sesenta... ¡ya se imagina hacia dónde voy! Iré al grano. He escrito otras dos lecciones: «Tengo 60 y capitalizando» y «Tengo 70 y transformando». Si vivo hasta los ochenta, ya sabe lo que haré en mi cumpleaños.

Esas lecciones han sido marcadores en mi vida. Al mirar atrás a esas décadas, creo que entiendo mejor lo que importa realmente. Estoy seguro de menos cosas ahora a los setenta que a los cuarenta, pero estoy más seguro de esas pocas cosas ahora que en toda mi vida. Una de ellas —y ha sido mi mayor botín al escribir esas lecciones— es que el crecimiento importa. Mi capacidad para crecer ha determinado mi capacidad para liderar. Hoy lidero de forma distinta y con más eficacia que a los cuarenta, y no es solo porque haya estado liderando más tiempo. Ha sido porque he hecho del crecimiento personal una prioridad durante todos estos años.

En una de mis conferencias hace algunos años, un hombre de aproximadamente mi edad se me acercó durante un receso y me dijo:

—Me encantaría haberlo escuchado hablar hace veinte años.

—No, seguro que no —contesté.

—Usted no entiende —respondió él—. Le digo que me gustaría haberlo escuchado hace veinte años.

—Le aseguro que no —dije.

Ahora se estaba empezando a frustrar.

—Si hubiera escuchado lo que dijo hoy hace veinte años, habría cambiado mi vida.

—Pero ese es el problema —repliqué—. Hace veinte años no podría haber enseñado lo que usted aprendió hoy. En ese entonces yo aún no lo había aprendido.

Su expresión cambió de la frustración al entendimiento, y se rio. Ambos lo hicimos.

Me encanta hablar y escribir sobre el crecimiento personal. Es una de mis pasiones. He observado de primera mano la eficiencia con la que una vida comprometida con el crecimiento personal produce resultados más allá de nuestros sueños más atrevidos. Como he visto el poder del crecimiento, siempre me encanta compartir los principios y prácticas que ayudarán a la gente a hacer de ello un hábito. Ese es el cómo del crecimiento. Sin embargo, antes de que alguien se prepare para aprender el *cómo* del crecimiento, tiene que aceptar el *porqué*.

EL CRECIMIENTO IMPORTA

Su capacidad para crecer determinará su capacidad para liderar. El crecimiento importa. Si intenta liderar en base a lo que aprendió en el pasado y no está creciendo en el presente, el reloj está corriendo en lo que respecta a su tiempo como líder. El desarrollo, la expansión y el futuro de su liderazgo dependen de su dedicación al crecimiento personal. Estas son las razones por las que digo esto:

1. EL CRECIMIENTO ES LA ÚNICA GARANTÍA DE QUE EL MAÑANA SERÁ MEJOR

En julio de 2015 fui a mi reunión de alumnos de secundaria número cincuenta en Circleville, Ohio. No había visto a la mayoría de mis compañeros de escuela desde que me gradué, así que estaba muy emocionado de poder renovar las relaciones con algunas personas después de tantos años. Imaginaba las caras de los amigos que esperaba encontrarme.

Margaret y yo llegamos tarde a la fiesta. Al entrar en la sala principal, miré alrededor y me detuve. ¿Estaba en el sitio equivocado?

—¡Margaret, hay muchas personas mayores aquí! —dije. Ella se rio.

—John, quizá debas mirarte en el espejo —fue lo único que contestó.

Esa noche disfruté mucho charlando con mis compañeros de clase y tomándome fotos con ellos. Sin embargo, al final de la reunión, me sentí un poco deprimido. Durante tres horas había escuchado a las personas hablar de sí mismas, de lo buenos que fueron los días pasados y de las medicinas que estaban tomando. *¿Para esto hemos venido?*, pensé. Cuando llegamos a nuestro automóvil de alquiler, me sentía demasiado mayor.

El paso del tiempo garantiza que nos haremos más viejos, pero no garantiza que seremos mejores. Sé que me estoy haciendo mayor, pero no me rindo a mi edad. Quiero que mi futuro sea mejor. Eso requiere un continuo crecimiento personal. Aquella noche en nuestro hotel, me senté y escribí lo siguiente:

Cinco formas intencionales para no actuar como alguien mayor

1. **Hacer preguntas:** Las personas mayores no son inquisitivas. Cuando usted deja de hacer preguntas, es señal de que ha perdido el interés por la vida. Me mantendré inquisitivo.
2. **Mantener alto el listón de la excelencia:** Las personas mayores bajan sus estándares. Se cansan y se acomodan. Yo subiré el listón.
3. **Centrarme en las personas:** Las personas mayores se vuelven egocéntricas. Solo hablan de ellas mismas, sus achaques y sus medicamentos. Yo me enfocaré en otros.

---

4. **Ser consciente de la postura:** Las personas mayores se encorvan. Uno parece más joven cuando se mantiene recto. Trabajaré en mi postura.

5. **Mantenerse enfocado en el presente:** Las personas mayores hablan del ayer. Yo anticiparé y hablaré del hoy.

Ese mismo fin de semana salí a comer con mis compañeros del equipo de baloncesto del instituto. Tuvimos una gran comida y contamos historias de nuestro equipo de baloncesto. Mientras más hablábamos, mejores jugadores éramos. Hablamos de nuestra destreza en los lanzamientos, de lo rápida que era nuestra ofensiva, de nuestra férrea defensa. Llegamos a la conclusión de que éramos un equipo realmente bueno.

Entonces Tom Smith dijo:

—Chicos, he traído un video de uno de nuestros partidos.

—¡Veámoslo! —acordamos todos, levantando el puño y chocando todos nuestras palmas.

Tom lo dejó preparado. En segundos, la realidad se abrió camino. ¿Dónde estaba la velocidad de la que hablábamos?

—¿No estará el video en cámara lenta? —preguntó alguien.

—No —dijo Smitty.

Me vi con diecisiete años lanzando un mal tiro. Hacíamos chapucerías. Entregábamos la pelota. Realizábamos tiros pésimos, que no entraban en la canasta. Nuestra defensa se desordenaba. Nada de lo que veíamos en el video se correspondía con la grandeza de juego que habíamos recordado. A mitad del primer cuarto, John Thomas se levantó y dijo: «Voy a pedir un postre». El resto lo seguimos. Esa noche nos dimos cuenta de que los días del pasado no eran realmente tan buenos. Y si hubiera algo que destacar en esa experiencia sería esto: el hecho de que el ayer no nos pareciera muy bueno era un indicador de que habíamos crecido.

Hay muchas buenas razones para perseguir el crecimiento personal. Abre puertas. Nos hace mejores. Nos ayuda a conseguir las metas de nuestra carrera. Con el tiempo, crea ímpetu en nuestra vida. Y eso a cambio nos anima a crecer aún más. Comenzamos a poner más énfasis en crecer en lugar de en llegar, lo cual hace que sea más fácil que aprendamos de nuestros fracasos. No obstante, todas esas cosas palidecen en comparación con la razón más importante para perseguir el crecimiento, porque esta razón tiene el poder más grande para cambiar nuestra vida en todos los aspectos. El crecimiento personal aumenta la esperanza. Nos enseña que el mañana puede ser mejor que el hoy. He aquí cómo lo hace.

Una mentalidad de crecimiento es la semilla de la esperanza

Piense en el mundo de la naturaleza. Un retoño se convierte en un fuerte roble creciendo lentamente con el tiempo. Un bebé crece hasta ser niño, y finalmente se convierte en adulto. Con la esperanza ocurre lo mismo. Esta mira hacia delante. Cuando tenemos esperanza, nos podemos imaginar un futuro mejor. Y la esperanza no es desear cosas que podrían ser. Es la firme creencia en las cosas que serán. Es mirar más allá de las circunstancias presentes creyendo que tenemos un futuro positivo.

Plantar la semilla del crecimiento no es complicado. Es tan sencillo como un cambio de mentalidad. Cuando decidimos creer que el crecimiento es posible y nos comprometemos a perseguirlo, la esperanza comienza a surgir en nosotros. El cambio de enfoque es solo el primer paso, pero puede ser el comienzo de un viaje largo y provechoso.

> El crecimiento personal aumenta la esperanza. Nos enseña que el mañana puede ser mejor que el hoy.

Un hábito de crecimiento fortalece la esperanza

Decidir crecer es importante, pero esa decisión no es suficiente para crear un cambio en sí mismo. Necesitamos reconocer que el crecimiento es un proceso gradual y hacer que ese proceso sea parte de nuestra práctica diaria. Eso significa que tenemos que establecer el *hábito* de crecer de forma constante.

Cuando practica la disciplina de crecer un poco cada día, está haciendo su parte para fortalecer la esperanza dentro de usted. Con cada pequeño paso que da, va progresando hacia su propia mejora y la de su mundo. Es como dijo una vez el humorista Garrison Keillor: «Usted solo puede lograr cosas en cierta medida, pero debe hacer esa medida, aunque no sepa cuánto esta mide». Cuando crece, está poniendo su futuro en movimiento. Y con cada paso hacia el futuro, la esperanza se refuerza y fortalece. Ese proceso se vuelve sostenible cuando hace del crecimiento un hábito.

El crecimiento sostenido en el tiempo hace realidad la esperanza

El crecimiento nos ayuda con el tiempo a vivir nuestra esperanza. Cuando damos pequeños pasos de crecimiento cada día, a la larga vemos el progreso. Si usted acumula suficientes días de crecimiento constante, comienza a cambiar como persona. Se hace mejor, más fuerte, más diestro, o todo lo anterior. Y cuando usted cambia, puede cambiar sus circunstancias. Esto comienza un ciclo positivo donde su crecimiento fortalece su esperanza, y su esperanza fortalece su crecimiento. Cuando hace esto semana tras semana, mes tras mes, año tras año, gradualmente pasa de una esperanza imaginaria a una esperanza cumplida.

2. Crecimiento significa cambio

Durante un descanso en una conferencia en la que estaba enseñando, un joven se acercó a mí y me dijo: «Me gustaría hacer lo que usted hace». Estoy seguro de que parecía atractivo. Él era parte de una gran audiencia de dos mil personas que estaban deseosas de aprender. Gracias a mi equipo, la conferencia iba muy bien, y la gente inundaba el vestíbulo, compraba libros y se acercaba a mí para que se los firmara. Creo que él se podía imaginar a sí mismo en la plataforma, dándole un mensaje a una audiencia grande y agradecida.

«Claro», dije yo. «¿A quién no le gustaría todo esto?», añadí mirando al auditorio e intentando captar todo lo que había a nuestro alrededor. «Pero tengo una pregunta para usted», continué. «¿Le gustaría también hacer todo lo que yo hice para poder hacer lo que hago?».

Su expresión cambió. No creo que se le hubiera ocurrido que yo había recorrido un largo viaje, y a veces doloroso, para llegar a donde estaba.

Eso nos ocurre a todos. Vemos a los atletas de élite o los músicos con talento en la cima de su actuación, y no entendemos el sacrificio y el duro trabajo que tuvieron que realizar para llegar hasta ahí. Solo la persona que tuvo el sueño y emprendió el viaje sabe verdaderamente lo que fue necesario hacer. El costo del cambio a menudo es el gran separador entre los que crecen y los que no, entre los que crecen en sus sueños y los que sueñan, pero permanecen donde están.

Durante años deseé escribir un libro que ayudara a las personas a llevar a cabo sus sueños, pero no quise que el libro fuera una inspiración hueca. Quería animar, pero quería ayudar a la gente a edificar su futuro sobre la realidad, no sobre aspiraciones frívolas. Tardé un tiempo en encontrar el enfoque correcto, pero finalmente pude escribir un libro llamado *Vive tu sueño*. Contiene diez preguntas que debe hacerse y responder para saber si su sueño puede convertirse en realidad.

De esas diez preguntas, una destaca sobre el resto a fin de determinar la posibilidad de conseguir el sueño. Es la Pregunta del Costo: ¿Estoy dispuesto a pagar el precio de mi sueño? A veces pienso que debería haber cambiado un poco la pregunta para que dijera: «¿Estoy dispuesto a pagar *continuamente* el precio de mi sueño?». Como dice a menudo mi amigo Gerald Brooks: «Cada nivel de crecimiento necesita un nuevo nivel de cambio». También requiere más de usted. He descubierto que el precio del cambio por lo general llega antes de lo que se piensa, es más elevado de lo que imaginó que sería, y lo debe pagar más a menudo de lo que esperaba. En realidad, seguir creciendo significa seguir pagando el precio de ese crecimiento.

> «Cada nivel de crecimiento necesita un nuevo nivel de cambio».
>
> —GERALD BROOKS

La vida comienza al final de nuestra zona de comodidad. Para crecer, debemos aceptar el cambio y aprender a estar cómodos con nuestra incomodidad. La zona de comodidad se caracteriza por hacer las mismas cosas, de las mismas formas, con las mismas personas, en el mismo momento, y conseguir los mismos resultados. Las personas se quedan en su zona de comodidad y a la vez se preguntan por qué su vida no mejora nada. Eso es una locura. Hacer las mismas cosas cada día no le ayudará a tener éxito. El crecimiento siempre requiere cambio.

La Ley de la Banda Elástica de *Las 15 leyes indispensables del crecimiento* dice que el crecimiento se detiene cuando se pierde la tensión entre donde usted se encuentra y donde debería estar.[1] ¿Qué hace que una banda elástica sea útil? El estiramiento. No hay un uso práctico para una banda elástica a menos que se estire. Lo mismo se puede decir de nosotros. El comentarista social y filósofo Eric Hoffer dijo: «En un tiempo de cambio drástico son los aprendices los que heredan el futuro. Los instruidos por lo general se ven a sí mismos equipados para vivir en un mundo que ya no existe».[2]

Eso podría ser una descripción del mundo en el que yo mismo me encontré durante los primeros años de mi liderazgo. La organización con la que estaba conectado se resistió al cambio, y por lo tanto perdieron gran parte de su potencial de crecimiento. (Su idea del progreso era retroceder lentamente). Me sentí dividido entre las personas que amaba y querían que yo siguiera siendo como era, y el nuevo crecimiento que estaba experimentando que me hacía desear cambiar y asumir riesgos para alcanzar mi potencial. Tras meses de una gran lucha emocional interna, decidí que debía seguir mi camino de crecimiento personal. Las palabras de la autora Gail Sheehy describen mi pensamiento:

> Si no cambiamos, no crecemos. Si no crecemos, realmente no estamos viviendo. El crecimiento demanda una rendición temporal de la seguridad. Puede significar un abandono de los patrones familiares pero limitados, un trabajo seguro pero que no gratifica, valores en los que ya no se cree, relaciones que han perdido su significado. Como dice Dostoyevsky, «dar un paso nuevo, decir una palabra nueva, es lo que la gente más teme». El verdadero temor debería ser hacer justo lo contrario.[3]

El proceso por el que yo pasé al principio fue difícil. Tuvo sus altibajos. Cualquier progreso que he vivido en mi crecimiento reveló cuánto tuve que aprender. El psicólogo Herbert Gerjuoy dijo: «Los analfabetos del futuro no serán los que no sepan leer ni escribir, sino los que no puedan aprender, desaprender y volver a aprender».[4] Eso es lo que tuve que seguir haciendo: aprender, desaprender y volver a aprender. El cambio se vuelve constante porque cada nuevo reto y cada nuevo nivel de crecimiento me exigieron que yo fuera mejor y diferente.

Puedo darle una ilustración de esto mediante la forma en que aprendí a ser mejor escritor. En 1977 mi mentor, el escritor Les Parrott

Jr., me dijo que si quería influenciar a la gente más allá de mi alcance personal debía comenzar a escribir libros. El día que me dijo esas palabras fue el día en que decidí convertirme en escritor. La decisión fue instantánea, pero el proceso de aprender a escribir bien resultó largo y arduo. Para conseguirlo, seguí el proceso de aprender, desaprender y volver a aprender:

Aprender: «¿Qué tengo que aprender hoy que no sabía ayer?»

Me sumergí de lleno en el mundo de la escritura. Tomé clases para aprender a escribir. Entrevisté a escritores. Les pedí a algunos escritores que fueran mis mentores. Leí libros, estudié sus estilos y desarrollé un estilo que me pareció idóneo para mí. Y escribí constantemente. En diez años escribí siete libros. Todos tenían una cosa en común: no se vendieron bien.

Desaprender: «¿Qué tengo que soltar hoy que tenía asido ayer?»

Antes de que decidiera escribir libros, todo lo que había escrito había sido para mis conferencias. Tuve que aprender un conjunto distinto de habilidades. Tuve que separar mi oratoria de mi escritura. Hablar me resultaba fácil, y era bueno incluso a temprana edad. Había aprendido a usar mi voz para obtener la atención y sacar el máximo provecho de mi persona y carisma. Había aprendido a conocer a una audiencia y conectarme con ella. Ninguna de esas habilidades podía usarla al escribir un libro.

Volver a aprender: «¿Qué tengo que cambiar
hoy que estaba haciendo ayer?»

Tuve que desarrollar conexiones de escritura con el lector. Tuve que aprender a pensar como pensaba el lector y a anticipar las respuestas de la gente en mi escritorio en lugar de en la plataforma. Eso fue difícil. Mientras me esforzaba por descubrir y desarrollar una forma nueva de escribir, me seguía preguntando constantemente: «¿Pasará el lector la página?». Tras años de duro trabajo y muchos cambios, puedo decir con confianza que he aprendido a conectarme con el lector.

El viaje de crecimiento desde aquí hasta allí a menudo es solitario, porque tenemos que estar dispuestos a equivocarnos y tenemos que estar dispuestos a cambiar. El crecimiento llega como resultado de abandonar malos hábitos, cambiar prioridades erróneas y aceptar nuevas formas de pensar. Las personas que no crecen se atascan, porque no están dispuestas a dejar lo que han conocido y practicado para hacer algo mejor. No están dispuestas a arriesgarse a equivocarse para poder descubrir qué es lo correcto. Irónicamente, se aferran a lo correcto, pero sus vidas resultan equivocadas.

Si quiere crecer como persona y como líder, debe estar dispuesto a renunciar a sentir que está en lo correcto para poder encontrar lo que realmente es lo correcto. No es necesario que usted sea brillante, talentoso o afortunado. Significa que tiene que estar dispuesto a cambiar y a sentirse incómodo.

3. EL CRECIMIENTO ES EL GRAN SEPARADOR ENTRE LOS QUE TIENEN ÉXITO Y LOS QUE NO

Si desea tener éxito, no puede darse el lujo de conformarse con estar dentro del promedio. ¿Por qué? ¿Alguna vez se ha *emocionado* por comer en un restaurante mediocre? ¿Alguna vez ha hablado con entusiasmo a otros de unas vacaciones mediocres? ¿Encuentra una profunda satisfacción en una relación mediocre? ¿Les recomienda con efusividad una película mediocre a sus amigos? Claro que no. Lo promedio o mediocre nunca es lo suficiente bueno. Debe esforzarse por la excelencia.

Recientemente me encontré con un escrito de David Lewis, líder del equipo ejecutivo de telecomunicaciones, que describe lo que significa ser promedio:

> «Promedio» es lo que afirman ser quienes fracasan cuando sus amigos les preguntan por qué no tienen más éxito.
> «Promedio» es lo más alto del fondo, lo mejor de lo peor, el fondo de lo más alto, lo peor de lo más alto. ¿Cuál de estos es usted?

«Promedio» significa ser común y corriente, mediocre, insignificante, uno del montón, minucia.

Ser «promedio» es la excusa del perezoso; es no tener agallas para tomar una postura en la vida; es vivir por defecto.

Ser «promedio» es ocupar un espacio sin propósito alguno; tomar un tren en la vida, pero nunca pagar el billete; no devolver intereses por la inversión que Dios hizo en usted.

Ser «promedio» es consumir la vida con el tiempo, en lugar de consumir el tiempo con la vida; es matar el tiempo, en vez de trabajarlo hasta la muerte.

Ser «promedio» es pasar al olvido cuando deje esta vida. A los exitosos se les recuerda por sus contribuciones; a los que fracasan se les recuerda porque lo intentaron; pero a los «promedios», la silenciosa mayoría, se les olvida.

Ser «promedio» es cometer el mayor crimen que alguien puede cometer contra uno mismo, contra la humanidad y contra el Dios de uno. El epitafio más triste es este: «Aquí yace el Señor y la Señora Promedio; aquí yacen los restos de lo que podían haber sido si no hubieran pensado que eran "promedio"».[5]

¿Son estas ideas un poco duras? Quizá. No obstante, si lo conmueven y lo inspiran a salir de su zona de comodidad, entonces habrán logrado un propósito noble. Está bien sentir contentamiento con lo que tiene, pero nunca está bien contentarse tanto con quien usted es que deje de crecer.

La mayor recompensa del crecimiento no es lo que obtenemos de él, sino lo que llegamos a ser gracias a él. Yo hice del crecimiento personal mi meta el día en que aprendí que este no era automático, que no crecemos solo por vivir. El comienzo de mi viaje de crecimiento estuvo marcado por muchas metas. Sin embargo, a medida que iba madurando y cambiando gracias al crecimiento, me fui enamorando menos de las metas y me fui apasionando más por el crecimiento. ¿El resultado? Hoy soy constantemente consciente del crecimiento. Esta es la diferencia.

Consciente de la meta	Consciente del crecimiento
El enfoque está en un destino	El enfoque está en el viaje
Motiva a la gente	Madura a la gente
Las metas son estacionales	El crecimiento es de por vida
Desafía a la gente	Cambia a la gente
Cuando se logra la meta, nos detenemos	Cuando se logra la meta, seguimos creciendo
Pregunta de la meta: «¿Cuánto tardaré?»	Pregunta del crecimiento: «¿Hasta dónde puedo llegar?»

Me gusta decirle a la gente que soy un escalador de montañas. Aquellos que me conocen bien me miran con una sonrisa. Mi cuerpo no tiene aspecto de haber escalado muchas montañas. Antes de que puedan decir nada, les explico: «La montaña que escalo se llama Crecimiento». Cada día doy unos cuantos pasos hacia mi potencial. Incluso a los setenta, sigo escalando. ¿El resultado?

> La mayor recompensa del crecimiento no es lo que obtenemos de él, sino en lo que nos convertimos gracias a él.

He superado el ayer y he crecido hacia el mañana.
He superado las viejas expectativas y he crecido a nuevas expectativas.
He superado las victorias pasadas y he crecido a victorias presentes.
He superado las relaciones mediocres y he crecido a relaciones mejores.
He superado lo que era y he crecido a lo que podría ser.
He superado los éxitos y he crecido hacia lo significativo.

Espero que esté entendiendo lo que el crecimiento puede hacer por usted. Espero que el deseo de crecer esté comenzando a arder más en su interior. La Ley del Intento Disminuido dice que mientras más espere a hacer algo que debería hacer ahora, mayores son las probabilidades de que nunca lo haga.[6] Si aún no ha comenzado el viaje, comience a escalar hoy. Únase a mí y avancemos hasta la cima de la montaña y haga la lenta pero constante subida más allá del promedio.

4. PARA MAXIMIZAR EL CRECIMIENTO, ESTE DEBE SER ESTRATÉGICO

El proyecto más grande y más importante que emprenderá es su propia vida. Por desgracia, la mayoría de las personas planifican sus vacaciones mejor que su vida. No obstante, como dijo el escritor y orador Jim Rohn: «Si no diseña el plan de su propia vida, es probable que caiga en el plan de otra persona. ¿Y sabe lo que puede que hayan planificado para usted? ¡No mucho!». Por esa razón, tiene que ser intencional y estratégico.

Michael Gerber, escritor de *The E-Myth*, dijo: «Los sistemas permiten que las personas normales logren resultados extraordinarios». Las estrategias no son otra cosa que sistemas para obtener resultados específicos. Yo veo los sistemas como autopistas. Me llevan a donde quiero ir de forma rápida y eficaz. En unos pocos años, pasé de pensar: *¿Qué es un plan de crecimiento?* a *Tengo un plan, así es como funciona, y esto es lo que está haciendo por mí.* Ese es el poder de tener sistemas estratégicos.

> La Ley del Intento Disminuido dice que mientras más espere a hacer algo que debería hacer ahora, mayores son las probabilidades de que nunca lo haga.

Al desarrollar sus estrategias para el crecimiento personal, asegúrese de incluir estos cuatro elementos:

El cuadro general: *¿Dónde tengo que enfocar mi crecimiento?*

Mi plan de crecimiento al principio se podría resumir en una palabra: crecer. Eso no es muy específico, pero fue mi comienzo. La buena noticia es que mientras crecía, también lo hacía mi conciencia del cuadro para mi liderazgo. Comenzaron a llegar preguntas a mi mente. ¿En qué áreas debería intentar crecer? ¿Qué recursos necesito? ¿Dónde los puedo conseguir? ¿Cuánto tiempo debería dedicar a cada área de crecimiento? ¿Qué mentores debería buscar? ¿Qué experiencias necesito que me ayuden a crecer? Cada pregunta ampliaba mi cuadro de crecimiento. Mientras más he crecido, más grande se ha hecho mi cuadro del crecimiento también.

Muy temprano aprendí que la actividad no significaba necesariamente haber hecho algún logro. Precisaba enfocarme. Comencé a priorizar lo que hacía y cuándo lo hacía. Por ejemplo, soy una persona madrugadora.

Ese es mi mejor momento para pensar y actuar, así que comencé a llevar a cabo mis proyectos de crecimiento más importantes en la mañana temprano. Mi mejor momento se lo daba a mis prioridades de crecimiento más importantes.

También comencé a refinar lo que hacía para crecer y cómo lo hacía. Comencé a enfocarme en tres áreas principales.

- *Mis fortalezas: las áreas de talentos que me separan del promedio.* Crecer en mis fortalezas me permite llegar al principal 10% de las personas con un cierto conjunto de habilidades. Casi todos los éxitos son el resultado de estar en el 10% más alto de un área concreta. Si forma parte del principal 20%, otros se darán cuenta y lo admirarán. Si integra el principal 10%, las personas lo buscarán y lo seguirán.
- *Mis decisiones: esas áreas de debilidad que tenía que cambiar para mi mejora general.* Tomar las decisiones correctas es la forma más rápida de crecer, porque usted está en control de sus decisiones. La mejora en esta área añade valor a sus fortalezas. Escribí un libro titulado *El talento nunca es suficiente.* Aún creo que esta idea es cierta, pero también creo que el talento sumado a las buenas decisiones es más que suficiente para hacer de usted una persona de éxito.
- *Mi fe: mi relación con Dios que influencia mis relaciones con los demás.* Mi fe es fundamental para todo lo que soy y todo lo que hago. El crecimiento en esta área mejora mi vida y las vidas de aquellos a los que influencio.

¿Qué constituye su cuadro general? ¿Adónde quiere ir? ¿Cuáles son los puntos fuertes que puede desarrollar? ¿Qué decisiones puede tomar en áreas fundamentales que harán que mejore? ¿Qué valores principales necesita incluir en su proceso de crecimiento? Si puede responder a estas preguntas ahora, lo ayudarán a ser más estratégico en su crecimiento personal. Sin embargo, es posible que usted sea como yo era cuando comencé, que no sabía lo que no sabía. Tuve que comenzar el proceso de crecimiento para empezar a ver el cuadro general. Si eso lo describe a usted, entonces comience donde se encuentra, permita que el cuadro general se despliegue, y haga los ajustes que necesiten sus prioridades de crecimiento a medida que el cuadro general se vaya aclarando.

Medición: ¿Cómo puedo medir y afectar mi crecimiento?

Lo que se mide se hace. ¿Cómo sabrá cuál es el progreso que está haciendo hasta que no encuentre alguna forma de medir su crecimiento? Tengo que decir que hacer es importante, pero también es difícil. Requiere evaluación y reflexión.

He descubierto que es más fácil medir el progreso periódicamente que intentar evaluarlo a diario, porque intentar evaluar su propio crecimiento con tanta frecuencia es como intentar detectar si los niños están creciendo. Cuando usted ve a su propio hijo cada día, no puede ver si ha crecido, pero si no lo ve durante tres meses o un año, los cambios serán evidentes.

Yo hago mi gran medición del crecimiento al final de cada año. En ese momento paso tiempo meditando y revisando mi calendario anual, y me hago dos preguntas: «¿Quién me hizo extender?» y «¿Qué me hizo extender?».

Mientras medito en la primera pregunta, enumero los nombres de las personas que fueron catalizadores del crecimiento en mi vida. Intento averiguar cómo pasar más tiempo con ellas el año entrante. También escribo los nombres de las personas que ocupan mi tiempo, pero sin haber valor alguno para ellas ni para mí en la relación. Intento ver cómo pasar menos tiempo con ellos.

Al repasar el calendario del año pasado, pienso en la segunda pregunta a fin de determinar qué ideas, experiencias, eventos, historias, recursos y pensamientos me hicieron extender. Uso mis respuestas para evaluar experiencias pasadas, apuntar a otras futuras, y comenzar a planificar experiencias de crecimiento clave para el año entrante. En mis primeros años de crecimiento, todos y todo contribuían a mi desarrollo. Según he ido creciendo y teniendo más experiencia, he tenido que ser más intencional y selectivo con respecto a cómo empleo mi tiempo de crecimiento. No obstante, la intención es siempre la misma. Quiero mantenerme *extendiéndome*. Y esta es la razón:

- Cuando una mente se extiende, no puede regresar a sus dimensiones originales.
- Cuando un corazón se extiende, no puede regresar a sus dimensiones originales.
- Cuando una idea se extiende, no puede regresar a sus dimensiones originales.
- Cuando la esperanza se extiende, no puede regresar a sus dimensiones originales.
- Cuando la pasión se extiende, no puede regresar a sus dimensiones originales.
- Cuando el trabajo se extiende, no puede regresar a sus dimensiones originales.
- Cuando un equipo se extiende, no puede regresar a sus dimensiones originales.

Una vez que usted ha crecido, será impactado para siempre, y si puede ver su progreso, nunca querrá dejar de crecer. Una mariposa no puede volver a ser larva. Tras cuarenta y cinco años de crecimiento intencional, no puedo volver atrás. No deseo hacerlo. Y a usted le sucederá lo mismo.

Constancia: ¿Cómo puedo crecer diariamente?

Durante años he enseñado que el secreto del éxito de una persona está determinado por lo que él o ella hace a diario. Recientemente escuché a la antigua primera dama Laura Bush decir: «Lo único que tenemos es el ahora». ¡Vaya! Eso es sencillo, pero profundo. Nunca habrá otro ahora. Cuidar del hoy y de cada día asegurará que en algún momento su *ahora* le resulte asombroso.

> El secreto del éxito de una persona está determinado por lo que él o ella hace diariamente.

Soy intencional en mi búsqueda del crecimiento haciendo ciertas cosas todos los días:

- ***Hago del crecimiento mi prioridad número uno.*** Un día sin crecimiento no es aceptable para mí. Soy consciente de mi necesidad de aprender veinticuatro horas al día, siete días a la semana.

- **Busco oportunidades para crecer en cada situación.** Sé que las oportunidades están ahí, así que las busco activamente. Me pregunto: «¿Veo una oportunidad? ¿Y le he sacado partido?».
- **Hago preguntas que me ayuden a crecer.** El crecimiento no vendrá a buscarme a mí. Soy yo el que debe encontrarlo de forma proactiva. Busco el crecimiento haciéndome preguntas constantemente.
- **Archivo lo que aprendo cada día.** Lo que nos hace perder más tiempo es buscar cosas que se han perdido. Yo archivo ideas, citas e historias para poder encontrarlas rápidamente.
- **Transmito a otros lo que estoy aprendiendo.** *Siempre* estoy pensando en compartir lo que descubro, porque eso refuerza el aprendizaje. También le añade valor a la persona a quien se lo transmito.

¿Qué debe hacer para asegurarse de que está aprendiendo y creciendo cada día? Use mi lista o cree la suya propia. Tan solo asegúrese de hacer del crecimiento algo que haga *cada* día, no *algún* día.

Aplicación: ¿Puedo ponerlo en práctica?

El conocimiento no hace que una persona sea mejor. La aplicación sí. Todo lo que no se llega a poner en práctica se queda en la teoría. Sin embargo, la meta del crecimiento personal es ser mejor: convertirse en alguien mejor como persona, padre, cónyuge, empleado, jefe o líder. Podemos experimentar el cambio y seguir siendo pasivos. Sin embargo, para experimentar el crecimiento debemos ser activos.

Tenemos que tomar el control de nuestro crecimiento personal, aceptar la responsabilidad del mismo y hacer algo con ello. Mientras otros quizá llevan vidas pequeñas, nosotros no podemos hacerlo. Mientras otros se ven como víctimas, nosotros no lo haremos. Mientras otros tal vez dejan el futuro en las manos de otra persona, nosotros no. Mientras otros simplemente *pasan* por la vida, yo *creceré* a lo largo de la vida. Tome esa decisión, y no se rinda.

Siempre que escribo un libro o una lección, me pregunto: «¿Pueden las personas recibir esto? ¿Pueden reproducir lo que yo hago? ¿Pueden aplicarlo? ¿Les ayudará?». ¿Por qué me pregunto estas cosas? Porque la aplicación estimula la transformación. Nada ocurre con la información a menos que se aplique. Cada vez que aprendo algo, me pregunto: «¿Dónde puedo usar esto? ¿Cuándo puedo usarlo? ¿Quién tiene que saber esto?». Mientras antes me hago estas preguntas y actúo con respecto a ellas, más grande es la recompensa para mí y los demás.

5. El crecimiento es gozo

Cuando tenía treinta y tantos años, uno de mis mentores me dijo: «El crecimiento es felicidad». Esta frase realmente se quedó conmigo, y durante muchos años la repetí. No obstante, mi perspectiva sobre eso ha cambiado, y hoy mi aprecio del crecimiento ha aumentado. Para mí, el crecimiento es más que felicidad. Es gozo.

¿Por qué digo esto? En primer lugar, el crecimiento ha llenado mi vida. Me ha hecho ser más grande por dentro de lo que soy por fuera. La mayoría de las personas de mi edad están desgastadas por el trabajo. En vez de eso, como he estado llenando mi pozo con pensamientos, ideas, experiencias y cambios que me han hecho crecer durante más de cincuenta años, no me siento desgastado. Me siento como si acabara de hacer calentamientos.

En segundo lugar, estoy viviendo mi misión y mi pasión, que es añadirles valor a líderes que multiplican el valor en otros. Vivo mi pasión cada día, y mi crecimiento está enfocado en ayudarme a cumplir mejor mi misión.

El escritor Napoleon Hill dijo: «Lo que importa no es lo que usted vaya a hacer, sino lo que está haciendo ahora mismo». Cada día durante cuarenta y cinco años me he enfocado en el «ahora mismo» de mi misión. Es lo más satisfactorio que puedo hacer. Me da gran gozo. Y soy capaz de hacerlo solo porque he hecho del crecimiento mi compañero constante. La artista Dolly Parton dijo: «Descubra quién es usted en realidad y hágalo a propósito».[7] Eso es lo que he hecho, y sigo gozándome en ello. ¿Por qué? Porque se alinea con quien soy:

Quiero seguir produciendo un impacto positivo.

No quiero dejar de crecer nunca.

Quiero usar mis mejores dones.

Me siento llamado.

Amo a mi equipo.

Tengo un gran sentimiento de responsabilidad.

Me encanta afrontar nuevos retos.

Estoy siendo recompensado económicamente.

Estoy creando un legado.

Sigo disfrutando lo que hago.

También deseo eso para usted. Quiero que encuentre el gozo del crecimiento y aplique ese crecimiento a su propósito. Quiero que produzca un impacto positivo. Y quiero que lo haga desarrollando el líder que está en usted para que pueda alcanzar su potencial, no solo como líder, sino también en cada área de su vida.

Paul Harvey afirmó: «Se puede saber si está de camino al éxito porque es cuesta arriba todo el tiempo». El viaje puede que sea ascendente, pero como expliqué en el capítulo anterior, todo lo que merece la pena es cuesta arriba.

Crecer para alcanzar el potencial de su liderazgo le tomará mucho tiempo y esfuerzo. Necesitará ser muy intencional. Tendrá que trabajar para ello. Tendrá que emplear su tiempo y dinero para conseguirlo. El crecimiento no vendrá a usted, sino que debe perseguirlo. El liderazgo eficaz no sucede por sí solo. Usted debe ir tras él, pero el viaje es tan importante como el destino. Cada paso de su viaje conduce a nuevos descubrimientos, así como al conocimiento de que hay más que aprender.

Demasiadas personas quieren saber el final de la historia antes de estar dispuestas a dar el primer paso. Y eso las limita. Han escuchado: «No hay nada nuevo bajo el sol»,[8] así que se quedan en casa. No persiguen el crecimiento. Esperan a que los descubrimientos de la vida lleguen a ellos, y siempre están decepcionados.

> «Lo que importa no es lo que usted vaya a hacer, sino lo que está haciendo ahora mismo».
>
> —NAPOLEON HILL

El verdadero gozo del viaje está en que cada paso que damos comienza a desplegar nuevos descubrimientos. Es solo después de haber aprendido cosas nuevas que podemos mirar atrás y darnos cuenta de lo que no sabíamos, y de lo mucho que nos queda aún por aprender. Y nuestro nuevo conocimiento y los descubrimientos se convierten en las motivaciones que nos hacen continuar en el viaje. Poco después, comenzamos a darnos cuenta de que el destino no es lo que deseamos; más bien, es el crecimiento que experimentamos durante el camino. Y descubrimos que no hay línea de meta.

¿Adónde lo llevará su viaje de crecimiento? No lo sé. Yo he llegado más lejos y he hecho mucho más de lo que hubiera soñado jamás cuando era joven en la pequeña ciudad de Circleville, Ohio. Entonces, no podría haber imaginado el lugar donde estoy ahora.

Por lo tanto, tome el camino que está abierto ante usted. Dé un paso. Haga del crecimiento personal su hábito diario. Primero, deje que la carretera lo lleve adonde conduce. A medida que crezca, comience a tomar decisiones en cada encrucijada. Con el tiempo, será cada vez más proactivo, más directo, más intencional en cuanto al lugar al que lo conduce. No obstante, manténgase siempre dispuesto y moldeable. Siga permitiéndose que le lleguen sorpresas cada día. Crezca hasta convertirse en la persona que puede llegar a ser con todo su potencial. No lo lamentará jamás.

DESARROLLE EL *APRENDIZ* QUE ESTÁ EN USTED

Como el crecimiento personal tiene que ser de por vida, lo que hace para crecer en esta área será solo el comienzo de un viaje largo, pero placentero. Comience aquí, pero vuelva a visitar este proceso cada seis o doce meses.

ADOPTE UNA MENTALIDAD DE APRENDIZ

Los buenos líderes son aprendices. Son intencionales. Quieren aprender de todos aquellos que conocen. Nunca llegan, nunca sienten que ya lo saben todo, y no le temen a tener que desaprender algunas cosas y volver a aprender otras.

¿Cuál es su mentalidad con respecto al crecimiento? ¿Qué debe cambiar en su actitud para convertirse en un aprendiz mejor? Tome la decisión de aprender algo hoy y cada día. Después hable con otros de su compromiso para que ellos puedan pedirle cuentas.

DESARROLLE UNA ESTRATEGIA ESPECÍFICA DE CRECIMIENTO

El crecimiento no es automático. Tiene que luchar por ello, y tiene que hacer del mismo un hábito diario. Use las pautas del capítulo para planificar su propia estrategia de crecimiento:

- *Cuadro general: ¿Dónde tengo que enfocar mi crecimiento?* Si un plan de crecimiento es nuevo para usted, comience con lo básico. (¿Qué es lo básico? Empiece con lo que *usted* crea que lo es. Pregúntele a un mentor o algún colega a quien respete qué piensa él o ella que es lo básico. Esa es su lista de inicio). Si es un veterano del crecimiento personal, entonces enfóquese en sus fortalezas. Seleccione de una a tres áreas en las que quiera crecer. Después profundice en una de esas áreas.

- *Medición: ¿Cómo puedo medir y afectar mi crecimiento?* ¿Cómo sabrá si está creciendo? ¿Cómo medirá su progreso? Si tiene una idea nebulosa, algo como: «Quiero crecer como líder», no sabrá si está mejorando o no. Sin embargo, si en cambio decide mejorar sus habilidades de comunicación como líder y dice: «En seis meses quiero ser capaz de hacer una presentación pulida, impactante y formal de quince minutos para el trabajo que mis colegas elogien, y quiero ser capaz de hablar claramente y con decisión cada vez que me llamen a hacerlo en una reunión», entonces tiene una diana a la que disparar que se puede medir.

- *Constancia: ¿Cómo puedo crecer diariamente?* El crecimiento personal tiene que ser una actividad diaria que se convierta en un hábito diario. Si no lo planifica, lo agenda y busca los recursos, entonces nunca se convertirá en eso. Desglose su meta mensurable en pasos de crecimiento que pueda dar cada día.

- **Aplicación: ¿Puedo ponerlo en práctica?** Al revisar materiales, buscar eventos de aprendizaje, identificar experiencias de crecimiento, buscar mentores y desarrollar otras estrategias para su crecimiento diario, escoja siempre cómo emplea su tiempo en base a si puede poner en práctica o no lo que ha aprendido.

Yo le recomendaría que reevaluara sus metas de crecimiento de forma regular: trimestral, semestral o anualmente. Durante cada período de evaluación, mida el progreso que ha conseguido en sus metras de crecimiento previas y decida si tiene que crear otras nuevas. Como le expliqué antes, yo hago esto anualmente durante las últimas semanas de diciembre. Lo animo a encontrar su propio ritmo. Y recuerde que esto no es una actividad que se hace una vez y se acaba. Es algo que puede hacer cada año de su vida.

¿Qué hay después?

Cuando escribí la versión original de *Desarrolle el líder que está en usted* hace veinticinco años, pensé que iba a ser mi único libro sobre liderazgo. No se me ocurrió que pudiera tener más que decir sobre el tema. Sin embargo, no debería haber pensado así. Como estoy trabajando continuamente para crecer y desarrollarme, ¿cómo podría *no* tener más que decir sobre el tema? Así que estoy agradecido por la oportunidad de actualizar este libro. Y, por supuesto, he escrito también otros libros sobre liderazgo desde 1993.

El proceso de desarrollar el líder que está en usted es un viaje de por vida. Si se ha tomado el tiempo de leer este libro y ha hecho las tareas presentadas al final de cada capítulo, no me cabe duda de que ha comenzado a ver cambios en su capacidad de liderazgo. Su influencia sobre otros ha crecido. Sus prioridades son más claras y las pone en práctica con más decisión. Ha ganado batallas de carácter. Ha sido capaz de iniciar el cambio y resolver problemas con mayor habilidad. Su actitud lo está ayudando a creer en las personas y a servirles mejor. Tiene una visión para su liderazgo y más autodisciplina a fin de seguir con ello. Y está aprendiendo más cada día.

No obstante, esto es solo el comienzo. El viaje que tiene por delante puede ser emocionante. Quiero animarlo a seguir extendiéndose y creciendo en sus habilidades de liderazgo. Siga trabajando en las diez áreas clave que traté en este libro. Use los materiales adicionales que hallará en www.MaxwellLeader.com. Escuche los *podcast*. Lea libros sobre el liderazgo de otros autores. También quiero recomendarle *Las 21 leyes irrefutables del liderazgo*. Le dará principios de liderazgo concretos por los cuales vivir.

No creo que sea posible que nadie llegue jamás a un lugar en el que diga que ya ha aprendido todo lo que hay que saber sobre liderazgo. Yo tengo setenta años, he pasado casi cincuenta años estudiando acerca del liderazgo y practicando lo que he aprendido, y aun así sigo creciendo. Siento que soy como el violonchelista Pablo Casals, a quien a los ochenta y un años le preguntaron por qué seguía practicando durante horas cada día. Su respuesta: «Porque creo que estoy progresando».[1]

Adopte la actitud de Casals y siga desarrollando el líder que está en usted. Será una de las mejores cosas que haga por usted mismo.

Notas

Capítulo 1: La definición del liderazgo

1. James C. Georges, en una entrevista publicada en *Executive Communication*, enero de 1987.

2. J. R. Miller, *The Every Day of Life* (Nueva York: Thomas Y. Crowell, 1892), pp. 246-47.

3. Warren G. Bennis y Burt Nanus, *Leaders: Strategies for Taking Charge* (Nueva York: Harper Business Essentials, 2003), p. 207 [*Líderes: estratégias para un liderazao eficaz* (s.l.: Paidós Ibérica, 2008)].

4. Robert L. Dilenschneider, *Power and Influence: Mastering the Art of Persuasion* (Nueva York: Prentice Hall, 1990), p. 8. [*Poder e influencia* (México: McGraw Hill, 2007].

5. E. C. McKenzie, *Quips and Quotes* (Grand Rapids: Baker, 1980).

6. Fred Smith, *Learning to Lead: Bringing Out the Best in People* (Waco: Word, 1986), p. 117.

7. James M. Kouzes y Barry Z. Posner, *The Leadership Challenge: How to Make Extraordinary Things Happen in Organizations*, 5.ª ed. (San Francisco: Jossey-Bass, 2012), p. 38 [*El desafío del liderazgo* (Buenos Aires: Peniel, 2010].

8. «Influence» en Roy B. Zuck, ed., *The Speaker's Quote Book* (Grand Rapids: Kregel, 2009), p. 277.

Capítulo 2: La clave del liderazgo

1. Jamie Cornell, «Time Management: It's NOT About Time», *HuffPost's The Blog*, 10 octubre 2016, http://www.huffingtonpost. com/jamie-cornell/time-management-its-not-a_b_12407480. html?utm_hp_ref=business&ir=Business.

2. William James, *The Principles of Psychology* (Nueva York: Henry and Holt, 1890), cap. 22 [*Principios de psicología* (México: Fondo de cultura económica, 1994)].

3. Robert J. McKain, citado en Tejgyan Global Foundation, *Great Thinkers Great Thoughts: One Thought Can Change Your World...* (s.p.: O! Publishing, 2012), cap. 44.

4. Dan S. Kennedy, «5 Time Management Techniques Worth Using», *Entrepreneur*, 8 noviembre 2013, https://www.entrepreneur.com/ article/229772.

5. Richard A. Swenson, *Margin: Restoring Emotional, Physical, Financial, and Time Reserves to Overloaded Lives* (Colorado Springs: NavPress, 2004), p. 69.

6. Véase John Maxwell, *Las 21 leyes irrefutables del liderazgo*, 10.ª ed. aniversario (Nashville: Grupo, 2007), cap. 12.

7. «About Emotional Intelligence», TalentSmart, http://www. talentsmart.com/about/emotional-intelligence.php.

8. Tony Schwartz, «Relax! You'll Be More Productive», *New York Times*, 9 febrero 2013, http://www.nytimes.com/2013/02/10/ opinion/sunday/relax-youll-be-more-productive.html.

9. Ibíd.

Capítulo 3: El fundamento del liderazgo

1. Paul Vallely, *Pope Francis: Untying the Knots: The Struggle for the Soul of Catholicism*, ed. rev. y exp. (Nueva York: Bloomsbury, 2015), p. 155.

2. Resumido de Gary Hamel, «The 15 Diseases of Leadership, According to Pope Francis», *Harvard Business Review*, 14 abril 2015, https://hbr.org/2015/04/the-15-diseases-of-leadership-according-to-pope-francis.

3. Ibíd.

4. David Kadalie, *Leader's Resource Kit: Tools and Techniques to Develop Your Leadership* (Nairobi, Kenia: Evangel, 2006), p. 102.

5. Stephen M. R. Covey con Rebecca R. Merrill, *The Speed of Trust: One Thing That Changes Everything* (Nueva York: Free Press, 2006), p. 14 [*La velocidad de la confianza* (México: Paidós, 2012)].

6. James M. Kouzes y Barry Z. Posner, «Without Trust You Cannot Lead», *Innovative Leader* 8, n.º 2 (febrero 1999), http://www.winstonbrill.com/bril001/html/article_index/articles351_400.html.

7. Rob Brown, *Build Your Reputation: Grow Your Personal Brand for Career and Business Success* (West Sussex, UK: John Wiley and Sons, 2016), pp. 22-23.

8. Tim Irwin, *Derailed: Five Lessons Learned from Catastrophic Failures of Leadership* (Nashville: Thomas Nelson, 2009), p. 17.

9. Rosalina Chai, «Beauty of the Mosaic», Awakin.org, 22 febrero 2016, http://www.awakin.org/read/view.php?tid=2138.

10. David Gergen, «Character vs. Capacity», *U.S. News & World Report*, 22 octubre 2000.

11. Robert F. Morneau, *Humility: 31 Reflections on Christian Virtues* (Winona, MN: St. Mary's Press, 1997).

12. David Brooks, *The Road to Character* (Nueva York: Random House, 2015), p. xii [*El camino del carácter* (México: Océano, 2017)].

13. Ibíd, p. 51.

14. Parker J. Palmer, *A Hidden Wholeness: The Journey Toward an Undivided Life* (San Francisco: Wiley, 2004), p. 5.

15. Brooks, *Road to Character*, p. 14.

16. John Ortberg, *Guarda tu alma* (Miami: Vida, 2014), p. 47-48.

17. Ibíd, p. 51.

18. *Webster's New World Dictionary*, 3.ª ed. universitaria, s.v. «integrity».

19. Ortberg, *Guarda tu alma*, p. 118.

20. Tom Verducci, «The Rainmaker: How Cubs Boss Theo Epstein Ended a Second Epic Title Drought», *Sports Illustrated*, 19 diciembre 2016, https://www.si.com/mlb/2016/12/14/theo-epstein-chicago-cubs-world-series-rainmaker.

Capítulo 4: La prueba esencial del liderazgo

1. Gordon S. White Jr., «Holtz Causes Orderly Success», *New York Times*, 23 octubre 1988, http://www.nytimes.com/1988/10/23/sports/college-football-holtz-causes-orderly-success.html.

2. Eric Harvey y Steve Ventura, *Forget for Success: Walking Away from Outdated, Counterproductive Beliefs and People Practices* (Dallas: Performance, 1997), p. 12.

3. Ibíd, pp. 2-3.

4. Malcolm Gladwell, «The Big Man Can't Shoot» (*podcast*), Revisionist History, episodio 3, http://revisionisthistory.com/episodes/03-the-big-man-cant-shoot, consultado en línea el 10 de febrero de 2017.

5. «Wilt Chamberlai», Basketball Reference, http://www. basketballreference.com/players/c/chambwi01.html, consultado en línea el 10 de febrero de 2017.

6. «Rick Barry», Basketball Reference, http://www.basketball-reference.com/players/b/barryri01.html, consultado en línea el 10 de febrero de 2017.

7. «Transcript: Choosing Wrong», This American Life from WBEZ, 24 junio 2016, https://www.thisamericanlife.org/radio-archives/episode/590/transcript, consultado en línea el 10 de febrero de 2017.

8. Gladwell, «The Big Man Can't Shoot».

9. Adaptado de Lightbulbjokes.com, http://www.lightbulbjokes.com/directory/a.html, consultado en línea 8 de febrero de 2017.

10. Rick Warren, «Why Your Way Isn't Working», Crosswalk.com, 12 julio 2016, http://www.crosswalk.com/devotionals/daily-hope-with-rick-warren/daily-hope-with-rick-warren-july-12-2016.html.

11. «Madmen They Were. The Greatest Pitch of Them All. True Story», *StreamAbout* (blog), 23 marzo 2012, http://streamabout.blogspot.com/2012/03/madmen-they-were-greatest-pitch-of-them.html.

12. «Peter Marsh, Advertising Executive—Obituary», *Telegraph*, 12 abril 2016, http://www.telegraph.co.uk/obituaries/2016/04/12/peter-marsh-advertising-executive-obituary/.

13. Samuel R. Chand, 8 *Steps to Achieve Your Destiny: Lead Your Life with Purpose* (New Kensington, PA: Whitaker House, 2016), edición Kindle, loc. 997 de 1895.

14. Mac Anderson, *212 Leadership: The 10 Rules for Highly Effective Leadership* (Napierville, IL: Simple Truths, 2011), edición Kindle, pp. 33-34.

15. Paráfrasis de una afirmación hecha por Robert Kennedy en mayo de 1964 durante un discurso en la Universidad de Pensilvania.

16. Mac Anderson y Tom Feltenstein, *Change Is Good. You Go First: 21 Ways to Inspire Change* (Napierville, IL: Sourcebooks, 2015). Énfasis en el original.

17. Winston Churchill, *His Complete Speeches, 1897-1963*, ed. Robert Rhodes James, vol. 4 (1922-1928) (s.p.: Chelsea House, 1974), p. 3706.

18. Maxwell, *Las 21 leyes irrefutables del liderazgo*, p. 227.

CAPÍTULO 5: LA MANERA MÁS RÁPIDA DE ALCANZAR EL LIDERAZGO

1. M. Scott Peck, *The Road Less Traveled* (Nueva York: Touchstone, 1978), p. 15.

2. Véase Paul Larkin, «3 Principles of Pragmatic Leaders», LinkedIn, 19 julio 2015, https://www.linkedin.com/pulse/3-principles-pragmatic-leaders-paul-larkin?

3. Jim Collins, *Good to Great*, (Nueva York: Harper Collins, 2001), p. 81. [*Empresas que sobresalen* (Barcelona: Deusto, 2014)].

4. «Expectancy-Value Theory of Motivation, Psychology Concepts», http://www.psychologyconcepts.com/expectancy-value-theory-of-motivation/, consultado en línea 14 febrero 2017.

5. Louis E. Bisch, «Spiritual Insight», *Leaves of Grass*, Clyde Francis Lytle, ed. (Fort Worth: Brownlow, 1948), p. 14.

6. Maxwell, *Las 21 leyes irrefutables del liderazgo*, p. 149.

7. Victor Goertzel y Mildred Goertzel, *Cradles of Eminence*, 2.ª ed. (Boston: Great Potential Press, 1978), p. 282.

8. Glenn Llopis, «The 4 Most Effective Ways Leaders Solve Problems», *Forbes*, 4 noviembre 2013, http://www.forbes.com/sites/glennllopis/2013/11/04/the-4-most-effective-ways-leaders-solve-problems/#397e9edf2bda.

9. Max DePree, *Leadership Is an Art* (s.p.: Crown Business, 2004), p. 11.

10. Adaptado de un chiste de Henny Youngman incluido en Warren Buffett's Berkshire Hathaway, Inc., 1991. Carta a los accionistas, http://www.berkshirehathaway.com/letters/1991.html, consultado en línea el 9 de febrero de 2017

11. Llopis, «The 4 Most Effective Ways Leaders Solve Problems».

12. Larkin, «3 Principles of Pragmatic Leaders».

13. «John F. Kennedy and PT 109», sitio web de la biblioteca y museo presidencial de John F. Kennedy, https://www.jfklibrary.org/JFK/JFK-in-History/John-F-Kennedy-and-PT109.aspx, consultado en línea el 9 de febrero de 2017.

Capítulo 6: El plus extra en el liderazgo

1. «Charles R. Swindoll: Quotes: Quotable Quote», Goodreads, http://www.goodreads.com/quotes/267482-the-longer-i-live-the-more-i-realize-the-impact, consultado en línea el 25 de septiembre de 2017.

2. Robert E. Quinn, *Deep Change: Discovering the Leader Within* (San Francisco: Jossey-Bass, 1996), p. 21.

3. Nell Mohney, «Beliefs Can Influence Attitudes», *Kingsport Times-News*, 25 julio 1986, p. 48.

4. Danny Cox con John Hoover, *Leadership When the Heat's On*, 2.ª ed. (Nueva York: McGraw-Hill, 2002), p. 88.

5. «Elisha Gray and the Telephone», sitio web de ShoreTel, https://www.shoretel.com/elisha-gray-and-telephone, consultado en línea el 1 de marzo de 2017.

6. Adaptado de su artículo «Success Principles: Do You Feel Lucky—or Fortunate?» en SuccessNet.org, http://successnet.org/cms/success-principles17/lucky-fortunate, consultado en línea el 5 de junio de 2017.

7. Richard Jerome, «Charlton Heston 1923-2008», revista *People*, 21 abril 2008, http://people.com/archive/charlton-heston-1923-2008-vol-69-no-15/.

8. Tim Hansel, *Through the Wilderness of Loneliness* (Chicago: D. C. Cook, 1991), p. 128.

9. T. Boone Pickens, en *The Ultimate Handbook of Motivational Quotes for Coaches and Leaders*, ed. Pat Williams con Ken Hussar (Monterey, CA: Coaches Choice, 2011), cap. 2.

10. Diane Coutu, «Creativity Step by Step», *Harvard Business Review*, abril 2008, https://hbr.org/2008/04/creativity-step-by-step.

11. Allison Eck, «Don't Just Finish Your Project, Evolve It», 99U, http://99u.com/articles/52033/do-you-have-a-jazz-mindset-or-a-classical-mindset, consultado en línea el 25 de septiembre de 2017.

12. Ibíd.

13. Sarah Rapp, «Why Success Always Starts with Failure», 99U, http://99u.com/articles/7072/why-success-always-starts-with-failure, consultado en línea el 21 de febrero de 2017.

14. Heidi Grant Halvorson, «Why You Should Give Yourself Permission to Screw Up», 99U, http://99u.com/articles/7273/why-you-should-give-yourself-permission-to-screw-up, consultado en línea el 6 de marzo de 2017.

15. Kouzes y Posner, *The Leadership Challenge*, 5.ª ed.

16. Mark Batterson, *Chase the Lion: If Your Dream Doesn't Scare You, It's Too Small* (Nueva York: Multnomah, 2016), p. ix. [*Persigue tu león: si tu sueño no te asusta, es demasiado pequeño* (Weston, FL: Nivel Uno, 2016)].

Capítulo 7: El corazón del liderazgo

1. Efesios 4.11, 12, nvi.

2. «The Servant as Leader», Robert K. Greenleaf Center for Servant Leadership, https://www.greenleaf.org/what-is-servant-leadership/, consultado en línea el 9 de marzo de 2017.

3. Eugene B. Habecker, *The Other Side of Leadership* (Wheaton, IL: Victor Books, 1987), p. 217.

4. 1 Timoteo 6.17-19, ntv.

5. S. Chris Edmonds, *The Culture Engine: A Framework for Driving Results, Inspiring Your Employees, and Transforming Your Workplace* (Hoboken: John Wiley and Sons, 2014), p. 67.

6. Ann McGee-Cooper y Duane Trammell, «From Hero-as-Leader to Servant-as-Leader», *Focus on Leadership: Servant-Leadership for the Twenty-First Century*, ed. Larry C. Spears y Michele Lawrence (Nueva York: John Wiley and Sons, 2002), edición Kindle, loc. 1623 de 4168.

7. «Pope to Deacons: "You Are Called to Serve, Not Be Self-Serving"», Radio Vaticano, 29 mayo 2016, http://en.radiovaticana.va/news/2016/05/29/pope_to_deacons_'you_are_called_to_serve,_not_to_be_self-se/1233321.

8. Dan Price, «Become a Servant Leader in 4 Steps», *Success*, 25 enero 2017, http://www.success.com/article/become-a-servant-leader-in-4-steps.

9. Alan Loy McGinnis, *Bringing Out the Best in People: How to Enjoy Helping Others Excel* (Minneapolis: Augsburg Books, 1985), p. 177.

10. Jim Heskett, «Why Isn't "Servant Leadership" More Prevalent?», Working Knowledge (Harvard Business School), 1 mayo 2013, http://hbswk.hbs.edu/item/why-isnt-servant-leadership-more-prevalent.

Capítulo 8: La cualidad indispensable del liderazgo

1. Andy Stanley, *Visioneering: God's Blueprint for Developing and Maintaining Vision* (Colorado Springs: Multnomah, 1999), p. 9.

2. James Allen, *As a Man Thinketh* (s.p.: Shandon Press, 2017), edición Kindle, loc. 329 de 394 [*Como un hombre piensa* (Ediciones Obelisco S.L., 2011)].

3. Ibíd., 75 de 394.

4. William P. Barker, *A Savior for All Seasons* (Old Tappan, NJ: Fleming H. Revell, 1986), pp. 175-76.

5. Luis Palau, *Dream Great Dreams* (Colorado Springs: Multnomah, 1984).

6. Kenneth Hildebrand, *Achieving Real Happiness* (Nueva York: Harper & Brothers, 1955).

7. Rick Warren, «The Crucial Difference Between Managing and Leading», Pastors.com, 31 julio 2015, http://pastors.com/the-crucial-difference-between-managing-and-leading/.

8. Napoleon Hill, como se cita en Barry Farber, *Diamond Power: Gems of Wisdom from America's Greatest Marketer* (Franklin Lakes, NJ: Career Press, 2003), p. 53.

9. Como se cita en Michael Nason y Donna Nason, *Robert Schuller: The Inside Story* (Waco: Word Books, 1983).

10. Judith B. Meyerowitz, «The Vocational Fantasies of Men and Women at Mid-life» (disertación doctoral), Universidad de Columbia, 1989.

11. Véase John Maxwell, *Las 15 leyes indispensables del crecimiento* (Lake Mary, FL: Casa Creación, 2013).

12. Como se cita en Dianna Daniels Booher, *Executive's Portfolio of Model Speeches for All Occasions* (Nueva York: Prentice Hall, 1991), p. 34.

13. John Maxwell, *Good Leaders Ask Great Questions* (Nueva York: Center Street, 2014), p. 6 [*Buenos líderes hacen grandes preguntas* (Nueva York: Center Street, 2014)].

14. Véase el capítulo 1 en John Maxwell, *¡Vive tu sueño!* (Nashville: Grupo Nelson, 2009).

15. Véase Maxwell, *Las 21 leyes irrefutables*, p. 302.

16. «Andy Stanley — Chick-Fil-A Leadercast 2013», The Sermon Notes, 10 mayo 2013, http://www.thesermonnotes.com/ tag/andy-stanley-chick-fil-a-leadercast-2013/.

17. Donald T. Phillips, *Martin Luther King, Jr. on Leadership: Inspiration and Wisdom for Challenging Times* (Nueva York: Warner Books, 1998), p. 97.

18. George S. Patton, «Mechanized Forces: A Lecture», *Cavalry Journal* (septiembre-octobre 1933), en J. Furman Daniel III, ed., *21st Century Patton: Strategic Insights for the Modern Era* (Annapolis, MD: Naval Institute Press, 2016), p. 142.

19. Tim Worstall, «Steve Jobs and the Don't Settle Speech», *Forbes*, 11 octubre 2011, https://www.forbes.com/sites/ timworstall/2011/10/08/steve-jobs-and-the-dont-settle-speech/#4a2544f87437.

Capítulo 9: El precio del liderazgo

1. «Temperance (1466) egkráteia», SermonIndex.net (Greek Word Studies), consultado en línea 17 de abril de 2017, http://www.sermonindex.net/modules/articles/index.php?view=article&aid=35940.

2. Edgar A. Guest, «Keep Going», *Brooklyn Daily Eagle*, 24 febrero 1953, p. 8, https://www.newspapers.com/clip/1709402/keep_going_poem_by_edgar_a_guest/.

3. Brian Tracy, *The Power of Discipline: 7 Ways It Can Change Your Life* (Naperville, IL: Simple Truths, 2008), pp. 6-7.

4. Rory Vaden, *Take the Stairs: 7 Steps to Achieving True Success* (Nueva York: Perigee, 2012), pp. 35-36.

5. Ibíd, p. 38.

6. Atribuido a Dennis P. Kimbro en Jeorald Pitts y Lil Tone, «Can You Identify What I Am?», *Los Angeles Sentinel*, 16 diciembre 2010, http://www.lasentinel.net/index.php?option=com_content&view=article&id=3252:/can-you-identify-what-i-am&catid=92&Itemid=182html.

7. Proverbios 23.7.

8. Gary Keller con Jay Papasan, *The ONE Thing: The Surprisingly Simple Truth Behind Extraordinary* (N.p.: Bard Press, 2013).

9. «Biography», LouisLamour.com, http://www.louislamour.com/aboutlouis/biography6.htm, consultado en línea el 20 de abril de 2017.

10. «3,000 Hits Club», MLB.com, http://mlb.mlb.com/mlb/history/milestones/index.jsp?feature=three_thousand_h, consultado en línea 19 de abril de 2017.

Capítulo 10: La expansión del liderazgo

1. Maxwell, *The 15 Invaluable Laws of Growth* (véase cap. 8, nota XX), p. 156 [*Las 15 leyes indispensables del crecimiento* (Nueva York: Center Street, 2013)].

2. Eric Hoffer, *Reflections on the Human Condition* (Nueva York: Harper & Row, 1973), p. 22.

3. Gail Sheehy, *Passages: Predictable Crises of Adult Life* (Nueva York: Ballantine, 2006), p. 499.

4. Citado en Alvin Toffler, *Future Shock* (Nueva York: Bantam Books, 1970), p. 414.

5. David D. Lewis Jr. Personal Development Page, Facebook, 12 noviembre 2014, https://www.facebook.com/DreamUnstuck/posts/743099232444718.

6. Maxwell, *The 15 Invaluable Laws of Growth*, p. 5.

7. Dolly Parton, Twitter, 8 abril 2015, https://twitter.com/dollyparton/status/585890099583397888?lang=en.

8. Eclesiastés 1.9.

¿Qué hay después?

1. Citado en Leonard Lyons, Lyons Den, *Daily Defender* (Chicago). 4 noviembre 1958, p. 5, col. 1.

ACERCA DEL AUTOR

John C. Maxwell es autor *best seller* del *New York Times*, *coach* y orador que ha vendido más de veintiséis millones de libros en cincuenta idiomas. En 2004 fue identificado como el líder principal en los negocios por la American Management Association® y el experto en liderazgo más influyente del mundo por las revistas *Business Insider* y *Inc*. Es el fundador de The John Maxwell Company, The John Maxwell Team, EQUIP, y John Maxwell Leadership Foundation, organizaciones que han dado formación a millones de líderes. En 2015 alcanzaron el hito de tener a líderes formados de cada país del mundo. Ganador del Premio Madre Teresa por la Paz Mundial y de Liderazgo de Luminary Leadership Network, el doctor Maxwell da conferencias cada año a empresas de la revista *Fortune 500*, presidentes de naciones, y muchos de los principales líderes de negocios del mundo. Puede seguirlo en Twitter.com/JohnCMaxwell. Para más información sobre él, visite JohnMaxwell.com.